墨香财经学术文库
“十二五”辽宁省重点图书出版规划项目

Study on Urban Public Service and Citizenization of Migrant Workers

倪超军 ◎ 著

城市公共服务与农民工市民化问题研究

东北财经大学出版社 Dongbei University of Finance & Economics Press 大连

图书在版编目（CIP）数据

城市公共服务与农民工市民化问题研究 / 倪超军著. —大连 : 东北财经大学出版社，2022.12
(墨香财经学术文库)
ISBN 978-7-5654-4672-6

Ⅰ. 城… Ⅱ. 倪… Ⅲ. ①城市-公共服务-研究-中国 ②民工-城市化-研究-中国 Ⅳ. ①D669.3 ②D422.64

中国版本图书馆CIP数据核字（2022）第212167号

东北财经大学出版社出版发行
大连市黑石礁尖山街217号 邮政编码 116025
网 址：http://www.dufep.cn
读者信箱：dufep @ dufe.edu.cn
大连永盛印业有限公司印刷

幅面尺寸：170mm×240mm 字数：216千字 印张：15 插页：1
2022年12月第1版 2022年12月第1次印刷
责任编辑：石真珍 刘 佳 责任校对：贺 力
徐 群 李 季
封面设计：冀贵收 版式设计：原 皓
定价：59.00元

教学支持 售后服务 联系电话：（0411）84710309

如有印装质量问题，请联系营销部：（0411）84710711

石河子大学“兵团优势特色学科专项资金”重点学科项目资助

石河子大学哲学社会科学优秀学术著作出版基金资助

前言

改革开放以来，中国经历了世界上前所未有且人数最多的人口迁移，它改变和影响着国家的城市化进程。2014年以来，中国以人为核心的新型城镇化稳步推进，常住人口城镇化率和户籍人口城镇化率均有显著提高，二者之间的差距明显缩小，特别是2019年常住人口城镇化率超过60%，这标志着新型城镇化进入新的发展阶段。与此同时，农民工数量增加，到2019年，农民工总量达到29 077万人，其中进城农民工为13 500万人，占农民工总量的46.43%。随着《国家新型城镇化规划（2014—2020年）》的出台，中国进入了以人为核心的新型城镇化发展阶段，农民工市民化也被提到重要日程。该规划提出“有序推进农业转移人口市民化”的发展目标，要“努力实现1亿左右农业转移人口和其他常住人口在城镇落户”。2019年，我国户籍人口城镇化率和常住人口城镇化率分别为44.38%和60.60%，二者相差16.22个百分点。因此，如何在此现实背景下实现市民化目标，是当前中央政府和地方各级政府面临的重要课题。

当前，我国的农民工市民化存在以下突出问题：一是农民工的定居意愿强、落户意愿弱。2017年，中国流动人口动态监测调查（China Migrants Dynamic Survey，CMDS）数据显示，有82.65%的农民工愿意留在本地，有34.47%的农民工愿意将户籍迁入本地。这说明有48.18%的农民工愿意居留在本地而不愿意落户，即“居而不迁”。很显然，“居而不迁”现象不利于推动市民化和实现国家新型城镇化发展目标。二是从整体上看，农民工市民化能力处于中等水平，其市民化能力与强烈的市民化意愿并不匹配，难以支撑其市民化梦想。三是劳动力迁移和市民化提升了农民工的福利水平，但农民工的总体福利仍处于较低水平，福利改善成为农民工群体的主要诉求。这些问题如果不及时解决，将会影响农民工市民化进程乃至国家新型城镇化的发展。

本书在国家推行以人为核心的新型城镇化发展战略背景下，以城市公共服务为切入点，研究其对农民工市民化的影响及其机制，为推动农民工市民化进程提供一定的政策启示。首先，在相关理论和文献的基础上，构建包含城市公共服务的农民工市民化理论模型，为后续研究奠定理论基础。其次，梳理和归纳农民工市民化实践、城市公共服务供给政策与农民工的需求演变以及以居住证为载体的公共服务提供机制等典型事实。再次，基于城市公共服务“供给质量”“开放度”等宏观视角，重点研究城市公共服务对农民工市民化行为的影响及其机制；基于公共服务“可及性”微观视角，研究城市公共服务对农民工市民化能力的影响及其机制。又次，以农民工福利改善为最终落脚点，研究面向农民工的城市公共服务提供机制对农民工福利水平的影响。最后，基于以上研究，提出主要结论和相关政策建议。

本书的创新点在于：

第一，拓展了农民工市民化相关理论。本书在回顾城市空间均衡理论、Tiebout理论和劳动力迁移经典理论等理论的基础上，在Redding（2016）、杨曦（2017）等研究的基础上，构建了包含城市公共服务供给质量、开放度和提供机制的农民工市民化理论模型。此外，本书还构建了城市公共服务可及性与农民工市民化能力的理论分析框架。

第二，形成了多维度、多层次的研究视角。本书以农民工市民化为研究主题，基于“供给质量和定居选址行为—开放度和流迁行为—可及性和市民化能力—提供机制和福利”等多维度、多层次的视角，重点研究城市公共服务对农民工市民化的影响及其机制。研究的切入点既有城市宏观视角（供给质量、开放度和提供机制），又有微观视角（可及性），从城市供给层面到向农民工开放的视角，再到农民工的个体感知，研究视角层层切入。本书紧扣农民工市民化进程的阶段特征、农民工的市民化诉求转向和城市公共服务政策趋势等现实情况，多视角、多层次研究城市公共服务对农民工市民化的影响，具有一定的现实意义和政策参考价值。

第三，拓宽了农民工市民化研究的广度和深度。本书基于“行为”和“能力”两个维度构建了农民工市民化的研究范式，一方面，回应了当前农民工市民化问题中的“市民化意愿不强、市民化能力有限”；另一方面，量化了农民工的市民化能力，强调了市民化能力对农民工市民化进程的重要性。其中，又将农民工的市民化行为分为定居选址行为和（永久）流迁行为，回应了中国农民工市民化进程中的“流而不迁”问题。

本书是在我的博士学位论文《城市公共服务与农民工市民化问题研究》的基础上修改而成的，感谢我的博士生导师洪俊杰教授的悉心指导。本书的出版得到了石河子大学“兵团优势特色学科专项资金”重点学科项目资助、石河子大学哲学社会科学优秀学术著作出版基金资助。

本书参考了大量的国内外文献，在此向文献作者表达敬意，如在著录时有所遗漏，实非故意，恳请作者谅解。受能力和水平所限，本书未达之处，还请同行专家批评指正。

倪超军

2022年9月

目　录

第1章　引言

1.1　研究背景与意义

1.1.1　研究背景

改革开放以来，中国经历了世界上前所未有且人数最多的人口迁移，改变和影响着国家城市化进程。2014年以来，以人为核心的新型城镇化稳步推进，常住人口城镇化率和户籍人口城镇化率均有显著提高，二者之间的差距明显缩小，特别是2019年常住人口城镇化率超过60%，这标志着新型城镇化进入新的发展阶段（见图1-1）。与此同时，农民工数量随之增加，到2019年，农民工总量达到29 077万人，其中进城农民工为13 500万人，占农民工总量的46.43%[①]。随着《国家新型城镇化规划（2014—2020年）》的出台，国家进入了以人为核心的新型城镇化发展时期，农民工市民化也被提到重要日程。该规划提出有序推进农业转移

① 国家统计局. 2019年农民工监测调查报告［EB/OL］.（2020-04-30）［2022-09-13］. http：//www.stats.gov.cn/tjsj/zxfb/202004/t20200430_1742724.html.

人口市民化的发展目标，要努力实现1亿左右农业转人口和其他常住人口在城镇落户。根据《推动1亿非户籍人口在城市落户方案》（国办发〔2016〕72号）设定的发展目标，到2020年，全国户籍人口城镇化率要提高到45%。2019年，我国户籍人口城镇化率和常住人口城镇化率分别为44.38%和60.60%，二者相差16.22个百分点。①因此，如何在此现实背景下实现市民化目标，是当前中央政府和地方各级政府面临的重要课题。

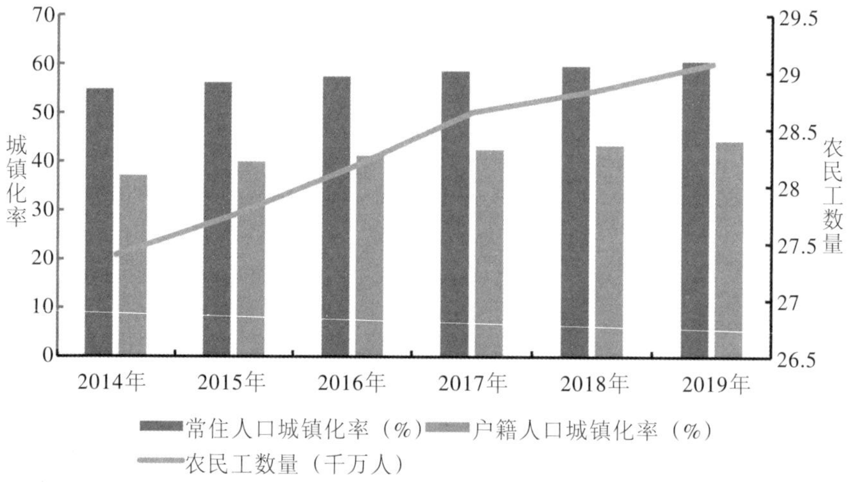

图1-1 2014—2019年中国城镇化率与农民工数量

资料来源：根据《中华人民共和国2019年国民经济和社会发展统计公报》《2019年农民工监测调查报告》等公布的统计数据绘制。

当前，农民工市民化存在以下突出问题：一是农民工的定居意愿强、落户意愿弱。2017年CMDS数据显示，有82.65%的农民工愿意留在本地，但只有34.47%的农民工愿意将户籍迁入本地。这说明有48.18%的农民工愿意居留在本地而不愿意落户，即“居而不迁”。很显然，“居而不迁”现象不利于推动市民化和实现国家新型城镇化发展目标。二是从整体上看，农民工市民化能力处于中等水平，其市民化能力与强烈的市民化意愿并不匹配，难以支撑其市民化梦想。三是劳动力迁移和市民化提升了农民工的福利水平，但农民工的总体福利仍处于较低水平，福利改善成为农民工群体的主要诉求。综上所述，定居意愿强和

① 国家统计局. 中华人民共和国2019年国民经济和社会发展统计公报［EB/OL］.（2020-02-28）［2022-09-13］. http://www.stats.gov.cn/tjsj/zxfb/202002/t20200228_1728913.html.

落户意愿弱、市民化能力不强和农民工福利水平低是农民工市民化进程中的突出问题。这些问题如果不及时解决，将会影响农民工市民化进程乃至国家新型城镇化的发展。

由于受户籍制度影响，城市公共服务并没有完全向农民工开放。也就是说，户籍制度不仅是阻碍农民工市民化进程的绊脚石，还是限制农民工享受城市公共服务的藩篱。对此，国家积极推进户籍制度改革，保障农民工的基本权益。2014年7月，国务院印发《关于进一步推进户籍制度改革的意见》，并提出要积极推进城镇基本公共服务由主要对本地户籍人口提供向对常住人口提供转变，明确"全面实施居住证制度"。2016年7月，国务院印发《关于实施支持农业转移人口市民化若干财政政策的通知》，进一步强调财政政策要向外来人口倾斜，为向外来人口提供公共服务提供财力和政策支持。2019年，中共中央办公厅、国务院办公厅印发《关于促进劳动力和人才社会性流动体制机制改革的意见》，明确指出，"以户籍制度和公共服务牵引区域流动……推进基本公共服务均等化，常住人口享有与户籍人口同等的教育、就业创业、社会保险、医疗卫生、住房保障等基本公共服务"。

图1-2显示了农民工居留本地的主要原因。从现实来看，城市公共服务对农民工依然有一定的限制，面向农民工的开放度也仅为一半，离农民工平等享受公共服务仍有一段距离。此外，从农民工的居留动机来看，享有公共服务（32.78%）的比重已经超过收入水平高（17.46%）和个人发展空间大（18.92%）的比重，成为农民工居留本地的首要原因。目前，城市公共服务面向农民工的供给（数量和质量）与农民工对城市公共服务的需求之间尚存一些距离，改变这种现实对推进农民工市民化进程来说，显得尤为重要。

随着国家新型城镇化战略的深入推进，以及户籍制度改革等一系列体制机制改革的推行，农民工市民化进程得到了有效推进。但我们也看到，一些地方虽然降低了落户门槛，但将高门槛放在了进城落户人口的子女入学、社会保障等基本公共服务上，导致农业转移人口市民化质量不高，进而制约了消费潜力的释放和劳动生产率的提高，也不利于从根

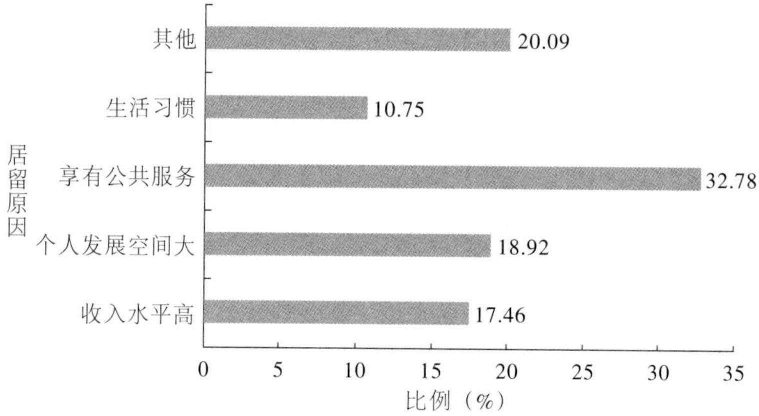

图1-2 农民工居留本地的原因

注：根据2017年中国流动人口动态监测调查数据计算。

本上消除社会风险隐患。①2020年国家发改委印发了《2020年新型城镇化建设和城乡融合发展重点任务》，明确提出要“以深化改革户籍制度和基本公共服务提供机制为路径，打破阻碍劳动力自由流动的不合理壁垒，促进人力资源优化配置”“提高农业转移人口市民化质量”。可见，基本公共服务提供机制将成为提升农民工市民化质量的重要抓手和路径。我们还看到，国家虽然全面推行以居住证制度为载体的基本公共服务提供机制，但由于各省（自治区、直辖市）的财政、公共资源等条件有所差异，不同地区公共服务供给的数量和质量存在一定的差异性。因此，城市公共服务是否会对农民工市民化产生影响？产生什么影响？是否存在异质性？其影响机制是什么？这些问题均需要考证，这对于推进农民工市民化进程乃至国家新型城镇化发展有着重要的现实意义和理论指导。

鉴于此，本书在国家推行以人为核心的新型城镇化发展战略背景下，以城市公共服务为切入点，基于城市公共服务的供给质量、开放度、可及性和提供机制等多维度、多层次，重点研究城市公共服务对农民工市民化行为、市民化能力和农民工福利的影响，为推动农民工市民化进程提供一定的政策启示。

① 何立峰. 国家新型城镇化报告2018［M］. 北京：中国计划出版社，2019.

1.1.2 研究意义

(1) 理论意义

第一，本书的研究进一步丰富和发展了中国农民工市民化理论。本书以已有城市公共服务与农民工市民化相关理论为基础，构建理论分析框架，并基于供给质量、开放度、可及性和提供机制等多维度、多层次的视角，深入研究城市公共服务对农民工市民化行为、市民化能力和农民工福利的影响，将进一步丰富和发展农民工市民化理论，为以人为核心的新型城镇化提供理论指导。

第二，本书的研究为农民工市民化实践和城市公共服务政策提供理论指导。本书以问题导向为研究逻辑起点，将基于农民工市民化和城市公共服务政策及趋势等典型事实，以国家新型城镇化为战略背景，重点研究城市公共服务对农民工市民化的影响及机制，为国家新型城镇化乃至扩大内需战略提供理论指导。

第三，本书的研究为农民工市民化相关研究提供研究范式。已有文献已就公共服务对劳动力流动的影响开始了研究，但有关城市公共服务是否影响农民工市民化的研究尚有不足，本书的研究也是对现有文献的进一步补充，构建了基于“行为—能力—福利”的研究视角，形成研究农民工市民化问题的新范式。

(2) 实践意义

第一，为中国农民工市民化实践提供政策指导。当前，中国农民工正处于“中市民化”阶段，并且存在定居意愿强、落户意愿弱，市民化能力难以支撑其实现市民化，农民工福利水平较低等现实问题和约束。与此同时，随着农民工公平公正意识和维权意识的增强，城市公共服务供给政策的调整，以及农民工的市民化诉求的转变（如子女教育、医疗服务等），城市公共服务已经成为影响农民工市民化的重要因素。因此，本书的研究将有助于认清中国农民工市民化的阶段与特征，了解市民化政策效果，更好地提供政策指导。

第二，进一步验证面向农民工的城市基本公共服务提供机制的方向性和正确性。目前，国家正全面推行居住证制度，已初步建立了以居住证为载体的基本公共服务提供机制。本书的研究以城市公共服务提供机制为切入点，重点研究了其对农民工福利水平的影响。基于此，本书的研究可以验证城市基本公共服务提供机制的方向性和正确性。

第三，回应农民工市民化的热点问题，为国家新型城镇化发展提供决策依据。本研究既立足于农民工市民化、城市公共服务和居住证制度等典型事实，又基于农民工定居意愿强落户意愿弱、市民化能力不足和福利低等现实问题，这一方面回应了中国经济社会发展中的现实和热点问题，另一方面为推进农民工市民化进程提供了一定的政策启示和决策依据。

1.2 研究思路与研究方法

1.2.1 研究思路

本书在国家推行以人为核心的新型城镇化发展战略背景下，以城市公共服务为切入点，重点研究城市公共服务对农民工市民化行为、市民化能力和农民工福利的影响。首先，在相关理论和文献的基础上，构建了包含城市公共服务的农民工市民化理论模型，为后续研究奠定理论基础。其次，梳理和归纳农民工市民化实践、城市公共服务供给政策与农民工的需求演变以及以居住证为载体的公共服务提供机制等典型事实。再次，基于城市公共服务供给质量、开放度、提供机制等宏观视角，重点研究城市公共服务对农民工市民化行为的影响及其机制；基于城市公共服务可及性的微观视角，研究城市公共服务对农民工市民化能力的影响及其机制。又次，以农民工福利改善为最终落脚点，研究面向农民工的城市公共服务提供机制对农民工福利水平的影响。最后，基于以上研究，提出主要结论和相关政策建议。

本书的研究思路具体见图1-3。

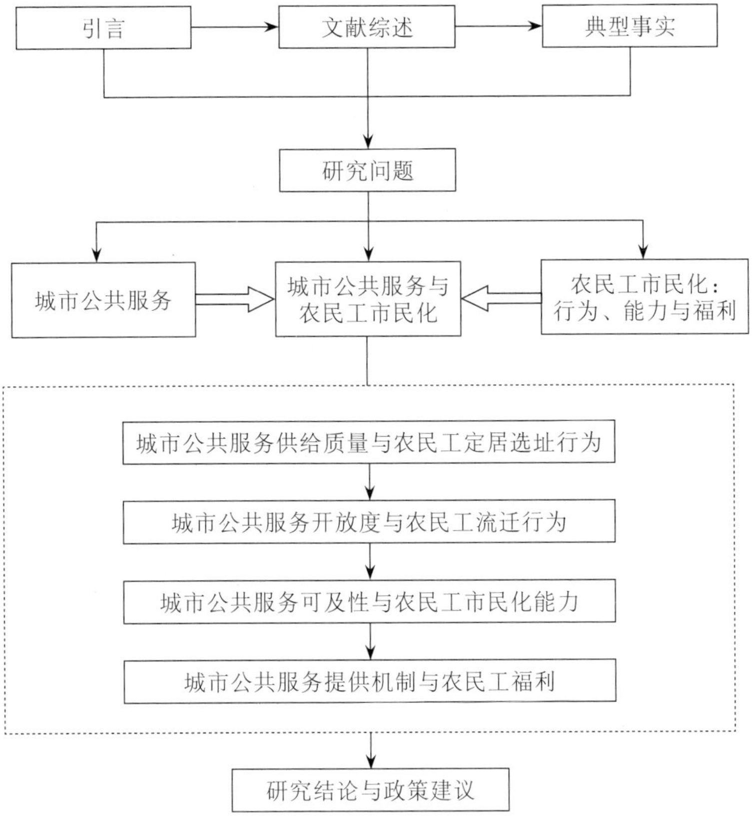

图1-3　研究思路

1.2.2　研究方法

本书研究城市公共服务与农民工市民化问题，既注重现有文献的梳理和理论分析，又重视实证分析与规范分析、定性分析与定量分析的结合，主要运用以下方法：

（1）理论推演法

本书在城市空间均衡理论、Tiebout理论和劳动力迁移经典理论等理论的基础上，借鉴Redding（2016）、杨曦（2017）等研究，构建了包含城市公共服务供给质量、开放度和提供机制的农民工市民化理论模型。此外，本书还构建了城市公共服务可及性与农民工市民化能力的理论分析框架。

（2）计量经济学研究方法

本书的实证部分，即城市公共服务供给质量对农民工定居选址行为的影响及其机制，城市公共服务面向农民工的开放度对农民工流迁行为的影响及其机制，城市公共服务可及性对农民工市民化能力的影响及其机制，以及城市公共服务提供机制对农民工福利的影响，主要采用计量经济学研究方法。具体来看，本书拟采用条件Logit模型、Probit模型、中介效应模型、OLS估计法、工具变量估计法、主成分分析法、多指标综合评价法、PSM法等模型和方法研究以上重点问题。

（3）文本分析法

本书将基于历史与发展维度，对农民工市民化问题的产生与发展，城市公共服务的供给政策、农民工对城市公共服务需求的演变，以及居住证制度的推行与发展等典型事实进行梳理、归纳和总结，对比分析与本研究主题相关的政策文件和文本。此外，本书还搜集了276个地级及以上城市的居住证政策文件，并采用文本分析法测度城市公共服务面向农民工的开放度，以此实证考察城市公共服务开放度对农民工流迁行为的影响。

1.2.3 数据资料

城市层面的数据来自EPS数据库中的《中国城乡建设数据库》《中国区域经济数据库》《中国城市数据库》。31个省（自治区、直辖市）、276个城市的居住证政策文件，来源于北大法宝数据库（https：//law.tjpu.edu.cn），各省（自治区、直辖市）和城市政府网站，《国家基本公共服务统计指标2016》《国家基本公共服务统计指标2017》《国家基本公共服务统计指标2018》。

农民工市民化相关数据主要来自2010—2018年中国流动人口动态监测调查（CMDS）数据库，1987、1990、1995年全国1%人口抽样调查资料，1990年、2000年人口普查资料，2015年全国1%人口抽样调查资料。历年农民工监测报告数据来源于国家统计局网站（http：//www.stats.gov.cn），中央政府、各个部门有关农民工及市民化的政策文件，国家卫生健康委流动人口数据平台（https：//www.chinaldrk.org.cn）。

1.3 研究逻辑、框架和内容

1.3.1 研究逻辑

本书以国外劳动力转移相关理论和已有研究为基础，以中国农民工市民化问题为研究逻辑起点，以城市公共服务为切入点，最终以农民工福利改善和推动农民工市民化为落脚点，见图1-4。近年来，国家积极推行农民工的市民化，出台了《国家新型城镇化规划（2014—2020年）》等一系列相关政策，取得了一些成绩，但也存在一些突出问题。而从农民工自身的情况看，存在如下问题：一是农民工存在“定居意愿强、落户意愿弱”的反差格局，二者之间相差近50个百分点；二是农民工自身的市民化能力不强，难以支撑其市民化梦想；三是农民工福利水平较低，市民化政策效果有限。进一步地，这种强烈的市民化意愿与较弱的市民化能力很不匹配，说明难以在短期内助推农民工的市民化进程，这也是制约中国农民工市民化进程乃至新型城镇化发展的重要因素。这是本书的研究逻辑起点和试图解决的问题。

本书认为，农民工能否实现市民化取决于两个条件：一是农民工是否具有明确的市民化意愿（定居意愿和迁户意愿）支配其市民化行为；二是农民工是否具备一定的市民化能力帮助其完成市民化进程。而且，市民化进程中农民工的福利水平应明显提高。其中，市民化意愿最终表现为一种市民化行为，这种行为既包括短期的定居选址行为，又包括长期的落户流迁行为，并且以落户为主要完成标志。此外，市民化意愿是农民工市民化的前提和基础，市民化能力才是其实现市民化的关键所在，而农民工福利改善是其市民化行为和决策的最终体现和落脚点。

目前，中国农民工市民化处于“中市民化”阶段，大多数农民工已经实现了劳动力流动的经济目标，即寻找更好的就业机会和获得更高的

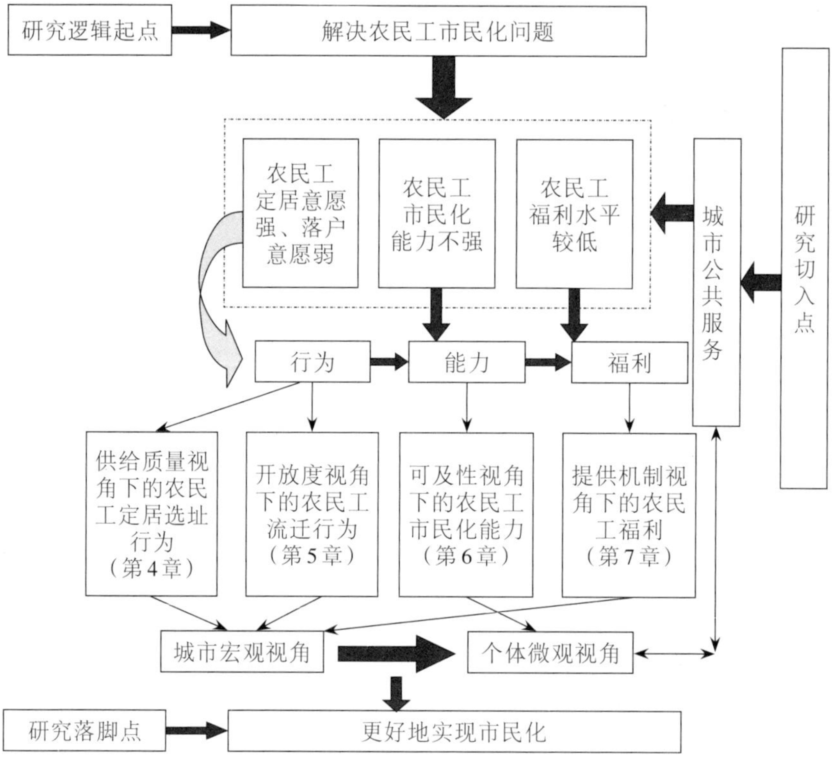

图1-4　本书的研究逻辑

工资收入。随着农民工公平公正意识的觉醒，以及追求生活品质的目标越来越明朗化，享有城市公共服务成为农民工市民化的主要诉求。特别是对于那些已经在本地实现经济立足的农民工来说，城市公共服务显得尤为重要。

本书以城市公共服务为切入点，基于城市公共服务的供给质量、开放度、可及性和提供机制等宏观与微观视角，试图探讨它们对农民工的市民化行为、能力和福利的影响，重点研究城市公共服务与农民工市民化问题。进一步看，本书重点关注以下4个问题：

第一，已有文献发现，城市公共服务已经成为影响劳动力流动的重要因素。现实来看，农民工的市民化动机及诉求也指向城市公共服务及其供给质量。本书以城市公共服务供给质量作为第一个研究维度，重点研究农民工在选址定居时，是否会考虑城市公共服务的供给质量。也就是说，城市公共服务供给质量是否会对农民工的定居选址行为产生影响？

第二，随着以居住证制度为核心的户籍制度改革的稳步推进，面向农民工的城市公共服务开放度逐步提高。在此制度背景下，城市公共服务开放度是否会影响农民工的永久流迁行为（迁户行为）？这个问题是对上一个问题的深化和思考。

第三，市民化能力是农民工成功实现市民化的关键所在。农民工作为城市公共服务主要的受益者，而城市公共服务可及性是否提升了农民工的市民化能力？

第四，寻求个体福利改善不仅是农民工市民化的主要动机，更是其市民化的最终落脚点。本书关注的最后一个问题是，以居住证为载体的城市公共服务提供机制是否改善了农民工的福利水平？

本书以解决农民工市民化问题为研究的逻辑起点，并以城市公共服务为切入点，最终以农民工福利改善和实现市民化为落脚点。本书重点关注城市公共服务是否有助于解决农民工市民化进程中的这些突出问题，更好地推动中国农民工市民化进程乃至国家新型城镇化发展。

1.3.2 研究框架

依据本书的研究逻辑，构建本书的研究框架，具体见图1-5。

第一部分在国内外相关文献和研究的基础上，根据城市公共服务与农民工市民化研究主题，基于“实践、政策和发展态势”的逻辑主线，重点总结分析中国农民工市民化实践、城市公共服务的供给政策与农民工的需求演变和以居住证为载体的公共服务提供机制等典型事实，以更清晰地呈现中国农民工市民化问题与城市公共服务切入点的现实情况，为后续研究提供基础和前提。

第二部分主要立足于解决农民工定居意愿强落户意愿弱、市民化能力不强、福利水平低等市民化突出问题，基于城市公共服务的供给质量、开放度、可及性和提供机制等宏观与微观视角，重点探讨城市公共服务对农民工市民化的影响，以对应研究逻辑中的4个问题。

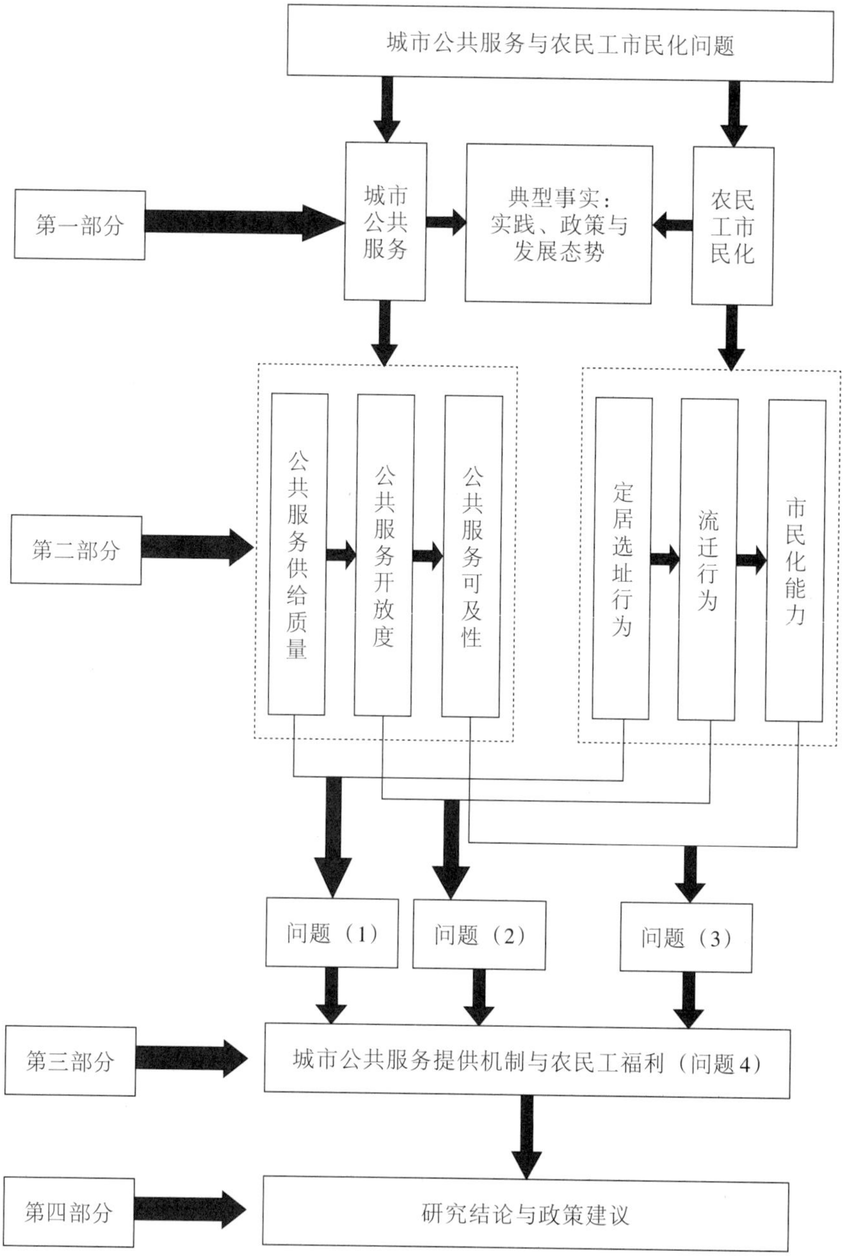

图 1-5 本书的研究框架设计

第一，城市政府是公共服务的供给方，决定着农民工享有公共服务的可得性和实际情况。一方面，由于城市财政等因素的影响，每个城市本身所能提供公共服务的数量和质量有所差异。另一方面，由于各个城市户籍制度方面的差异，使得每个城市能够提供给农民工群体的公共服务也有所差异，故面向农民工的公共服务开放度也存在一些差异。从个体福利角度看，以居住证为载体的城市公共服务提供机制应该会显著提高农民工的福利水平。也就是说，从宏观角度来讲，对于农民工来说，城市公共服务存在三个维度，即供给质量、开放度和提供机制。第4章和第5章分别基于供给质量和开放度两个维度研究它们对农民工的市民化行为的影响，即城市公共服务供给质量对农民工定居选址行为的影响，面向农民工的城市公共服务开放度对其流迁行为的影响，主要回应问题（1）和（2）。

第二，农民工是城市公共服务的需求方，也是公共服务的最终受益者。而最终决策农民工福利的是，农民工到底获取了多少公共服务，即公共服务的可及性。根据前述可知，农民工的定居选址行为和永久流迁行为均为其市民化意愿的直接表现。而决定农民工市民化的关键在于其是否具备一定的市民化能力。既然农民工作为城市公共服务的最终受益者，那这种可及性是否提升了农民工的市民化能力？第6章主要回应问题（3）。

第三，农民工市民化行为和决策的初衷和最终的落脚点是改善其福利，而居住证制度作为以人为核心的新型城镇化和户籍制度改革的重要抓手，这种制度设计（城市公共服务提供机制）最终是否可以改善农民工福利，改善了哪些农民工的福利？第7章是本书研究的最终落脚点，主要回应问题（4）。

第四部分结合实证研究的主要结论，提出城市公共服务与农民工市民化的政策建议。

1.3.3 研究内容

本书共分为8章内容，具体如下：

第1章：引言。本章主要介绍本书的研究背景及价值，研究思路、方法和技术路线，研究内容、重难点和拟解决的关键问题以及主要创新点和不足之处等。

第2章：文献综述与理论分析。本章主要明确农民工、农民工市民化、城市公共服务等概念和范围，回顾农民工市民化和城市公共服务等相关理论，在此基础上，构建本书的理论分析框架，为后续研究提供理论基础。

第3章：典型事实：实践、政策与发展态势。本章主要基于典型事实角度阐述本书研究的现实背景，突出本书的现实背景和实践意义。首先，本章基于“历史和发展”视角阐释农民工问题的产生和发展，归纳总结农民工市民化的政策演变和走势，并运用定量研究方法实证测度农民工市民化的进程。其次，立足于“公共服务供求失衡”现实：一方面基于“供给”角度，总结分析城市公共服务的供给政策特别是面向农民工的供给政策（居住证制度）；另一方面基于“需求”角度梳理分析农民工对城市公共服务的需求及其演变。最后，研究居住证制度的推行与发展，主要分析居住证制度的推行实践、以居住证制度为载体的基本公共服务提供机制的发展态势。本章是整个研究的逻辑起点，为后续研究提供重要的事实依据和政策落点。

第4章：城市公共服务供给质量与农民工定居选址行为。本章主要基于“供给质量”和“定居选址行为”视角，实证研究城市公共服务供给质量对农民工的定居选址行为的影响，并进行一系列稳健性检验和异质性分析。

第5章：城市公共服务开放度与农民工流迁行为。本章主要基于“开放度”和“流迁行为”视角，研究城市公共服务对农民工市民化行为的影响。首先，在总结分析城市公共服务面向农民工的供给规则和开放度观察体系的基础上，测度城市公共服务面向农民工的开放度。其次，在测度开放度的基础上，基于城市层面，实证研究城市公共服务对农民工的流迁行为的影响，并进行一系列稳健性检验和异质性分析，探讨其影响机制。

第6章：城市公共服务可及性与农民工市民化能力。本章主要基于“可及性”和“市民化能力”视角，研究城市公共服务对农民工市民化能力的影响及其机制，在分析农民工的城市公共服务可及性与农民工市民化能力的基础上，探讨城市公共服务可及性对农民工市民化能力的影响，并进行了一系列稳健性检验和异质性分析，最后运用中介效应模型验证城市公共服务可及性对农民工市民化能力的影响机制。

第7章：城市公共服务提供机制与农民工福利。本章在Sen的可行能力理论的基础上，构建农民工福利水平的评价指标体系，据此评价农民工福利水平，并在此基础上实证研究城市公共服务提供机制对农民工福利水平的影响。

第8章：研究结论与政策建议。本章总结凝练主要研究结论，并提出城市公共服务与促进农民工市民化的政策建议。

1.4 重难点与拟解决的关键问题

1.4.1 重难点

第一，从文献看，相关研究聚焦于城市公共服务对劳动力流动方面，而有关城市公共服务影响农民工市民化的文献并不多见，特别是基于城市公共服务多维视角研究农民工市民化问题的研究更为少见。本书基于供给质量、开放度、可及性、提供机制等宏观和微观视角试图阐释城市公共服务对农民工市民化的影响及其机制，运用实证研究方法重点研究城市公共服务供给质量和开放度对农民工市民化行为的影响及其机制，城市公共服务可及性对农民工市民化能力的影响及其机制，城市公共服务提供机制对农民工福利的影响。同时，本书还梳理和总结了中国农民工市民化实践、城市公共服务供给政策与农民工对公共服务需求的转变以及政策发展态势。因此，基于多维度、多层次的视角厘清城市公共服务对农民工市民化行为、能力和福利水平的影响，是本书研究的重点和难点之一。

第二，本书主题不仅涉及城市宏观变量，还涉及农民工微观个体变量。鉴于此，本书既面临数据短缺等方面的困难，还涉及如何根据现有数据选取合适的计量模型和方法对城市公共服务供给质量对农民工市民化行为的影响及其机制、面向农民工的开放度对农民工市民化行为的影响及其机制、城市公共服务可及性对农民工市民化能力的影响及其机制、城市公共服务提供机制对农民工福利的影响等问题进行实证检验。本书试图运用条件 Logit 模型、Probit 模型、工具变量法、PSM 法、OLS 估计法、中介效应模型等多种模型和方法，对研究主题进行分析。因此，在数据约束下选择合适的计量模型研究以上问题也是本书研究的重点和难点之一。

第三，城市公共服务种类繁多，如何界定和选择是摆在本书研究的又一难点，甚至影响到本书的结论。本书将在国家公共服务标准和范围的基础上，一方面结合城市公共服务的供给范围，另一方面还重点考虑农民工的公共服务诉求及其趋势，最终选定本书的研究范围，更好地反映现实情况，以便本书的结论更加贴近现实和农民工的真实需求。因此，城市公共服务范围的确定是本书研究的重点之一。

1.4.2 拟解决的关键问题

本书紧紧围绕城市公共服务与农民工市民化问题，开展理论和实证研究。本书拟解决如下关键问题：

第一，基于历史与发展角度，比较准确而全面地总结农民工的市民化实践、城市公共服务政策及趋势。

第二，农民工定居选址是否会考虑城市公共服务的供给质量因素。

第三，城市公共服务面向农民工的开放度的衡量，以及开放度对农民工的流迁行为的影响及机制。

第四，农民工城市公共服务可及性的量化以及其对农民工市民化能力的影响及其机制。

第五，农民工福利水平的测度及以居住证为载体的城市公共服务提供机制的影响。

第六，提出城市公共服务视角下的促进农民工市民化的政策建议。

1.5 创新点与不足之处

1.5.1 创新点

与已有文献相比，本书的创新点主要体现在以下几个方面：

第一，拓展了农民工市民化相关理论。本书在回顾城市空间均衡理论、Tiebout理论和劳动力迁移经典理论等理论的基础上，在Redding（2016）、杨曦（2017）等研究的基础上，构建了包含城市公共服务供给质量、开放度和提供机制的农民工市民化理论模型。此外，本书还构建了城市公共服务可及性与农民工市民化能力的理论分析框架。这是本书的主要理论创新所在。

第二，形成了多维度、多层次的研究视角。本书以农民工市民化为研究主题，基于"供给质量和定居选址行为—开放度和流迁行为—可及性和市民化能力—提供机制和福利"等多维度、多层次的视角，重点研究城市公共服务对农民工市民化的影响及其机制。研究的切入点既有城市宏观视角（供给质量、开放度和提供机制），又有微观视角（可及性），从城市供给层面到向农民工的开放视角，再到农民工的个体感知，研究视角层层切入。本书紧扣农民工市民化进程的阶段特征①、农民工的市民化诉求转向②和城市公共服务政策趋势③等现实情况，以多维度、多层次的视角研究城市公共服务对农民工市民化的影响，具有一定的现实意义和政策参考价值特别是为城市公共服务与农民工市民化的相关研究提供了一定的借鉴和启示。

第三，拓宽了农民工市民化研究的广度和深度。本书基于"行为"和"能力"两个维度构建了农民工市民化的研究范式，一方面回应了当前农民工市民化问题中的"市民化意愿不强、市民化能力有限"，另一

① 当前，从整体上看，中国农民工处于"中市民化"阶段。相关内容和结论在本书第3章3.1节。

② 目前，随着中国农民工市民化进程的推进，城市公共服务已经成为吸引劳动力迁移和流动，特别是农民工市民化决策的重要参考。获取更好的公共服务已经成为促进劳动力流动和迁移的首要动因。相关内容和结论在本书第3章3.2节。

③ 国家开始建立以居住证制度为载体的基本公共服务提供机制。相关内容和结论在本书第3章3.3节。

方面量化了农民工的市民化能力，强调了市民化能力对农民工市民化进程的重要性。其中，又把农民工的市民化行为分为定居选址行为和（永久）流迁行为，回应了中国农民工市民化进程中的“流而不迁”现象。

1.5.2 不足之处

本书以城市公共服务为切入点，基于公共服务供给质量、开放度和可及性、提供机制等宏观与微观视角，运用条件Logit模型、Probit模型、PSM法、OLS估计法、工具变量法和中介效应模型等方法重点研究了城市公共服务对农民工市民化行为、能力和福利水平的影响，并进一步探讨了其中的影响机制。本书的研究虽在一定程度上扩展了现有研究，但仍存在一些不足：

第一，微观数据和方法方面，由于本书重点关注农民工市民化问题，所采用的农民工数据主要以中国流动人口动态监测调查数据（CMDS）为主，并且该数据库为截面数据：一方面，难以反映农民工问题的时间趋势和特征；另一方面，研究方法受到一定的限制，如无法采用面板数据模型等。在此情况下，本书还是在数据、技术和方法受限的情况下，尽可能地采用不同年份的数据（如第5章）、变换变量形式（如第6章）等试图弥补这一不足。即便如此，由于数据和方法等限制，本书的研究深度有待进一步加强。对此，本书还将继续关注农民工市民化相关研究主题。

第二，农民工市民化问题除了涉及市民化行为或意愿、市民化能力之外，还涉及市民化水平。由于受数据等限制，本书未对城市公共服务与农民工市民化水平之间的关系进行探讨。在一般情况下，农民工市民化水平是针对城市或地区层面而言的，对于农民工个体的市民化水平难以测度。如果按照这个逻辑，探讨城市公共服务与农民工市民化水平之间的关系，可能会忽略农民工的个体特征，导致估计有误。对于这个问题，本书并未涉及，但这将是笔者继续关注和尝试研究的问题。

第2章　文献综述与理论分析

接下来，本章将在明确农民工、农民工市民化和城市公共服务等相关概念的基础上，界定研究范围，重点围绕城市公共服务与农民工市民化这一研究主题梳理相关文献，并在相关研究的基础上，构建包含城市公共服务供给质量、开放度和提供机制的农民工市民化理论模型以及城市公共服务可及性与农民工市民化能力的理论分析框架，为后续研究提供一定的理论基础。

2.1　概念与研究范围界定

2.1.1　农民工市民化

(1) 农民工及其市民化的内涵

依据《国务院关于解决农民工问题的若干意见》(国发〔2006〕5号)，农民工是我国改革开放和工业化、城镇化进程中涌现的一支新型劳动大军，他们的户籍仍在农村，主要从事非农产业，有的在农闲季节外出务工、亦工亦农，流动性强，有的长期在城市就业，已成为产业工人的重要组成部分。根据《2019年农民工监测调查报告》的解释，农民工是指户籍仍在农村，年内在本地从事非农产业或外出从业6个月及以上的劳动者[①]。可以发现，农民工的户籍为农村户籍，其工作地一般非本地，其就业领域属于第二、三产业，并且在流入地居住或从业6个月及以上。

学者们从职业、身份转换、公共服务、政治和生活等不同角度对农民工市民化的内涵进行了界定。如刘传江和程建林（2008）认为农民工市民化应该包含意识行为、社会身份、生存职业和自身素质4个层面。王桂新等（2008）认为农民工市民化是指农民工在城市向城市居民身份的转变过程。申兵（2011）认为农民工市民化是指其获得与城市居民同等的公共服务的过程。刘小年（2017）则是将农民工市民化归结为农民工在变为市民的过程中，实现经济、社会、政治和生活4个方面市民化的发展过程。

本书认为，农民工市民化是指由农民工转变为本地居民的过程，其中不仅包含职业和身份的转换，还包含户籍及其背后福利的转换。具体来看，一是身份的转变，即由农民工转变为本地居民；二是户籍的转变，即由农村户籍转为城市户籍；三是福利的转变，即与本地居民同等享有本地公共服务和福利。

（2）农民工市民化的研究范畴

农民工能否实现市民化，主要取决于农民工个体的主观意愿和客观能力。农民工同时具备市民化意愿和能力，方可最终实现市民化。从现有文献来看，大多数文献重点研究了农民工市民化意愿问题，主要以定居意愿和落户意愿[②]衡量农民工的市民化意愿。而市民化行为（具体是指定居选址行为和迁移行为）是农民工的定居意愿和落户意愿的具体表现。农民工市民化能力是农民工实现市民化的重要前提和基础，决定着农民工的市民化进程与阶段。本书认为，农民工市民化能力主要是指农

---

① 国家统计局. 2019年农民工监测调查报告［EB/OL］.（2020-04-30）［2022-09-13］. http://www.stats.gov.cn/tjsj/zxfb/202004/t20200430_1742724.html.

② 有的称之为居留意愿和迁户意愿。二者反映的是“居留或定居”与“迁户或落户”的意愿。

民工成功实现市民化所具备的能力集合，即生存能力、社会适应能力和发展能力。而从已有的研究看，对其关注较少，相关成果也比较少。而对农民工市民化能力也没有统一的概念界定。本书认为，农民工市民化水平取决于最终能够实现农民工市民化意愿（行为）和市民化能力的匹配。

另外，寻求自身福利改善（如收入、城市公共服务和美好生活等）不仅是农民工市民化[①]的主要动因，还是其实现市民化的最终结果。也就是说，福利改善本身属于农民工市民化过程的附属品和最终落脚点。因此，本书主要从农民工的市民化意愿（行为）、市民化能力和市民化福利三个维度解析农民工的市民化问题，并基于城市公共服务多维度、多层次的视角开展研究，见图2-1。

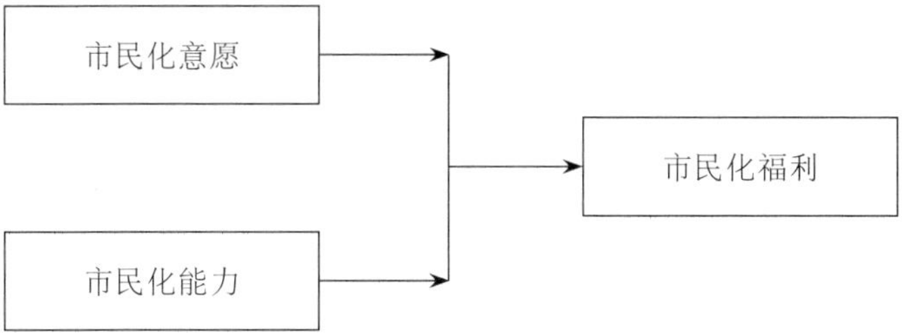

图2-1 本书的研究范式

本书在已有文献的基础上，将从“市民化意愿（行为）、市民化能力市和市民化福利”三个层次，阐释农民工市民化问题，构建基于“意愿（或行为）—能力—福利”的农民工市民化研究范式。

2.1.2 城市公共服务

表2-1列出了官方给出的公共服务概念及范围。其中，关于基本公共服务的概念较为统一，是指“建立在一定社会共识基础上，由政府主导提供的，与经济社会发展水平和阶段相适应，旨在保障全体公民生存和发展基本需求的公共服务”。而从基本公共服务范围界定来看，公共服务有狭义和广义之分：狭义上包括保障基本民生需求的就业、教育、医疗卫生、社会保障、住房保障、计划生育、文化体育等领域的公共服

① 包含从农村到城市的劳动力的转移过程和由农民工到市民的转化过程。

务；广义上还包括与人民生活环境紧密关联的公用设施、交通、通信和环境保护等领域的公共服务，以及保障安全需要的国防安全、公共安全和消费安全等领域的公共服务。在国务院印发的《“十三五”推进基本公共服务均等化规划》（国发〔2017〕9号）中，公共服务的范围基本上与前述的狭义范围一致。

表2-1　　　　公共服务的概念及范围

序号	公共服务概念	范围	出处
1	建立在一定社会共识基础上，由政府主导提供的，与经济社会发展水平和阶段相适应，旨在保障全体公民生存和发展基本需求的公共服务	狭义：就业、教育、医疗卫生、社会保障、计划生育、住房保障、文化体育（7类） 广义：交通、通信、公用设施、环境保护、公共安全、消费安全和国防安全（7类）	《国家基本公共服务体系“十二五”规划》（国发〔2012〕29号）
2	基本公共服务是由政府主导、保障全体公民生存和发展基本需要、与经济社会发展水平相适应的公共服务	公共教育、劳动就业创业、社会保险、医疗卫生、社会服务、住房保障、公共文化体育、残疾人公共服务（7类）	国务院印发的《“十三五”推进基本公共服务均等化规划》（国发〔2017〕9号）
3	—	公共交通、公共安全、公共住房、基础教育、社会保障、就业创业、公共信息化、医疗卫生、城市环境、公共文化体育、公职服务（11类）	《中国城市基本公共服务力评价（2019）》
4	—	公共教育、劳动就业、住房保障、社会服务、医疗卫生、社会保险、文化体育（7类）	钱雪亚和宋文娟（2020）

资料来源：作者根据中国政府网站（http：//www.gov.cn/）整理。

由于本书主要研究与农民工相关的城市公共服务，本书将城市公共服务的范围界定为公共教育、就业创业、医疗卫生、社会保险、住房保障、公共文化体育、公共交通、生态环境等8个方面。其中，公共教育、就业创业、住房保障和社会服务等领域具有排他性特征，本书将其称为排他性公共服务；医疗卫生、社会保险、公共文化体育、公共交通和生态环境等领域具有非排他性特征，将其称为非排他性公共服务。

2.2 文献综述

2.2.1 劳动力迁移与农民工市民化相关研究

(1) *劳动力迁移方面*

国外劳动力迁移是从农民到市民的直接过程，并未出现“农民工”的中间身份，也不存在类似中国的农民工市民化现象。国外学者对于该问题的研究主要集中在劳动力迁移理论与实践方面，形成了经典的“推-拉”理论、二元经济理论和劳动力迁移理论，这为劳动力迁移和农民工市民化提供了一定的理论基础。对于劳动力流动的研究，起源于人口学的研究。E. G. Ravenstein (1885) 提出了人口迁移法则，强调人口迁移的影响因素、迁移类型和迁移机制，由此奠定了推-拉理论的理论框架和基础。E. Lee (1966) 则是建立了较为完整的人口迁移分析框架，认为影响劳动力迁移行为的主要有个人、迁入地、迁出地和中间障碍等4个方面。在前人研究的基础上，D. Bogue (1969) 提出，人口迁移是“推力（流出地）”和“拉力（流入地）”共同作用的结果。

而在经济学文献中，Lewis (1954) 最早将劳动力流动置于经济学理论情景中，并建立了二元经济理论。Ranis和Fei (1966) 在Lewis模型的基础上，建立了一个包含工业部门和农业部门的人口流动模型，并将发展中国家的农业剩余劳动力迁移分成了三个阶段。与此同时，Jorgenson (1967) 也建立了一个二元经济模型，把农业剩余劳动力转移的前提条件设置为农业剩余和农业自身的发展与技术进步。M. Todaro (1969) 提出了包含迁移决策、预期收入和就业概率等变量在内的托达罗人口迁移模型。该模型认为农村的剩余劳动力是否转变为工人，与城乡实际收入差异、城市就业率等因素有关。

随着研究的深入，研究视角也开始趋于多元化，学者们开始从效用、人力资本等角度阐释劳动力迁移理论。B. Banerjee (1986) 研究了家庭决策对劳动力迁移的影响，并强调家庭收益最大化的作用。Stark

(1991）提出了劳动力迁移和发展中国家迁移决策的模型。Stark 和 Taylor（1991）认为绝对收入和相对贫困激励对发展中国家家庭内部和国际移民的重要性，特别是相对贫困产生的剥夺感是劳动力迁移的动机。Lucas（2004）对许多低收入经济体出现的城乡移民、城市化现象进行了理论研究，特别强调人口迁移中人力资本的作用和重要性。

（2）农民工市民化方面

市民化意愿是农民工市民化研究领域的重点之一。早期文献关注了某一城市或省份的市民化意愿的影响因素问题，研究数据多以课题组调查数据为主，具有明显的区域特征。这些研究证实了农民工市民化意愿主要受个人、家庭、社会和经济特征等多个因素影响，其中婚姻状况、城市居留时间及就业难度（王桂新等，2010），家庭收入结构（夏显力和张华，2011）、城市自有住房、城市融入感和自我认同感（张丽艳和陈余婷，2012）、工作稳定性、工资水平、工作满意度和劳动权益（佐赫和孙正林，2017；王晓峰和温馨，2017）对农民工市民化意愿的影响较为显著。随着农民工市民化进程的深入，对于农民工市民化影响因素的研究视角，开始从传统的个人和家庭角度转向人力资本和社会资本、土地相关因素、流动特征、就业、心理与社会等多学科多领域，并趋于多元化和精准化。

还有的学者认为农民工市民化的关键在于政府的制度供给（陈怡男和刘鸿渊，2013），要建立与农民工市民化相适应的公共服务体制（吴业苗，2012）。城市公共服务对农民工市民化的影响，首先表现在公共服务供给和质量方面，主要对农民工的市民化意愿和能力产生影响。甘行琼和李玉姣（2019）研究发现新生代农民工倾向于选择公共服务完善的城市生活居住。韦吉飞等（2015）研究了农民工对不同公共品服务供给类型城市的异质性偏好。由于户籍制度影响，中国的劳动力流动决策与迁移后的定居决策并不是同步进行的，处于分离状态（周颖刚等，2019）。本书重点关注的是城市公共服务对农民工市民化（即进入城市后的第二阶段）行为、能力和福利的影响。

（3）市民化理论研究方面

与本书研究直接相关的理论基础，除了托达罗模型（Todaro，1970）、卢卡斯模型（Lucas，2004）等经典的劳动力迁移理论之外，还涉及用脚投票机制理论（Tiebout，1956）、城市空间均衡理论（Rosen，1979；Roback，1982）等理论。其中，城市空间均衡理论首先由Rosen（1979）和Roback（1982）提出，后经Glaeser（2009）完善，形成了城市体系的空间均衡分析框架。该理论的核心观点是，劳动力的流动决策受到实际收入（工资）、住房价格（如房租）和城市宜居性特征等因素的影响，并且基于劳动力和厂商角度研究一般均衡情况，他们将城市宜居性、住房和劳动力纳入一个城市的空间均衡系统。Redding（2016）建立了包含国际贸易、劳动力流动和福利的城市空间均衡模型。杨曦（2017）构建了基于城市宜居性差异（如公共服务）的城市空间均衡模型，并进一步分析了城市宜居度会影响劳动力的选址行为及其预期效用。刘修岩和李松林（2017）将迁移摩擦（如落户门槛）引入劳动力迁移的消费者效用函数中，并以此分析劳动力的迁移行为。

接下来，本书将重点从城市公共服务供给质量与农民工定居选址行为、城市公共服务开放度与农民工流迁行为、城市公共服务可及性与市民化能力、城市公共服务提供机制与农民工福利等方面展开阐述。

2.2.2 城市公共服务供给质量与农民工定居选址行为的相关研究①

理论与实践证明，劳动力会基于自身效用最大化原则选择就业地和居住地（Krugman，1991）。城市空间均衡理论认为，劳动力的定居选址行为决策会受到收入（主要是指工资水平）、宜居性（如环境、公共服务等）及生活成本（如房价、物价）的影响（Roback，1982；Rosen，1977）。自Tiebout（1956）提出“用脚投票”理论以来，有关是否存在“用脚投票”的问题备受国外学者关注（Dahlberg等，2012；Bao等，2014）。Carlsen等（2009）使用挪威数据发现，地方当局通过改善文化活动、医疗保健和公共交通服务，增加对家庭的吸引力。Dustmann等（2014）研究发现，对当地各种便利设施（如公共服务和安全）的满意度是影响移民意向的关键因素。这些研究证实了城市公共服务对劳动力

① 本小节的内容已发表在《中国人口科学》2020年第6期上。

流动的拉动作用。中国的实践也印证了这一点，即劳动力会选择在就业机会多、收入高和公共服务好的城市就业与生活（王桂新等，2012）。

农民工是否选择在某个城市定居，取决于该城市对农民工的拉力和推力的均衡结果，公共服务及其供给质量是其中的一个重要拉力（Chen等，2016）。由于中国农民工市民化进程自身的特点，其定居选址行为决策要以完成劳动力迁移过程为前提，即定居选址行为决策为迁移后决策。

一方面，国内学者重点关注了城市公共服务对劳动力流动决策的影响，并得到较为一致的结论。夏怡然和陆铭（2015）研究发现，基础教育和医疗服务等公共服务会吸引劳动力，特别是长期流动者流入。杨晓军（2017）研究发现，城市公共服务质量是吸引人口向城市流动的重要动力，特别是在经济发达地区。杨义武等（2017）认为，地方公共品供给对人口迁移有显著的正向影响，流动人口在迁移过程中会更多地考虑城市公共服务因素。还有学者研究发现，教育资源对流动人口家庭化有显著的积极影响，而医疗资源对流动人口家庭化有显著的消极影响（陶霞飞，2020）。Liao等（2019）认为医疗设施对城乡流动人口市民化意愿有显著的正向影响。这些研究主要基于公共服务视角探讨了其对农民工迁移的影响，并未触及迁移后的市民化决策。

另一方面，国内学者虽然就城市公共服务与农民工定居意愿的关系进行了研究，但针对城市公共服务供给质量影响农民工定居选址决策的研究较少。甘行琼、李玉姣（2019）研究发现，城市基本公共服务对新生代农民工定居意愿有显著的促进作用，而城市公共服务的差异会削弱农民工的城市定居意愿。湛东升等（2017）认为，包含公共服务设施便利性在内的城市宜居性感知对流动人口定居意愿有显著的正向影响。有研究发现，迁移者更愿意在公共服务资源丰富的城市定居，并且获得公共服务的流动人口更加稳定（Liu等，2014；侯慧丽，2016）。刘金凤、魏后凯（2019）研究发现，城市公共服务显著影响流动人口的永久迁移意愿，城市的公共服务水平越高，流动人口的永久迁移意愿就越强。Liao等（2019）认为，良好的教育设施和交通服务会吸引农民工在城市定居。孙伟增等（2019）认为良好的公共服务质量能够显著提升城市对流动人口的吸引力。何炜（2020）研究发现，城市公共服务提供对劳动力流入地选择的影响确实存在。

2.2.3 城市公共服务开放度与农民工流迁行为的相关研究

农民工的流迁行为是农民工定居选址行为的进一步深化，是指农民工将农村户籍迁往流入地城市户籍的行为，这进一步表明了农民工的市民化态度和决心。农民工实现市民化的重要标志就是实现其户籍的转换。而在农民工市民化的相关研究中，与之相关的是落户（迁户）意愿的研究。

（1）农民工流迁行为（落户意愿）方面

农民工的落户意愿及其影响因素一直是学者们关注的重点，而对落户意愿影响因素的研究一般遵循农民工的个体特征、家庭特征以及流入地的城市与区域特征的研究思路（邱红和周文剑，2020）。由于农民工的落户行为决策涉及户籍转换，农民工决策时通常会比较农村户籍和城市户籍所附带的“利益”，因此，农村户籍所附带的土地收益及权益就成了限制其落户行为的重要因素，而城市户籍所附带的城市公共服务（如子女教育）则成了助推农民工转户的重要“吸引力”（张翼，2011）。一直以来，农民工的落户意愿呈下降趋势，这一点诸多学者进行了实证检验（苏红键，2020）。唐宗力（2015）通过对安徽农村地区的调查，发现农民工落户定居城市的行为和意愿均出现了不同程度的减少和下降。肖璐和蒋芮（2018）认为农民工城镇落户行为依赖于其落户意愿的产生，而这种落户意愿又受居留意愿和户籍价值的影响和作用。在农民工的落户行为阶段，落户意愿和城市落户门槛、城市特征以及收入情况均会影响农民工的落户行为。王成利和王洪娜（2020）认为公共服务对流动人口的落户意愿有显著的提升作用。

在农民工市民化进程中，由于农民工群体的分化，也有的学者开始关注新生代和老一代农民工的落户意愿问题。欧阳慧等（2019）研究发现，新生代农民工的落户意愿不确定性较强，这将势必增加其落户行为的不确定性，最终影响中国的农民工市民化进程。对于新生代农民工群体来说，通过增强经济能力（如提高收入、增强工作稳定性、加大购房比例)、增加公共服务供给（如子女教育）可以提升其落户意愿。还有研究指出，城市公共服务会显著提高40岁以上的农民工的落户意愿（刘涛等，2019）。

从以上的研究可以发现，除了农民工的个体和家庭特征之外，城市公共服务和户籍是影响农民工落户意愿或行为的较为重要的因素之一。苏红键（2020）研究发现，2014年户籍制度改革对不同人口规模城市落户意愿的影响有所差异，特别是对300万人以下城市的落户意愿影响更大。而在中国，城市公共服务往往与本地户籍捆绑，特别是城市公共服务供给质量深植于城市户籍之中，户籍制度又将农民工群体排除在外，农民工能够享受到的城市公共服务要看城市本地政府到底提供了哪些服务，即面向农民工的城市公共服务开放度。因此，城市公共服务供给质量对农民工市民化的研究，进一步深化为城市公共服务开放度对农民工落户意愿和行为（农民工流迁行为）影响的问题。

（2）居住证制度及其对农民工市民化的影响方面

居住证制度具有明显的中国特色，最早起源于1985年实施的“暂住证”制度，后经北京、上海、成都和广东等地流动人口管理的不断实践，摸索探索出“人才居住证”制度，而后逐渐发展成目前的居住证制度。对此，学者们一直格外关注居住证相关领域，研究多集中在居住证制度比较、问题发现和政策效应评价等方面，研究区域多是上海、广东等早期实施居住证制度的区域（谢宝富，2014；王阳，2014）。目前居住证管理是我国大城市管理流动人口的一种现实选择，是户籍制度的一种进步（孔繁荣，2008）。此外，学者们还关注了居住证的制度创新、政策改善、制度后果和心理融入等方面（赵德余和彭希哲，2010；刘志军等，2012；梁土坤，2020）。

钱雪亚等（2017）认为上海市农民工的居住证积分水平不高，但已经成为推动农民工市民化的主要制度。钱雪亚和宋文娟（2020）以26个省（自治区、直辖市）、84个城市的居住证管理制度文件为计算依据，采用2016年中国流动人口动态监测调查数据（CMDS），测度了面向农民工的城市公共服务开放度，并进一步发现，面向农民工的城市公共服务开放度较低。从已有文献来看，对于城市公共服务开放度的研究十分有限，研究的重点也集中在城市公共服务开放度的测度方面，而对城市公共服务开放度对农民工市民化和流迁行为的影响关注不多。

2.2.4 城市公共服务可及性与农民工市民化能力的相关研究

（1）农民工市民化能力方面

与农民工市民化能力相关的研究主要有三个分析框架。

一是基于人力资本理论视角下的农民工市民化能力研究框架。多数文献集中于人力资本如何影响劳动力的流动，并且是在Schultz（1961）和Becker（1962）的理论框架下进行的不同拓展，研究人力资本对农民工市民化能力的影响及其形成机理（王竹林和范维，2015；李练军，2015；徐美银，2018；宋艳菊和谢剑锋，2019）。以人力资本理论为主体的“能力论”研究范式的核心观点在于：具有较高人力资本的农民工在城市劳动力市场上更容易获得较好的就业机会和较高的收入，更容易融入城市。总体来看，人力资本可以提升农民工的就业能力、收入获取能力、融入能力和未来发展能力。本书认为，人力资本理论作为农民工市民化能力研究的逻辑起点和切入点，为农民工市民化能力的相关研究提供了一定的研究范式。

二是基于社会资本理论视角下的农民工市民化能力研究框架。随着社会资本概念的提出，“市民化能力”的研究范式开始由人力资本转向“社会资本”，学者们开始以Alejandro Portes（1995）的社会资本理论为切入点研究农民工的市民化能力相关问题。社会资本理论比较关注社会网络、信任和规范等社会结构资源对个人能力的影响。针对农民工群体，学者将社会资本引入农民工市民化的相关研究中，主要研究了农民工的社会资本形成（周晔馨等，2019）、社会资本对就业质量（邓睿，2020）、农民工工资（刘林平、张春泥，2007）、就业（朱志胜，2015）、创业（梁海兵，2017）、社会融合（张宏如、李群，2015；刘传江、周玲，2004）的影响。可以说，以社会资本理论为主体的“能力论”，依然延续了之前人力资本视角的研究思路，但强调的是个体所拥有或创造的社会网络对个体能力和决策的影响。

三是基于可行能力理论视角下的农民工市民化能力研究框架。该类研究框架主要是以Amartya Sen的可行能力为切入点展开研究。根据Amartya Sen的可行能力理论，实质自由包括可行能力和工具性自由，其中前者为从事有价值活动的状态，后者代表各种制度安排，包括权利、机会和权益。工具性自由和可行能力通过福利转化从而诱发个体和群体行为。也就是说，农民工的市民化行为和决策不仅要考虑自身的人力资本和社会资本，还要考虑农民工的可行能力和流入地的制度安排。现有的多数文献运用可行能力理论研究了农民工的福利问题（祝仲坤等，2020；宋艳等，2017；张广胜等，2016）。因此，农民工的市民化行为和决策可以看成是农民工根据自身能力来选择居留或迁户等市民化的权利和自由。至此，农民工市民化能力的研究范式就形成了“人力资本”+“社会资本”+“可行能力”等多维度、多层次的研究逻辑和框架。

（2）城市公共服务可及性方面

与城市公共服务可及性相关的文献，大多数关注了农民工的公共服务享有水平。有学者指出，农民工的公共服务享有水平与本地居民之间有较大差距，其根本原因是城乡二元制度（杨昕，2008）。总体上看，农民工并未与本地市民平等享受基本公共服务，农民工享受公共服务的总体水平比较低，农民工对政府提供公共服务的总体满意度不高（徐增阳和翟延涛，2012），并且城市公共服务惠及“距离”农民工群体依然较远（刘迎君，2017）。进一步发现，绝大多数农民工（80.29%）希望政府能在公共服务完善等方面（就业技能培训、住房、子女教育等）出台相关政策，进一步完善公共服务政策。

城市公共服务的可及性或获得性，是影响农民工城市融合水平和市民化意愿的重要因素。学者们通过研究发现，一方面，农民工在城市公共服务获取方面存在困难，这种低获得性是导致农民工长期居留意愿和社会融合的重要原因（刘乃全等，2017；谢勇，2017）。张开志等（2020）研究发现提高城市公共服务可及性能够显著提升农民工的永久迁移意愿。王永乐和李梅香（2014）认为基本公共服务均等化对其社会融合具有显著的积极作用。邓睿（2019）认为农民工在本地的健康权益可及性对其城市劳动供给有正向的影响，有效降低了劳动强度，提高了劳动供给效率，进而影响农民工的就业能力。

2.2.5 城市公共服务提供机制与农民工福利的相关研究

市民化过程本身就是农民工追求个人或家庭社会福利（如收入）最大化的过程，既是流动的首要原因，又是流动的最终目标（齐红倩等，2017）。同时，在农民工市民化进程中，户籍制度及其福利制度又对市民化产生了负向的影响（朱雅玲和李英东，2016）。收入、生活满意度和幸福感往往是研究农民工福利的切入点。孙三百（2015）研究发现，与未迁移者相比，迁移者的平均收入增长效应为44.34%。还有学者基于幸福感和生活满意度等视角研究迁移者的市民化福利（孙三百和白金兰，2014；吕炜等，2017）。孙三百和白金兰（2014）研究发现，户籍获取确实提高了迁移者的幸福感。李海波和仇保兴（2019）研究发现城市级别主要通过收入水平、居住福利、社交福利和心理福利影响农民工的市民化倾向。

而农民工福利水平评价也是研究的重点内容之一。对于当前农民工福利水平的评价，学者们虽然采用的数据（主要是某一省（自治区、直辖市）的调查数据）有所差异，但得到了较为一致的结论，即农民工福利水平处于较低水平（叶静怡和王琼，2014；祝仲坤等，2020；张广胜等，2016）。除了关注农民工福利水平的评价之外，还有一些学者研究了政策、居住证制度对农民工福利水平的影响。杜鹏程等（2018）采用PSM-DID研究发现新《劳动合同法》的实施提升了农民工的福利水平。袁方等（2016）认为居住证制度的实施，对农民工福利水平的提升起到了积极作用。但这一研究主要采用的是上海市的农民工调查数据，在数据的代表性方面还存在改进的空间。朱雅玲和李英东（2016）研究发现，缩小城乡福利差距，有助于推动农民工市民化进程。袁方和史清华（2013）研究发现，可行能力不平等对农民工福利具有显著影响并且存在明显的差异。祝仲坤等（2020）则是从城市公共卫生服务视角研究其对农民工可行能力的影响。朱雅玲和李英东（2016）认为城乡福利差距对农民工市民化有显著的负向影响。从现有文献看，有关城市公共服务提供机制（居住证）对农民工福利水平影响方面的研究并不太多，研究成果相对不足。

2.2.6 文献评述

国内外就劳动力流动、城市公共服务等相关问题展开了研究，并形成了大量研究成果，这为本书的研究提供了一定的理论基础和启迪。但我们也发现，以上文献有以下不足：

第一，从文献看，大量文献研究了城市公共服务对劳动力流动的影响，而对城市公共服务影响农民工市民化（市民化行为、能力和福利）的研究并不多见，特别是基于供给质量、开放度和可及性、提供机制等多维度、多层次视角的研究更少。一方面，现有文献对中国是否存在Tiebout“用脚投票”机制已有涉及，但略显不足，特别是对城市公共服务对农民工市民化的影响及机制探讨较少，需要进一步验证。另一方面，由于户籍制度的影响，中国农民工的流动决策与流动后的市民化决策并不同步，而之前的研究重点关注了劳动力流动阶段，忽略了其他阶段，这需要进一步关注和研究。因此，本书针对以上不足，重点研究城市公共服务对农民工市民化行为、能力和福利水平的影响，并进一步探讨其影响机制。

第二，之前的研究均将城市公共服务与农民工市民化（或劳动力流动）置于当时的研究情景中，这与目前的研究情景有了明显的不同。随着2014年国家推行新型城镇化战略以来，国家陆续出台了户籍制度改革、公共服务均等化等一系列旨在以农民工市民化为核心的政策举措，农民工市民化迎来了前所未有的发展机遇。与此同时，农民工市民化整体上已经进入“中市民化”阶段，表明农民工市民化进入到了关键时期。此外，农民工市民化还存在市民化质量不高与市民化进程不快、市民化意愿不强等突出问题，这些严重影响了农民工市民化进程乃至国家新型城镇化的发展。因此，本书正是基于此研究情景，突出研究的“问题导向”和“问题逻辑”，以更好地推动以农民工市民化为核心的新型城镇化发展。

第三，之前的研究对面向农民工的城市公共服务开放度、公共服务可及性、城市公共服务提供机制关注不够，研究成果也相当有限。居住证制度的全面推行，为城市公共服务开放度的计算提供了可能。此外，从现实来看，一些省（自治区、直辖市）已经出现了“市民化意愿不强”“积极性不高”等问题，并将问题的原因指向居住证制度[①]。因此，本书基于城市居住证政策文件计算城市公共服务向农民工的开放度，并进一步研究城市公共服务对农民工市民化行为的影响，验证以居住证制度为载体的基本公共服务提供机制的方向性和正确性，也试图回应现实问题并找到解决路径。

本书正是基于以上文献不足，以城市公共服务为切入点，基于供给质量、开放度、可及性和提供机制等维度，重点研究城市公共服务对农民工市民化行为、市民化能力和福利水平的影响，以更好地为推动农民工的市民化进程乃至国家新型城镇化发展服务。

2.3 农民工市民化理论分析

接下来，本书分别基于市民化行为、市民化能力和福利视角构建农民工的市民化理论，以此作为后续研究的理论基础。

2.3.1 城市公共服务与农民工市民化行为的理论分析

本书主要参考Redding（2016）、杨曦（2017）等研究，构建包含城市公共服务供给质量、开放度和提供机制的农民工市民化理论模型[②]。

（1）消费者偏好

一般来讲，对于农民工ω个体来说，其在城市j的效用$U_j(\omega)$取决于消费水平$C_j(\omega)$和流入地城市宜居度对其效用的影响$b_j(\omega)$。

$$U_j(\omega)=b_j(\omega)\times C_j(\omega) \tag{2-1}$$

在式（2-1）中，$C_j(\omega)$为对一单位连续商品$\tau\in[0,1]$的加总消费，表示为：

$$C_j(\omega)=\left[\int_0^1\left(c_j(\tau)\right)^{\rho}\mathrm{d}\tau\right]^{1/\rho},\ 0<\rho<1 \tag{2-2}$$

其中：$c_j(\tau)$为农民工在流入地城市j对产品τ的消费数量；ρ为参

① 何立峰. 国家新型城镇化报告2018［M］. 北京：中国计划出版社，2019.

② 其中包括对城市公共服务供给质量与农民工定居选址行为、城市公共服务开放度与农民工流迁行为和城市公共服务提供机制与农民工福利，具体为第4章、第5章和第7章。

数，不同产品之间的替代弹性$\sigma=1/(1-\rho)>1$。价格指数为：

$$P_j=\left[\int_0^1\left(p_j(\tau)\right)^{1-\sigma}d\tau\right]^{1/(1-\sigma)} \tag{2-3}$$

在式（2-1）中，变量$b_j(\omega)$随机决定，取决于两个因素：一个是农民工ω所在城市j的宜居度B_j；二是农民工ω对城市j的偏好程度。本书认为，城市的宜居度B_j，既与城市公共服务的供给质量有关，也与农民工真正能够享有的公共服务有关。从现实情况来看，由于户籍制度限制，农民工并不能与城市本地居民同等享有城市公共服务[①]，这导致农民工ω所面临城市j的宜居度是有约束的宜居度。这种约束主要源自城市j面向农民工ω的公共服务开放程度，亦是城市j向农民工ω提供公共服务的实际情况。本书定义$\widehat{B_j}=O_j\times B_j$，表示为考虑城市公共服务开放度后农民工$\omega$所在城市$j$的宜居度。其中，$O_j\in[0,1]$为公共服务开放度，值越大代表农民工可以享受到越多的公共服务。

假设农民工的偏好程度$b_j(\omega)$服从Frechet分布，其分布函数为：

$$G_j(b)=Pr(b_j\leqslant b)=e^{-\widehat{B_j}\times b^{-\epsilon}} \tag{2-4}$$

其中：$\epsilon>1$，ϵ反映农民工ω城市偏好的差异程度，ϵ越低，说明农民工ω的城市偏好差异越大。$\widehat{B_j}$越低，则农民工ω在城市j获得的效用水平就越高。

（2）生产

城市j在企业生产产品φ时，雇用农民工和城市劳动力进行生产，其生产函数为：

$$Q_j^{\varphi}=\varsigma z_j\left(\frac{L_j^r}{\beta}\right)^{\beta}\left(\frac{L_j^u}{1-\beta}\right)^{1-\beta} \tag{2-5}$$

其中：$\varsigma=\beta^{\beta}(1-\beta)^{1-\beta}$为常数；$z_j$为产品在城市$j$的生产率；$0<\beta<1$；$L_j^r$和$L_j^u$分别表示生产产品$\varphi$时，雇用的农民工数量和城市劳动力数量。

假定在城市j，产品φ的生产率$z_j(\varphi)$随机决定，服从Frechet分布并在不同城市之间相互独立：

---

① 对于农民工来说，环境等非排他性公共服务领域的宜居度与城市居民一样，并无本质差别。

$$F_j(z)=e^{-A_j\times z^{-\theta}} \tag{2-6}$$

其中：A_j为城市j的生产技术水平；参数θ表示生产率分布的分散程度。

在给定生产函数的情况下，城市j单位商品的成本为：

$$y_j^C=\frac{(wage_j^r)^{\beta}\times(wage_j^u)^{1-\beta}}{z_j(\varphi)} \tag{2-7}$$

其中：$wage_j^r$和$wage_j^u$分别表示农民工和城市劳动力的有效工资率。

根据式（2-3）和式（2-7），由Eaton和Kortum（2002），计算城市j的价格指数P_j，可得：

$$P_j=\varsigma_I\left[\sum_{i\in N}A_j\left((wage_j^r)^{\beta}\times(wage_j^u)^{1-\beta}\right)^{-\theta}\right]^{-1/\theta} \tag{2-8}$$

其中：$\varsigma_1=\left[\Gamma\left(\frac{\theta-\sigma+1}{\theta}\right)\right]^{1/(1-\sigma)}>0$，$\Gamma(\cdot)$为Gamma函数。

（3）农民工的市民化选址行为及预期效用

假设农民工从地区i移出到城市j会损失（$1-\mu_{ij}$）份额的效用，则根据偏好函数式（2-1），地区i的农民工ω若最终移民至城市j，其间接效用函数$V_j(\omega)$为：

$$V_{ij}(\omega)=\frac{b_j(\omega)\times v_j^r\times\mu_{ij}}{P_j} \tag{2-9}$$

式（2-9）表明农民工ω的效用与农民工ω在城市j的实际工资v_j^r/P_j、城市宜居度$\widehat{B_j}$以及移民摩擦（$1-\mu_{ij}$）有关。如果农民工ω的实际工资v_j^r/P_j提高或城市宜居度$\widehat{B_j}$提升，其在城市j可以获得较高的效用。

农民工ω选择在哪个城市作为市民化最终地点，主要由流出地农村、流入地城市和其他城市间接效用的大小来决定。对于农民工来说，其定居或永久迁移决策同样是效用最大化的问题。地区i的农民工ω在所有城市中选择城市j的概率为：

$$\pi_{ij}(\omega)=\frac{\widehat{B_j}\left(\mu_{ij}v_j^r/P_j\right)^{\epsilon}}{\sum_{k\in N}\widehat{B_j}\left(\mu_{ij}v_j^r/P_j\right)^{\epsilon}} \tag{2-10}$$

式（2-10）表明，农民工ω选择城市j的概率取决于城市j的宜居度和实际工资v_j^r/P_j相对于全国所有城市之和的比值。

由于$U_j(\omega)$服从随机分布，当空间均衡时，农民工ω在不同城市选址的预期效用满足如下关系：

$$U_j = \varphi\left[\sum_{j\in N}\widehat{B_j}\left(\mu_{ij}v_j^r/P_j\right)^{\epsilon}\right]^{\frac{1}{\epsilon}} \tag{2-11}$$

其中：$\varphi = \Gamma\left(\frac{\epsilon-1}{\epsilon}\right)$，为非负数，$\Gamma(\cdot)$为伽马函数。

式（2-11）表示的是，农民工ω在不同城市之间保持稳定状态的均衡条件。进一步看，农民工ω的市民化选址行为，只与城市j的宜居度$\widehat{B_j}$、实际工资v_j^r/P_j以及移民摩擦有关。同时，也反映了农民工ω在空间均衡时的预期福利水平。

（4）进一步分析

前述可知，本书所指的城市宜居度$\widehat{B_j}$为考虑城市公共服务开放度O_j后的宜居度$O_j\times B_j$。本书以城市公共服务供给质量代表城市宜居度，表明B_j与城市宜居度$\widehat{B_j}$呈正相关关系。本书重点关注城市公共服务供给质量B_j、面向农民工的城市公共服务O_j对农民工ω市民化行为的影响。

根据式（2-11），可得：

$$\frac{d(U_j)}{dB_j} > 0 \tag{2-12}$$

式（2-12）表明，城市公共服务供给质量B_j对农民工ω市民化行为有正向影响。也就是说，城市公共服务供给质量B_j是农民工ω市民化行为和决策的重要影响因素。

因此，由式（2-12）提出假说1：

假说1：城市公共服务供给质量对农民工定居选址行为有正向影响。本书将在后续研究中（第4章）对式（2-12）的结论即假说1进行验证。

$$\frac{d(U_j)}{dO_j} > 0 \tag{2-13}$$

式（2-13）表明，面向农民工ω的城市公共服务开放度O_j对农民工市民化行为有正向影响。因此，由式（2-13）提出假说2：

假说2：城市公共服务开放度对农民工流迁行为有正向影响。在后续研究中（第5章），本书将基于城市的居住证政策文件计算各城市的公共服务开放度，据此实证研究城市公共服务开放度对农民工市民化行为的影响，对式（2-13）即假说2进行验证。

式（2-11）还代表了农民工ω在城市j的预期福利，我们从式（2-11）可得，城市公共服务供给质量B_j和面向农民工的城市公共服务开放度O_j均对农民工ω在城市j的预期福利$\bar{U}_j^{\omega}$有正向影响，即存在：

$$\frac{d\left(\bar{U}_j^{\omega}\right)}{dB_j}>0 \tag{2-14}$$

$$\frac{d\left(\bar{U}_j^{\omega}\right)}{dO_j}>0 \tag{2-15}$$

随着居住证制度的全面推行，面向农民工的城市公共服务提供机制正在建立，也就是说，农民工是否能够享有城市的公共服务取决于农民工自身是否能够申领到居住证。由此判断，宏观上的城市公共服务提供机制，在微观层面上表现为农民工是否持有居住证。鉴于此，式（2-15）中的城市公共服务开放度O_j可以改写成城市公共服务提供机制PM_j，具体见式（2-16）：

$$\frac{d\left(\bar{U}_j^{\omega}\right)}{dPM_j}>0 \tag{2-16}$$

式（2-16）表明，城市公共服务提供机制PM_j有利于提升农民工的福利水平。因此，由式（2-16）提出假说3：

假说3：城市公共服务提供机制有利于改善农民工的福利。对此，在后续研究中（第8章），本书将实证研究城市公共服务提供机制对农民工福利的影响，对式（2-16）即假说3进行验证。

2.3.2 城市公共服务与农民工市民化能力的理论分析

（1）农民工市民化能力的构成

本书认为，农民工市民化能力是指其实现从农民工转化为市民所具备的所有能力的集合，具体是指“职业和身份转化”、“心理和行为方式调适”和“后续发展”能力。宋艳菊、谢剑锋（2019）和俞林等（2019）认为农民工市民化能力包括外在能力和内在能力，二者具体指向有所差别。刘同山等（2013）和钱龙等（2016）从个人和家庭两个方面阐述了农民工市民化能力的内涵。以上研究并未将农民工市民化能力置于农民工的市民化阶段之中，也未考虑到市民化的阶段特征对市民化能力的要求。本书借鉴Liang（2016）的研究，将农民工市民化能力划分为生存能力、社会适应能力和发展能力三个维度。

①生存能力。生存能力是农民工完成市民化应具备的基本能力，是指农民工在本地跨越经济门槛的能力，主要包括就业机会获得能力、获得收入能力和购房能力。具体来看：

第一，就业机会获得能力。寻求工作机会不仅是农民工迁移和流动的首要动机，同时还是其居留本地乃至迈向市民化的关键一步。而能否获得就业机会，实现职业转换，其前提条件是须具备一定的就业机会获得能力。根据人力资本理论，人力资本状况（如受教育程度和健康状况等）是决定农民工就业机会获得能力的重要因素。基于此，本书以农民工的人力资本状况衡量农民工的就业机会获得能力。

第二，获取收入能力。能够获得较为稳定的收入是农民工在流入地立足的重要体现，并且是决定其是否可以实现市民化的关键所在。农民工流入城市后，除了要承担城市生活成本（如房租、日常消费支出等）之外，还需要支付一定的市民化成本。也就是说，农民工要实现由“农民”到“市民”的转变，需要较为稳定的收入做支撑，需要一定的获取收入能力。农民工获取收入能力可以采用收入水平来间接衡量。

第三，购房能力。居所是农民工进城后要解决的首要问题。要想在城市立足，首先得拥有较为稳定的居所，无论是租房（包括单位提供居所）还是购房。特别是对于农民工个体来说，能够拥有自有住房不仅可以突显其经济能力，还能显示其“城市打拼”的成果。因此，在农民工市民化进程中，购房能力是衡量其生存能力的重要指标。这里所指的购房能力，是指购买本地住房包括商品房、自建房和保障性住房等的能力。

②社会适应能力。社会适应能力主要反映农民工的心理转换情况，衡量农民工是否具备跨越心理门槛的能力，主要包括社区治理参与能力

和社会网络重构能力。具体来看：

第一，社区治理参与能力。农民工的社区治理参与能力是市民身份的重要体现（郑永兰，2014）。因此，农民工的社区治理参与能力是其社会适应能力的重要表征之一。

第二，社会网络重构能力。农民工进城之前，其社会关系主要以老乡、亲戚等为主，形成了传统的社会网络，而当其进入城市后，虽然初期还是以之前的社会关系为主，但随着农民工的流动时间和居留时间的变化，其社会交往对象更趋向于"本地人"，农民工往往会通过工作关系、工会和志愿者协会等组织积极搭建本地的社会网络，这样会更好地融入城市社会。

③发展能力。发展能力主要反映农民工在本地的后续发展及保障能力，衡量农民工是否具备跨越身份门槛的能力，主要包括就业能力、社会保障能力和长期定居倾向。具体来看：

第一，就业能力。农民工是否可以实现市民化的关键在于其是否在本地拥有稳定的就业岗位，这决定其是否可以获得稳定的收入，具备长期居留本地的能力。

第二，社会保障能力。由于我国城乡二元结构体制的影响，农村与城市实施的是有差别的社会保障制度，而农民工多数享有户籍地的社会保障，这对其市民化行为和决策产生了一定的"阻力"。在流入地享有社会保障是农民工完成市民化的重要标志，更是其市民化能力的体现。

第三，长期定居倾向。一般情况下，拥有长期定居倾向的农民工往往具有强烈的市民化意愿，这也是其发展能力的进一步延伸。

综上所述，农民工市民化能力由生存能力、社会适应能力和发展能力三种能力构成，见图2-2。其中，生存能力是农民工市民化的基础和前提，社会适应能力是农民工市民化的本质和目的，发展能力是农民工市民化的重要保障，它们之间是相互影响、相互联系的统一体。

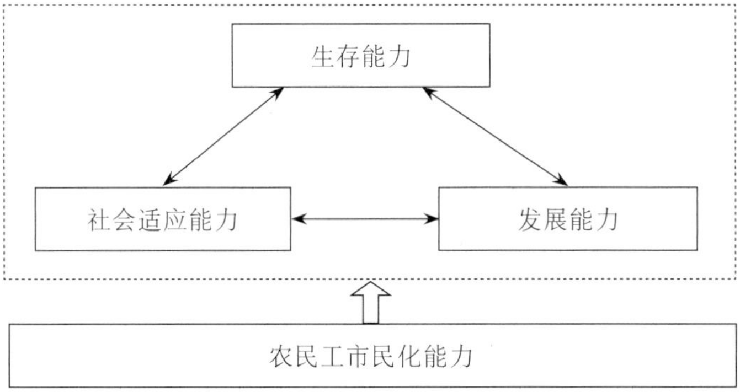

图2-2 农民工的市民化能力结构

（2）理论分析框架

本书重点关注城市公共服务可及性对农民工市民化能力的影响及其机制。一方面，不同于以往关于农民工市民化能力的研究，本书利用中国流动人口动态监测调查数据来定量研究城市公共服务可及性对农民工市民化能力的影响。城市公共服务可及性影响农民工市民化能力的机制较为复杂，但是对于理解实证分析的结果和政策含义非常重要。从面向农民工开放或农民工实际获取的公共服务范围和种类来看，城市公共服务可及性影响农民工市民化能力的机制主要体现在如下方面（见图2-3）：

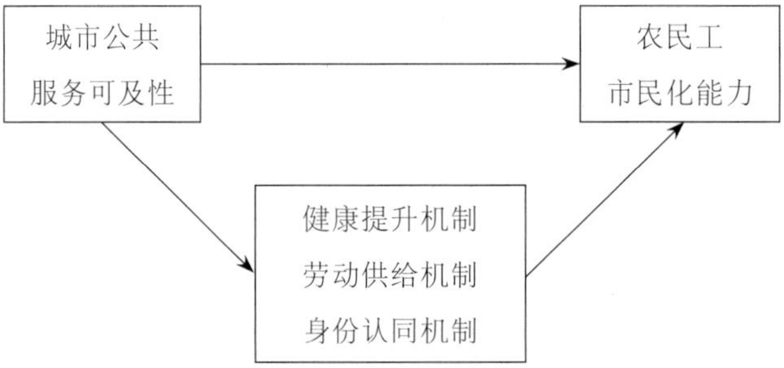

图2-3 理论分析框架

①健康提升机制。城市的公共卫生服务和医疗服务，以及农民工参加的城镇居民医疗保险或职工医疗保险，均会对农民工的身体状况产生正面效应，即改善农民工的健康状况。虽然一些农民工未在本地参加城镇居民医疗保险或职工医疗保险，只是在户籍地参加了新型农村合作医疗（简称新农合），但从医疗服务的可得性来讲，这一部分农民工依然

可以享受到城市公共服务可及性带来的“健康福利”。

②劳动供给机制。城市的就业服务政策，可以为农民工提供就业信息和就业指导，虽然就业指导服务还未完全向农民工开放，但城市相关就业服务可以促进农民工的正规就业，营造良好的就业环境，从而提升农民工的市民化能力特别是就业能力。

③身份认同机制。城市的义务教育服务以及其他类型的服务，可以增强农民工的身份认同感，有利于农民工更好地融入本地社会，更快地适应城市生活，从而提升农民工的市民化能力特别是适应能力。因此，本书在以上理论分析框架的基础上，提出假说4。

假说4：城市公共服务可及性对农民工市民化能力有正向的提升作用。在后续研究中（第6章），本书将计算农民工的城市公共服务可及性和其市民化能力，在此基础上实证城市公共服务可及性对农民工市民化能力的影响及其机制。

2.4 本章小结

本章在明确农民工、农民工市民化和城市公共服务等相关概念，界定其研究范围的基础上，重点围绕城市公共服务与劳动力迁移、城市公共服务供给质量与农民工定居选址行为、城市公共服务开放度与农民工流迁行为、城市公共服务可及性与农民工市民化能力、城市公共服务提供机制与农民工福利等问题展开文献梳理，并在相关研究的基础上，构建了包含城市公共服务供给质量、开放度和提供机制的农民工市民化理论模型，以及城市公共服务可及性与农民工市民化能力的理论分析框架，为后续研究提供一定的理论基础。

第3章　典型事实：实践、政策与发展态势

本章在梳理农民工市民化实践的基础上，基于历史与发展角度阐述农民工问题的产生与发展，总结分析农民工市民化的主要进展及政策演变，并阐述城市公共服务的供给政策与农民工的需求演变，最后凝练以居住证为载体的公共服务提供机制。

3.1　中国农民工市民化实践

3.1.1　农民工问题的产生与发展

户籍制度是农业转移人口市民化问题存在的主要诱因。中国的农业转移人口市民化不同于世界其他国家（地区）的农业转移人口的“一站式”市民化。其有两个阶段：一是农业转移人口的职业和空间迁移过程；二是农民工的身份转换过程。中国的市民化发展与演变是在工业化、城镇化和农业现代化“三化”建设背景下进行的，并伴随着国家的

户籍制度改革。在改革开放之前，农民向城市流动是受到严格限制的，也不存在严格的农民工问题。接下来，本章主要总结分析改革开放以来农业转移人口市民化的历史脉络、场景与动机。中国农业转移人口市民化进程真正起步于改革开放时期，并经历了初期和萌芽阶段—有序推进阶段—全面推进阶段三个阶段。

第一阶段为市民化初期和萌芽阶段：从改革开放至20世纪90年代中后期，农业转移人口市民化处于初期和萌芽阶段。随着农村家庭联产承包责任制的全面推开、乡镇企业的蓬勃发展和沿海地区的加快开放，农村生产率明显提高，农村剩余劳动力开始出现，并在户籍制度有所松动下开始出现流动趋势。1984年，国家印发了《国务院关于农民进入集镇落户问题的通知》，开启了农村人口向城市流动的阀门。同时，乡镇企业的蓬勃发展助推了农业剩余劳动力转移，有研究表明乡镇企业吸纳了80%以上的农业转移人口（刘新艳，2019）。随着沿海地区的加快开放，农业转移人口的流动规模不断扩大，全国流动人口从2 000万人左右激增至约8 000万人。

这一时期，农业转移人口市民化的发展，得益于农村家庭联产承包责任制、乡镇企业和市场化等一系列改革，还根植于城镇化恢复和稳步推进进程，城镇化率从1978年的17.9%增长至1996年的30.5%，年均增长0.7个百分点。城市管理体制改革开启，城镇规模结构不断优化，城市数量从1978年的193个增长至1997年的668个。这一时期，经济原因是农业转移人口的主要流动动机。一方面，是具有强烈流动意愿的农业转移人口；另一方面，是政府对流动人口的治理重心为防范控制（董敬畏，2019）。因此，这一时期，政府对流动人口采取比较谨慎的治理政策，主要侧重于管理而非提供服务。

第二阶段为市民化有序推进阶段：20世纪90年代中后期至2012年，我国基本完成了计划经济向社会主义市场经济转轨，“入世”效应开始凸显，城镇化进入快速发展时期，并助推农业转移人口市民化进入新阶段。2001年，《国务院批转公安部关于推进小城镇户籍管理制度改革意见的通知》（国发〔2001〕6号）开启了户籍管理制度的新征程，将农业转移人口纳入我国城镇化进程之中。此时，一个重要的变化是，中国政府在制定流动人口政策时，更加重视维护流动人口权利（董敬畏，2019）。而后，国家相继出台了《国务院办公厅关于做好农民进城务工就业管理和服务工作的通知》（国办发〔2003〕1号）等若干文件，这些政策既预示着国家对农民工工作的重视和方向，还表明中央政府对农业转移人口管理与服务的态度和理念，中央政府开始在农业转移人口市民化进程中扮演重要角色。

这一时期，农业转移人口市民化进入到规范管理和引导阶段，其发展得益于市场经济体制改革、“入世”等一系列市场化改革，城镇化进入高速发展时期。1996—2012年，城镇化率从30.5%增长至52.6%，年均增长1.38个百分点，流动人口数量从8 000万人增长至2.36亿人。中央政府开始关注并推动农民工市民化进程。城市规模进一步优化，截至2012年12月底，城市数量达657个，其中100万人口以上的城市有127个。同时，受2008年国际金融危机的影响，农业转移人口市民化一度出现了“农民工回流”与“民工荒”并存的现象。2008—2012年，农民工总量从22 542万人增长至26 261万人，农民工就业地区主要分布在江苏、广东、浙江、山东等省份[①]。这一时期，农业转移人口市民化的动机（含流动原因）虽然以经济原因为主，但开始对城市公共服务有所觉醒。

第三阶段为市民化全面推进阶段：2013年至今，党的十八大开启了城镇化转型发展的新征程，同时也铸就了农业转移人口市民化进程的新起点。这一时期，农业转移人口市民化上升为国家战略，其政策、机制建设不断完善，劳动力自由流动机制逐步建立，市民化顶层设计基本形成，市场机制逐渐成为市民化的助推机制。党的十八大以来，新型城镇化和农业转移人口市民化工作开始成为党和国家重要工作，共召开了2次中央城镇（城市）工作会议，出台相关文件（通知、条例和意见）15件（个），详见附录A。党的十九大更是将加快农民工市民化作为新时代推进新型城镇化发展的重要部署和推手，上升为国家战略。

这一时期，中央政府开始由“管控和有序引导”转向“制度化”，其政策设计开始更加注重经济和社会发展规律，服务意识开始增强，这不

① 国家统计局．国家统计局发布2012年全国农民工监测调查报告［EB/OL］．（2013-05-27）［2022-09-13］．http：//www.gov.cn/gzdt/2013-05/27/content_2411923.htm.

仅体现了国家治理能力和水平的提高，也反映出国家对农业转移人口市民化进程出现的各种问题的回应。同时，这一时期的农业转移人口市民化工作是在深化体制改革、新型城镇化战略和外部环境变化等多重背景下进行的，具有明显的时代特征。可以说，城镇化政策走向了发展质量和“人”的城镇化，更加注重“人”的参与和共享。城镇化管理更加科学和人性化，开始以流动人口为口径进行城镇化率统计，常住人口城镇化率从2013年的53.73%增长至2018年的59.58%，年均增长1.17个百分点；户籍人口城镇化率从2012年的35.7%增长至2018年的42.4%，年均增长1.34个百分点。二者之间的差距从18.03%降至17.18%，缩小了0.85个百分点。农民工从2013年的2.74亿人增长至2019年的2.91亿人。城市化发展趋向都市圈、城市群战略，城市管理政策开始实施差异化政策。

3.1.2 农民工市民化主要进展及政策演变

（1）主要进展

①市民化顶层设计基本完成。近年来，党中央、国务院相继出台了一系列政策文件，特别是党的十八大以来，国家积极构建了农业转移人口市民化的顶层设计和政策体系。可以说，2014年的《国家新型城镇化规划（2014—2020年）》是农业转移人口市民化顶层设计的雏形，而《国务院关于深入推进新型城镇化建设的若干意见》（国发〔2016〕8号）则是进一步推动了市民化的顶层设计。与此同时，国家还基于“户籍制度改革—公共服务提供机制—‘人地钱挂钩’机制—落实机制”4个维度进一步完善了市民化的顶层设计和政策体系，如图3-1所示。

具体来看，一是以户籍制度改革为切入点，不断降低落户门槛和放宽限制，实施基于不同城市规模的户籍改革措施，减少户籍制度因素对劳动力流动和市民化的限制和阻碍。二是全面推行居住证制度，形成了市民化的助推机制。三是围绕“地方政府不情愿”“进城农民有顾虑”两个问题，重点解决地方政府关注的“钱”和“地”的问题，构建涉及地方政府和农民工利益相关主体的“人地钱挂钩”机制。四是出台1亿非户籍人口落户方案，落实责任和任务。可以说，农业转移人口市民化工作取得了显著成绩，基本完成了市民化的顶层设计。

图3-1　农业转移人口市民化政策路线图

②市民化稳步推进，城镇化率显著提高。2014年以来，市民化政策效应逐渐显现，农业转移人口市民化取得了实质性进展。常住人口城镇化率与户籍人口城镇化率均呈现显著增长，二者之间的差距呈缩小趋势，见表3-1。2014—2019年，常住人口城镇化率从54.77%提高至60.60%，年均增长1.17个百分点；户籍人口城镇化率从37.10%提高至44.38%，年均增长1.46个百分点，二者之间的差距从17.67%缩小至16.22%，年均缩小0.69个百分点。截至2018年12月底，共有8 000多万农业转移人口成为城镇居民[①]。差异化落户政策有序推进，除特大超大城市之外，其他4个类型城市户籍限制逐步取消，户籍制度改革红利开始显现。

③居住证制度全面推行，面向农民工的基本公共服务提供机制进一步健全。国家全面推行居住证制度，31省（自治区、直辖市）全部出台了居住证实施方案。各省（自治区、直辖市）提供的公共服务和便利范围均逐步扩大，其中17个省（自治区、直辖市）在国家规定的基础上积极探索扩大基本公共服务范围，提升服务标准。天津市、河北省、

① 数据来源于《国家新型城镇化报告2019》。

表3-1 **2014—2019年常住人口城镇化率与户籍人口城镇化率**

项 目	2014年	2015年	2016年	2017年	2018年	2019年
常住人口城镇化率	54.77%	56.10%	57.40%	58.52%	59.58%	60.60%
户籍人口城镇化率	37.10%	39.90%	41.20%	42.35%	43.37%	44.38%
二者之差	-17.67%	-16.20%	-16.20%	-16.17%	-16.21%	-16.22%

注：二者之差为户籍人口城镇化率减去常住人口城镇化率。

资料来源：2014—2018年的数据来源于各年的国家新型城镇化报告，2019年的数据来源于国家统计局网站。

山西省、内蒙古自治区、辽宁省、福建省、山东省、湖北省、重庆市、云南省、青海省、宁夏回族自治区12个省份规定居住证持有人可以享有本地住房保障政策。河北省、辽宁省、吉林省、江苏省、江西省、重庆市、新疆维吾尔自治区7个省份规定农民工子女可以在当地参加中考和高考。与此同时，一些地方居住证附带的公共服务项目多达30项，居住证“含金量”较高。

④居留意愿明显增强，落户意愿略有增强。在国家政策的积极引导下，农业转移人口的市民化意愿显著增强。表3-2为农业转移人口的市民化意愿，表内数据显示，愿意留在本地的农业转移人口的比重从2014年的54.71%增加至2018年的83.82%，不愿意留在本地的农业转移人口的比重从2014年的13.93%下降至2018年的2.16%，没想好是否留在本地的农业转移人口的比重从2014年的31.36%下降至2018年的14.01%；从落户意愿来看，愿意在本地落户的农业转移人口的比重从2016年的33.90%增加至2017年的35.09%，不愿意在本地落户的农业转移人口的比重从2016年的33.95%增加至2017年的37.33%，没想好是否落户本地的农业转移人口的比重由2016年的32.15%下降至2017年的25.57%。从整体上来讲，农业转移人口的市民化意愿确实有显著的提高，这在一定程度上得益于国家出台的市民化相关政策。也就是说，作为户籍制度改革重要举措的居住证制度，确实对农民工市民化意愿有一定的提升作用。

表3-2 **农业转移人口的市民化意愿**

年份	居留意愿			落户意愿		
	愿意	不愿意	没想好	愿意	不愿意	没想好
2014年	54.71%	13.93%	31.36%	—	—	—
2015年	55.61%	13.17%	31.22%	—	—	—
2016年	58.49%	10.13%	31.29%	33.90%	33.95%	32.15%
2017年	81.38%	2.59%	16.03%	35.09%	37.33%	25.57%
2018年	83.82%	2.16%	14.01%	—	—	—

资料来源：根据2014—2018年中国流动人口动态监测调查数据（CMDS）计算所得。“—”为没有该类数据。

（2）农民工市民化政策的演变

2014年以后，国家陆续出台了10余件关于户籍制度改革、居住证制度、“人地钱挂钩”机制等旨在推动农业转移人口市民化的政策文件。当前，农业转移人口市民化处于历史最好时期，市民化的顶层设计基本完成，其配套政策体系逐步建立，国家政策力度较大。但与之形成明显对比的是，一方面，劳动力向大城市集聚的趋势丝毫未减；另一方面，农业转移人口的市民化意愿特别是落户意愿出现弱化现象，市民化进程缓慢和质量不高并存。

2019年，我国常住人口城镇化率和户籍人口城镇化率分别达到了60.60%和44.38%。全国人户分离的人口为2.80亿人，其中流动人口为2.36亿人[①]。随着市民化政策全面落地，市民化顶层设计基本完成，其政策效应也将逐渐显现，农业转移人口的市民化进程势必深入推进，市民化将取得实效。2019—2020年，国家陆续出台了《关于培育发展现代化都市圈的指导意见》（发改规划〔2019〕328号）、《关于促进劳动力和人才社会性流动体制机制改革的意见》和《关于构建更加完善的要素市场化配置体制机制的意见》等文件，这预示着城市群是国家新型城镇化发展的重要载体，而市场化改革将是未来主要改革方向，这些都将

① 国家统计局. 2019年中国城镇化率突破60% 户籍城镇化率44.38%［EB/OL］.（2020-02-28）［2022-09-13］. http: //www.ce.cn/xwzx/gnsz/gdxw/202002/28/t20200228_34360903.shtml.

对农业转移人口市民化产生重要影响。

对此，本书认为农业转移人口的市民化政策将有以下趋势：一是推行农业转移人口市民化将在国家新型城镇化发展大背景之下进行，市场化改革依然是其推动主线，市民化政策不仅关注农业转移人口的“居留”和“落户”问题，还会重点关注市民化诉求、公共服务的可及性、社会融入等深层次问题。如何真实反映农业转移人口的市民化进程、政策跟踪评价等将成为国家政策的关注点。二是户籍制度改革将深入推进，除特大超大城市继续实施有限制的落户政策之外，其他类型城市将逐渐实现零门槛落户。歧视性的落户政策将有所改善，农民工特别是新生代农民工将被纳入政策框架之中。与此同时，国家应更加重视流动人口的迁移和集聚趋势，进一步调整户籍制度改革思路。三是随着居住证制度的全面实施，城市居住证的“含金量”将对农业转移人口的迁移和市民化决策产生影响，城市之间的竞争将由单一的经济因素（如收入、就业机会等）转向经济和软服务（如教育、医疗等公共服务资源）等多元领域。四是“人地钱挂钩”机制将进一步完善，特别是针对地方政府比较关心的市民化成本问题出台具体细则。五是地方政府出现的一些新问题有可能蔓延，“居而不落”的现象有可能会持续一段时间。而对于“是否因为居住证制度的推行而导致市民化意愿弱化”的问题需要进一步深入研究，中央政府会根据实际情况及时做出政策调整和反应。

3.2 城市公共服务的供给政策与农民工的需求演变

3.2.1 国家公共服务的发展逻辑

（1）城市偏向的财政政策

由于受经济发展水平、财政约束和城市偏向政策的影响，我国公共服务供给具有明显的城乡差异，并且国家将财力重点投向了城市部门，而对农村地区缺乏必要的公共服务投入，导致城乡之间的公共服务无论是在数量还是在质量方面均存在较大的差异[①]。图3-2显示了1950—

① 本章在此不深入探讨农村公共服务供给问题。

2017年国家财政收入与支出情况。1950—2017年，我国财政收入从62.17亿元增加至172 592.8亿元，我国财政支出从68.05亿元增加至203 085.5亿元，收支差额从-5.88亿元扩大至-30 492.7亿元。这在一定程度上表明，随着国家经济发展水平的提高，财政收入与支出均呈现出增长的态势，但收支差额也随之加大。图3-3显示了随着农民工数量的增加，公共服务支出占总支出的比重并未同步增加，而是有下降趋势。

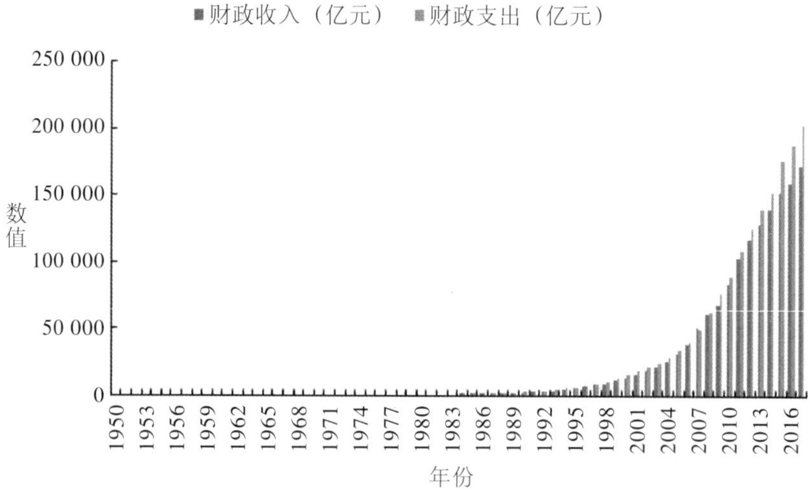

图3-2 财政收入与支出情况（1950—2017年）

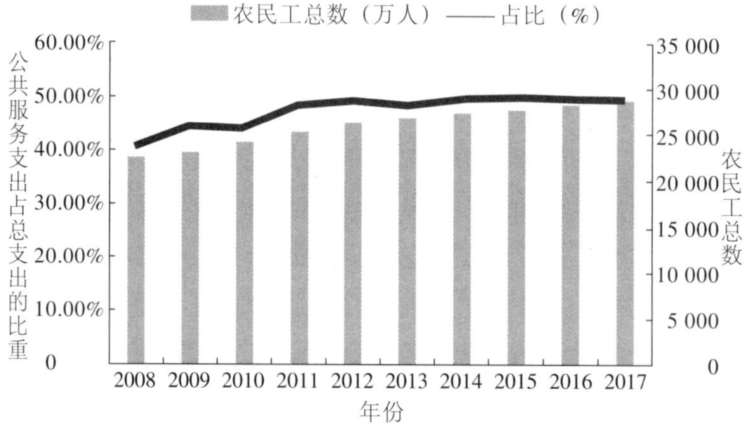

图3-3 公共服务支出占总支出的比重与农民工人数

注：公共服务包括住房保障、教育、社会保障和就业、文化体育与传媒、医疗卫生、交通运输。

在此背景下，无论是中央政府还是地方政府，均采取了城市偏向政策，这种政策驱动财政资源开始倾向于城市。从图3-4可以发现，2003—2015年，城市财政支出占全国财政总支出的比重是呈现增长态势的。其中，在全市口径下，城市财政支出占全国财政总支出的比重从2003年的51.77%增加至2013年的68.79%；在市辖区口径下，该比重从2003年的31.83%增加至2013年的38.01%。因此，在城市偏向政策的驱动下，国家公共服务资源配置向城市倾斜，主要表现在地方财政的大部分资源投向城市，城市公共服务供给水平和质量快速提升，从而加剧了城乡公共服务的差距，追求高质量的公共服务开始成为农村劳动力流动的主要动因。

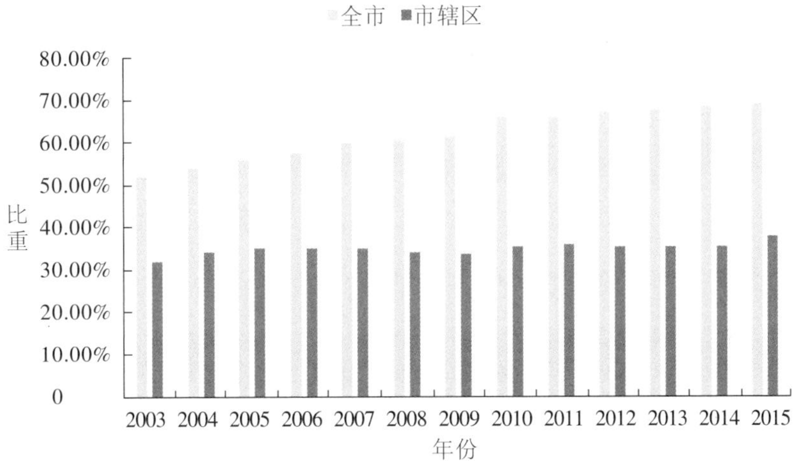

图3-4 城市财政支出占全国财政总支出的比重

下面以卫生医疗为例，分析城市与农村在医疗卫生公共服务方面的差异。图3-5显示了城市和农村医疗卫生资源对比情况。其中，2007年城市每千人医疗卫生机构床位为4.9张，农村每千人医疗卫生机构床位为2.0张，二者相差2.9张，而到2013年城市和农村的每千人医疗卫生机构床位分别为7.4张和3.3张，二者相差4.1张。1980年城市每千人中卫生技术人员为8.03人，农村每千人中卫生技术人员为1.81人，而到2017年城市和农村的每千人中卫生技术人员分别为10.91人和4.63人，二者差距从1980年的6.22人扩大至2017年6.28人。可见，无论是医疗卫生机构还是医疗卫生人员，城市医疗卫生公共服务资源比农村要优越。医疗卫生只是城乡公共服务差异的一个方面，如果再考虑教育、社会保障、生态环境等方面，城乡之间的公共服务差距就更大了。这也在一定程度上印证了国家的城市偏向政策及其后果。

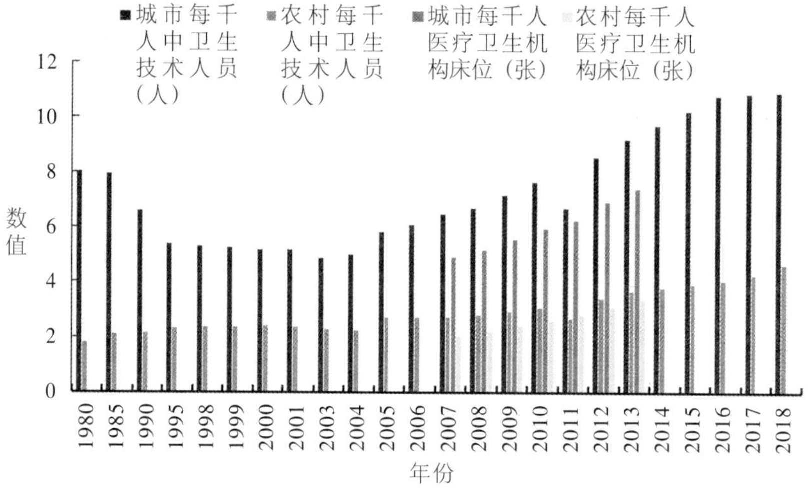

图 3-5 城市和农村医疗卫生资源对比情况（1980—2018 年）

（2）社会主要矛盾的转化促使公共服务政策转变

随着中国特色社会主义进入新时代，其社会主要矛盾由“人民日益增长的物质文化需要同落后的社会生产之间的矛盾”转化为“人民日益增长的美好生活需要和不平衡不充分的发展之间的矛盾”。主要矛盾的转化，决定了国家提供公共服务的思路和策略，由“有限且有重点地提供公共服务、偏向城市的政策”转向“促进城乡公共服务均等化和努力提升满足人民日益增长的美好生活需要的公共服务效能，提供更多更优质的公共服务”。

随着社会主要矛盾的转化、国家财政能力的提高，以及农民工对公共服务需求的变化，国家开始重视公共服务供给问题，城乡基本公共服务均等化目标日益清晰，公共服务制度框架越来越完善。国家陆续出台了《国家基本公共服务体系“十二五”规划》《“十三五”推进基本公共服务均等化规划》，进一步贯彻落实基本公共服务均等化的总体目标，切实提高群众的获得感和幸福感。表 3-3 为国家五年规划对公共服务的表述情况，随着国家五年规划对公共服务的表述有所增强，“公共服务”出现的次数也明显增加，而且针对公共服务出台了专项规划。

表3-3　　国家五年规划对“公共服务”的表述

序号	出处	相关表述	出现次数
1	《中华人民共和国国民经济和社会发展第十个五年计划纲要》（2001—2005年）	第十九章　增加居民收入 提高人民生活水平	6
2	《中华人民共和国国民经济和社会发展第十一个五年规划纲要》（2006—2010年）	第十篇　推进社会主义和谐社会建设 第三十九章　提高人民生活水平 第四十章　提高人民健康水平 第四十一章　加强公共安全建设	19
3	《中华人民共和国国民经济和社会发展第十二个五年规划纲要》（2011—2015年）	第八篇　改善民生 建立健全基本公共服务体系 第三十章　提升基本公共服务水平	45
4	《中华人民共和国国民经济和社会发展第十三个五年规划纲要》（2016—2020年）	第十五篇　提高民生保障水平 第六十一章　增加公共服务供给	50
5	《中华人民共和国国民经济和社会发展第十四个五年规划和2035年远景目标纲要》（2021—2025年）	第十四篇　增进民生福祉 提升共建共治共享水平 第四十六章　健全国家公共服务制度体系	61
6	《国家基本公共服务体系“十二五”规划》	第十二章　促进城乡、区域基本公共服务均等化	194
7	《“十三五”推进基本公共服务均等化规划》	国家基本公共服务制度框架 “十三五”国家基本公共服务清单	112

资料来源：作者根据相关资料整理所得。

3.2.2 面向农民工的城市公共服务供给政策

国家公共服务政策经历了“城市偏向—城乡统筹—均等化”的转变过程。随着农民工规模的不断扩大，以及进城农民工的公共服务需求趋于高质化，国家针对农民工群体开始制定相应的公共服务政策，面向农民工的公共服务政策日益完善。一方面，地方政府贯彻落实国家相关政策，并按照有关要求，向农民工提供公共服务；另一方面，地方政府根据自身财政和实际情况，提供有条件、有差别的公共服务。从总体上来看，城市面向农民工的公共服务与本地居民还是有所差别的，并未实现真正意义上的“均等化”。

（1）农民工政策调整下的国家公共服务供给政策及发展态势

面向农民工的公共服务供给政策基本上是与国家农民工市民化进程同步的，特别是伴随着国家农民工的市民化政策调整展开的。从前述分析可知，中国农民工市民化进程分为市民化初期和萌芽阶段、市民化有序推进阶段和市民化全面推进阶段。

本书通过梳理改革开放以来国家出台的相关政策文件（见表3-4），总结发现国家对农民工的公共服务政策始于2000年，零星地出现在市民化有序推进阶段之中，其政策内容陆续包括就业培训、子女教育权利、社会保险、劳动保护等内容。而国家较为系统地提出公共服务政策是在2006年，出台了《国务院关于解决农民工问题的若干意见》（国发〔2006〕5号）文件，该文件涉及农民工的就业服务和培训、工资、子女教育、社会保障、权益保障等方面，成为推进农民工市民化进程中特别是公共服务政策方面的标志性事件。党的十八大和2014年的国家城镇化规划开启了农民工市民化的全面推进进程，这一时期，面向农民工的公共服务政策趋向制度化，日益健全和完善。特别是随着《国家基本公共服务体系“十二五”规划》《“十三五”推进基本公共服务均等化规划》等政策文件的出台和实施，国家基本公共服务制度的基本框架初步形成，这标志着面向农民工的公共服务政策体系基本形成。

下面将根据政策文件的发布时间顺序以及农民工市民化的发展阶

段，梳理改革开放以来国家面向农民工的公共服务政策，总结其特点和发展态势。

表3-4　农民工市民化相关文件中“公共服务”出现次数

序号	时间	文件名	出现次数
1	2006年	《国务院关于解决农民工问题的若干意见》（国发〔2006〕5号）	7
2	2011年	《国务院办公厅关于积极稳妥推进户籍管理制度改革的通知》（国办发〔2011〕9号）	2
3	2014年	《国家新型城镇化规划（2014—2020年）》	51
4	2014年	《国务院关于进一步推进户籍制度改革的意见》（国发〔2014〕25号）	13
5	2015年	《居住证暂行条例》（国务院令第663号）	10
6	2016年	《国务院办公厅关于印发推动1亿非户籍人口在城市落户方案的通知》（国办发〔2016〕72号）	5
7	2016年	《国务院关于深入推进新型城镇化建设的若干意见》（国发〔2016〕8号）	13
8	2016年	《国务院关于实施支持农业转移人口市民化若干财政政策的通知》（国发〔2016〕44号）	18
9	2016年	《中央财政农业转移人口市民化奖励资金管理办法》（财预〔2016〕162号）	11
10	2016年	《国土资源部 国家发展改革委 公安部 人力资源社会保障部 住房城乡建设部关于印发〈关于建立城镇建设用地增加规模同吸纳农业转移人口落户数量挂钩机制的实施意见〉的通知》（国土资发〔2016〕123号）	1
11	2019年	中共中央办公厅 国务院办公厅《关于促进劳动力和人才社会性流动体制机制改革的意见》	3
12	2020年	《2020年新型城镇化建设和城乡融合发展重点任务》（发改规划〔2020〕532号）	9

资料来源：作者根据相关资料整理所得。

①面向农民工的公共服务政策范围不断扩大。面向农民工的公共服务政策的调整起源于户籍制度的松动和改革[①]，农民工政策以就业政策为突破口，对农民工的管理思路也实现了从“限制和被动”到“主动和积极引导”的转变。公共服务政策调整首先出现在劳动就业领域，随后在农民工的子女教育、社会保障等方面略有体现。面向农民工的公共服务政策范围不断扩大，从最初的就业服务、技能培训、子女教育领域扩展至劳动权益、医疗卫生、社会保障、社会救助、住房保障等领域，公共服务的质量有较大程度的提升。公共服务政策的内容越来越丰富，越来越精准，并根据农民工流动趋势和市民化问题进行动态调整，政策效应越发明显。以就业政策为例，早期的政策（如2000年的政策）主要针对劳动力就业和有序流动等问题，其中管理的思维较多，而有关就业服务和职业技能培训等服务条款相对较少。因此，国家陆续开展了“春风行动”“阳光工程”“农民工培训示范基地建设工程”等活动，并不断地完善相关政策。2000年以来，就业相关政策中有就业创业服务和职业技能培训等措施，其政策深度越发深入（见附录B附表2）。

②公共服务均等化成为政策重要目标。在国家公共服务政策不断完善的过程中，“公平”思维逐渐体现在公共服务政策之中，公共服务均等化成为政策重要目标。农民工在子女义务教育、公共卫生、社会保障等方面陆续实现了与本地居民享有同等或近似同等待遇[②]，中高考教育权利、住房保障、社会救助等方面的服务政策有较大突破，开始将农民工及其子女纳入均等化框架之内。在农民工子女教育方面，国家确立了“两个为主”[③]的农民工子女教育政策，为推动农民工市民化提供了良好的政策环境和条件，也进一步凸显了“公平、公正”的政策理念，极大地促进了公共教育均等化。随着居住证制度的推行，一些城市将参加中考、高考、中等职业教育等教育权利纳入农民工子女教育服务范围，这在教育均衡化方面又迈出了坚实的一步。

① 国务院1997年，批转公安部的《小城镇户籍管理制度改革试点方案》以及2001年批转公安部的《关于推进小城镇户籍管理制度改革的意见》。

② 目前，从政策方面来看，各省（自治区、直辖市）之间在均等化方面依然存在一些差异。

③ “两个为主”是指以流入地区政府管理为主、以全日制公办中小学为主。

根据《国家新型城镇化报告2017》，大多数公办学校已向随迁子女开放，在公办学校就读随迁子女比例提高到80%以上，超过15万随迁子女在流入地参加高考[②]。在社会保障方面，农民工的劳工权益、文化体育、权益保护等各项权益陆续得到保障，工伤、基本医疗和基本养老等社会保险覆盖率逐步提高，社会保险转接手续更加便利和顺畅。城乡居民基本养老保险制度实现“四统一”、基本医疗保险实现“六统一”。在住房保障方面，住房公积金政策对农民工开放，并且随着《居住证暂行条例》的全面推行和实施，一些城市[①]将农民工纳入住房保障范围，农民工可以申请政府公租房或保障性住房，保障了农民工的住房权益。根据《国家新型城镇化报告2017》，全国80%的市县将进城落户居民和稳定就业农民工纳入公租房保障范围。2017年1—10月全国公租房新增分配168套[②]。截至2018年12月底，有817万稳定就业外来务工人员享有公租房保障[③]。

③基本公共服务政策的基本制度框架初步形成。《“十三五”推进基本公共服务均等化规划》（以下简称《规划》）中首次设立“国家基本公共服务制度”专章，进一步明确国家基本公共服务制度的目标、服务清单等内容。

此外，面向农民工的公共服务政策体系日益完善，特别是随着《居住证暂行条例》的全面推行和实施，以居住证为载体的基本公共服务提供机制基本建立，农民工的公共服务权益得到有效保障。大部分城市在国家规定的6项基本公共服务和7项便利的基础上，在不同程度上增加了居住证所附着的公共服务项目。

（2）面向农民工的城市公共服务的供给逻辑（如图3-6所示）

受户籍制度影响，进城农民工无法享有与本地居民同等的公共服务。也可以说，城市对农民工提供的公共服务是有别于本地居民的，即提供的是有差别、有条件的公共服务。例如，文化体育、医疗卫生、社会保险等非排他性公共服务是无条件提供的，而公共教育、就业创业服

---

① 主要有天津市、河北省、山西省、辽宁省、福建省、山东省、湖北省、重庆市、云南省、青海省等省份。

② 数据来源于《国家新型城镇化报告2017》。

③ 数据来源于《国家新型城镇化报告2018》。

务、住房保障、社会服务等排他性公共服务则是按照居住证有关政策提供的[①]。虽然国家全面推行居住证制度，形成了以居住证为载体的基本公共服务的提供机制，但各城市之间提供的公共服务仍然存在一些差别。同时，有学者研究发现，仅有二分之一左右的城市基本公共服务面向农民工开放，仅有三分之一左右的排他性公共服务面向农民工开放（钱雪亚和宋文娟，2020）。可见，进城农民工离与本地居民同等享有城市公共服务，仍有一段距离。

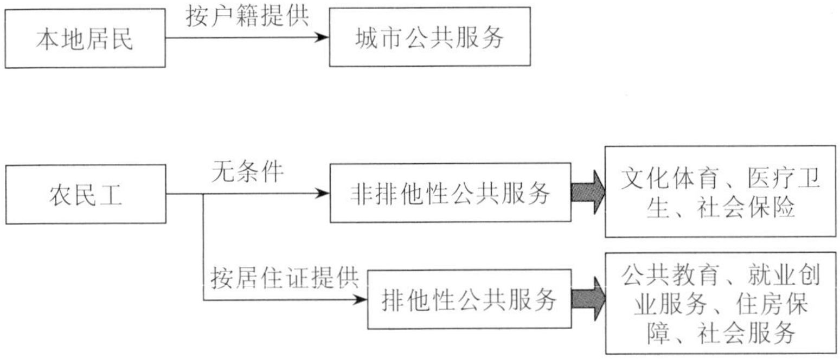

图3-6 城市公共服务的供给逻辑

城市之所以对农民工采取有差异、有条件的公共服务供给政策，主要是基于财政能力因素考虑的，城市公共资源依然是按照户籍人口进行配置，地方政府推进市民化积极性不高，部分地方政府过于关注农民工市民化的短期成本，把农民工当成负担而不是责任，甚至以成本分担机制没有完全建立为借口，无法为农民工提供基本服务（何立峰和胡祖才，2019）。为提高地方政府的积极性，中央及各部门出台了财政资金、建设资金与农业转移人口落户数量挂钩的“人钱挂钩”政策。但从实施情况来看，“人钱挂钩”政策还停留在资金奖励阶段，尚未形成制度化的财政支出分配方案。虽然中央及各部门下发了奖励资金，各省份对此也有配套资金，但这与农民工市民化的财政支持政策目标和实际需求还有较大的差距，亟须进一步完善。

图3-7显示了城市人均教育支出情况。2008—2015年，在市辖区口径下人均财政支出和人均教育支出均高于全市口径下的对应数值，并且

① 有关居住证相关内容会在本章3.3节中重点阐述。

其差距越来越大。2008—2015年，在全市口径下人均教育支出从560元增长至1 570元，人均财政支出从3 089元增长至9 365元。2008—2015年，在市辖区口径下，人均教育支出从857元增长至2 257元，人均财政支出从5 661元增长至14 976元。比较发现，2008—2015年，市区口径与市辖区口径之间的差距越来越大，人均教育支出的差距从297元增长至687元，人均财政支出的差距从2 572元增长至5 611元。以上结论说明，在城市公共服务供给过程中，市辖区成为城市财政政策的主要偏向。

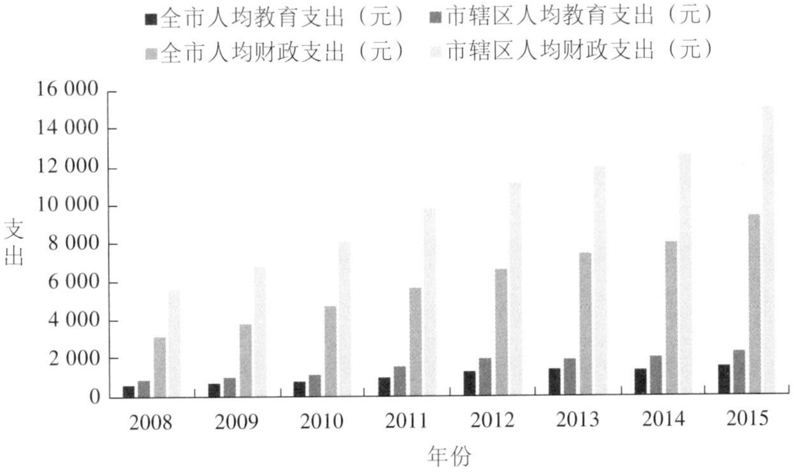

图3-7　城市人均教育支出情况（2008—2015年）

图3-8显示了2008—2015年教育支出占城市财政支出的比重情况。2008—2015年，无论是全市口径下还是市辖区口径下，教育支出占城市财政支出的比重均呈现出“先下降、再上升、再下降”的发展态势。2008—2015年，在全市口径下教育支出占城市财政支出的比重从18.12%下降至16.76%，在市辖区口径下教育支出占城市财政支出的比重从15.14%下降至15.07%。同时，2008—2015年，农民工人数从22 542万人增加至27 747万人，其中，外出农民工人数从14 041万人增加至16 884万人。随着农民工规模的不断扩大，教育支出占城市财政支出的比重呈现下降趋势，这也在一定程度上印证了城市按照户籍人口提供公共服务的供给逻辑。

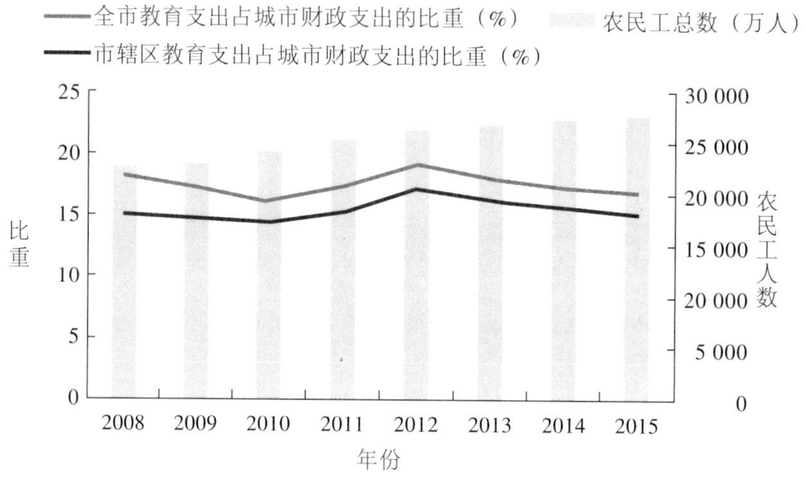

图3-8　教育支出占城市财政支出的比重情况（2008—2015年）

3.2.3　农民工对城市公共服务需求的演变

在农民工市民化进程中，农民工对城市公共服务的需求是不断变化的，并且随着获得就业机会、提高收入和改善生活等经济因素的变化，呈现出一种演变趋势。改革开放以来，经济因素一直是农民工流动与迁移的首要原因。随着农民工收入水平的提高，特别是农民工维权意识的觉醒和现实问题的约束，农民工开始对子女教育、医疗卫生等城市公共服务产生需求，其流动与居留动机开始转向“经济+公共服务”的复合态势。

（1）*改革开放以来流动人口的流动原因及趋势*

表3-5显示了改革开放以来流动人口的流动原因。除1982—1987年之外，在其他时段中务工经商一直是流动人口的首要原因，其比例持续增加，在2000—2005年，这一比例高达43.07%。在流动原因方面，学习培训可以被视为流动人口对公共服务需求的体现。1982—1987年，因学习培训而流动的流动人口比例为8.72%，位列第五位；1985—1990年和1995—2000年，这一比例分别为12.14%和11.66%，分别位列第三位和第五位，而到2000—2005年这一比例降为3.45%，位列第七位。从发展趋势来看，改革开放初期，流动人口主要因工作调动、随迁家属、婚姻迁入、投亲靠友等原因而流动，而随着改革开放的深入，特别是在2000—2005年，务工经商成为流动人口的首要原因，这说明提高收入

和改善生活等经济因素成为其主要流动诉求。

表3-5　　**改革开放以来流动人口的流动原因**

流动原因	1982—1987年		1985—1990年		1995—2000年		2000—2005年	
	比例	位次	比例	位次	比例	位次	比例	位次
工作调动	20.57%	1	11.87%	4	4.28%	8	2.91%	8
分配录用	5.10%	8	6.03%	8	3.11%	9	0.74%	9
务工经商	8.24%	6	25.12%	1	30.73%	1	43.07%	1
学习培训	8.72%	5	12.14%	3	11.66%	5	3.45%	7
投亲靠友	13.27%	4	9.84%	7	5.02%	7	8.40%	5
拆迁搬家	—	10	—	10	14.52%	2	9.95%	3
退休离职	2.60%	9	1.56%	9	0.78%	10	0.09%	10
随迁家属	19.78%	2	10.44%	5	12.85%	3	14.87%	2
婚姻迁入	15.76%	3	13.94%	2	12.02%	4	8.45%	4
其他	5.96%	7	9.06%	6	5.03%	6	8.07%	6

资料来源：流动人口数据平台相关统计数据（http：//www.chinaldrk.org.cn/wjw/#/nationalDay）.

2013—2017年，务工经商依然是农民工流动的首要原因，各年占比均在85%以上（见表3-6）。特别是相对于之前的时期来说，农民工因务工经商而流动的比例大概翻了一倍。这说明寻求就业机会、提高收入和改善生活等经济需求仍是农民工流动的主要诉求。

表3-6　　**农民工的流动原因（2013—2017年）**

流动原因	2013年	2014年	2015年	2016年	2017年
务工经商	88.92%	88.38%	85.32%	84.82%	85.03%
婚姻嫁娶	0.45%	0.39%	0.44%	1.95%	2.11%
学习培训	0.50%	—	0.39%	—	—
投亲靠友	0.86%	0.72%	0.77%	0.75%	0.68%
拆迁搬家	0.08%	0.07%	0.42%	0.35%	0.36%
家属随迁	7.91%	9.79%	—	9.45%	8.61%
出生	0.08%	0.14%	0.14%	0.18%	0.22%
参军	—	—	0.01%	—	—
照顾家人	—	—	—	1.93%	2.16%
异地养老	—	—	—	—	0.23%
其他	1.20%	0.50%	0.55%	0.57%	0.59%

资料来源：2013—2017年中国流动人口动态监测调查数据。

（2）农民工居留本地的原因及需求演变

根据2017年中国流动人口动态监测调查数据，农民工居留本地的原因（如图3-9所示）中，子女有更好的教育机会排第一位，占比为22.88%；个人发展空间大排第二位，占比为18.92%；收入水平高和家人习惯本地生活位列第三位和第四位，占比分别为17.46%和10.75%；位列第五位的是城市交通发达，占比为9.33%。由此可知，子女教育机会已超过个人发展和收入等因素，成为农民工留在本地的首要原因，如果再加上交通和医疗因素，可占到城市公共服务的32.78%。这进一步说明，越来越多的农民工因优质的城市公共服务而选择留在本地。

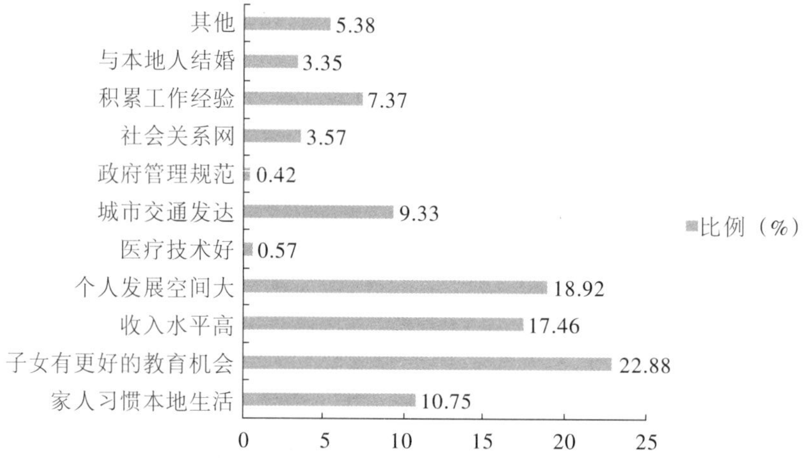

图3-9 农民工居留本地的原因

数据来源：2017年中国流动人口动态监测调查数据。

如果说农民工的流动与迁移是为了获得更高的收入、更好的就业机会和生活环境，那么农民工居留本地除了以上经济因素之外，还会考虑教育、医疗卫生等城市公共服务资源及其供给质量。

3.3 以居住证为载体的公共服务提供机制

3.3.1 居住证制度的推行与演变

居住证源自1985年实施的暂住证制度，最早出现在北京、上海、广东等东部发达地区。2010年，国家在《关于2010年深化经济体制改革重点工作的意见》中首次提出，逐步在全国范围内实行居住证制度。2014年，国家明确提出“全面实施居住证制度”的目标，图3-10显示了居住证制度的发展过程。这一制度的建立与发展，不仅诠释了农民工市民化政策的发展过程，更加凸显了国家对待农民工市民化问题的态度以及农民工的诉求与方向。

图3-10　居住证制度的发展进程

截至2018年12月底，全国共发放居住证7 800万张[①]。由于居住证制度的全面推行，进城务工人员及其家属即便不在流入地落户，也能享有与市民同样的基本公共服务，这在一定程度上降低了流动人口的市民化意愿，部分城市出现了农民工进城落户积极性不高、意愿不强等问题，导致“流而不迁”现象普遍存在。根据《国家新型城镇化报告2018》，31个省（自治区、直辖市）中有13个省（自治区、直辖市）存在农民工进城落户积极性不高、意愿不强等问题。根据2017年中国流动人口动态监测调查数据，这13个省（自治区、直辖市）农民工的居留意愿和落户意愿比没有类似问题的其他18个省（自治区、直辖市）分别低2.27个百分点和6.55个百分点。根据《国务院办公厅关于印发推动1亿非户籍人

① 数据来源于《国家新型城镇化报告2018》。

口在城市落户方案的通知》(国办发〔2016〕72号)设定的发展目标,到2020年,全国户籍人口城镇化率提高到45%。2018年,我国户籍人口和常住人口城镇化率分别为43.37%和59.58%,二者相差16.21个百分点。由此可知,在国家全面推行居住证制度背景下,特别是在面临一些城市农民工落户意愿下滑、动力不足的情况下,识别居住证制度对农民工市民化意愿的影响以及能否推动农民工市民化进程有着极其重要的意义。

3.3.2 以居住证为载体的公共服务提供机制

(1)各省(自治区、直辖市)居住证管理办法对比

2016年,国家全面实施《居住证暂行条例》,31个省(自治区、直辖市)根据自身情况制定了居住证管理办法(见附录C附表3)。

31个省(自治区、直辖市)的居住证管理办法,按名称不同大致分为五类:一是或沿用"居住证暂行条例"名称,或以"实施办法""实施意见""通知"的形式出台文件,包括北京市、福建省、四川省、贵州省、新疆维吾尔自治区、甘肃省、河北省、河南省、海南省、重庆市、青海省11个省份;二是以"居住证管理办法"的形式出台文件,重点强调"管理",包括天津市、吉林省、宁夏回族自治区、上海市、湖北省5个省份;三是以"流动人口服务管理办法"的形式出台文件,强调针对流动人口的"服务"与"管理",包括山西省、辽宁省、江苏省、山东省、广东省、广西壮族自治区、云南省、西藏自治区、陕西省9个省份;四是以"流动人口居住登记办法"的形式出台文件,强调"居住登记",包括安徽省、浙江省、湖南省3个省份;五是以"居住证制度"的形式出台文件,突出居住证的"制度"化,包括内蒙古自治区、江西省、黑龙江省3个省份。

比较发现,《居住证暂行条例》主要针对城市非户籍者,辽宁省、湖南省等省份在相关文件中采用"实有人口""实际居住人口",而山西省等大多数省份则采用"流动人口"。另外,"服务"和"管理"成为文件中的关键词,其中有9个省份在文件中突出居住证的服务与管理职能,有7个省份在文件中突出居住证的管理职能。从这一点来看,

越来越多的地方政府意识到了居住证制度的“服务”职能，这标志着地方政府面向农民工提供公共服务的思维方式和做法正在发生深刻转变。

国家颁布的《居住证暂行条例》规定了持有居住证的流动人口享有6项基本公共服务[①]和7项便利[②]，并进一步明确地方各级政府应积极创造条件，逐步扩大公共服务和便利范围。可以说，国家基本上界定了居住证持有人享有的基本公共服务和便利，但从流动人口或农民工的真实需求来看，仍然不能满足其需求，还有上升的空间。6项基本公共服务中，公共文化体育服务属于非排他性公共服务，对流动人口来说，并非必然需求。而随着法律法规越来越健全，即使流动人口自身需求较小，也会通过购买方式寻求法律援助，这样看来法律援助和其他法律服务，对流动人口来说，也并非必然需求。基本公共卫生服务和计划生育服务针对特定人群，而这一权利涉及公民的基本权益，对流动人口的公共服务的影响很小或没有影响。对于流动人口在流入地的就业相关问题，农民工会通过寻求同乡、亲戚和同学等传统社会关系来解决。基本公共就业服务主要针对特定群体和家庭（如就业困难、低保家庭等），涉及就业政策法规咨询、信息发布等内容，对流动人口的就业并不会起到实质性的帮助。义务教育这一项公共服务，对流动人口而言，具有较强的现实意义。

从居住证管理制度来看，各省（自治区、直辖市）的居住证的“含金量”有所差异，特别是在面向农民工的公共服务方面。其中，有14个省（自治区、直辖市）按照国家规定的“6+7”权益模式提供公共服务；有17个省（自治区、直辖市）在国家规定的“6+7”权益模式基础上，根据自身情况增加了部分公共服务（具体见附录C附表4）。本书发现，在增加居住证福利方面，大多数城市都增加了中考和高考等教育权利、住房保障服务。例如，重庆市增加了5项居住证福利，即公共租赁住房保障、社会救助、公交优惠、义务教育（含高考）、科技成果认定、

① 6项基本公共服务包括义务教育、基本公共就业服务、基本公共卫生服务和计划生育服务、公共文化体育服务、法律援助和其他法律服务、国家规定的其他基本公共服务。

② 7项便利包括：按照国家有关规定办理出入境证件；按照国家有关规定换领、补领居民身份证；机动车登记；申领机动车驾驶证；报名参加职业资格考试、申请授予职业资格；办理生育服务登记和其他计划生育证明材料；国家规定的其他便利。

奖励及资助。

（2）以居住证为载体的公共服务提供机制存在的问题

虽然国家取消了农业户口与非农业户口的性质区分，统称为居民户口，但实际上城乡二元结构和城乡户籍差异依然存在。国家从2010年提出要建立居住证制度，到2014年提出“建立以居住证为载体，建立健全与居住年限等条件相挂钩的基本公共服务提供机制”，再到2015年印发《居住证暂行条例》和《国务院关于深入推进新型城镇化建设的若干意见》（国发〔2016〕8号），最后到2019年《中共中央办公厅 国务院办公厅关于促进劳动力和人才社会性流动体制机制改革的意见》的颁布，可以说国家试图以居住证制度作为向农民工提供公共服务的载体和策略，要建立以居住证为载体的公共服务提供机制。

目前，国家已经初步建立了公共服务基本制度，以居住证制度保证城市非户籍人口的公共服务权益，我们可以预判，以居住证为载体的公共服务提供机制将成为流动人口（含农民工）享有公共服务的制度保障。然而，从《居住证暂行条例》和各省（自治区、直辖市）居住证管理办法的具体内容来看，特别是居住证实施以来，以居住证为载体的公共服务提供机制存在以下问题：

①尚未从根本上解决公共服务均等化问题。居住证制度的设计初衷，是从根本上解决流动人口与城市本地居民的公共服务均等化问题，使得流动人口享有与城市本地居民同等的公共服务。从居住证所附着的公共服务权利来看，流动人口可以享有国家规定的“6+7”权益和各省（自治区、直辖市）规定的公共服务和便利。一方面，这些公共服务和权益与流动人口的需求有一定的错位；另一方面，这些公共服务和权益的数量仍少于城市本地居民所享有的公共服务数量。同时，受经济发展水平等条件的限制，居住证制度尚未从根本上解决公共服务均等化问题。

②部分地区居住证与暂住证衔接不畅。由于居住证的前身为暂住证，有些地方虽已出台了居住证的实施办法，但没有出台居住证与暂住证的衔接办法，这使得流动人口在办理居住证时，之前暂住证绑定的公共服务和福利未能及时实现转移，或者在涉及申请居民户籍时，其居住

年限等问题无法得到承认，这将影响流动人口的公共服务权益。

③居住证“含金量”差异较大。由于各省（自治区、直辖市）在经济发展水平、财政能力、流动人口规模等方面的差异，其居住证所附着的公共服务的数量有明显的差异。全国31个省（自治区、直辖市）中，有14个省（自治区、直辖市）采取了国家规定的“6+7”权益模式，有17个省（自治区、直辖市）在国家规定的“6+7”权益模式基础上，适当地增加了公共服务数量。随着劳动力资源越来越紧缺，各地抢夺劳动力的态势会愈演愈烈，未来农民工有可能会成为各地抢夺的焦点，而居住证的“含金量”将成为吸引农民工居留和落户的关键。在这种现实情况下，居住证制度，特别是居住证的“含金量”将呈现出分化趋势，这将对农民工市民化进程产生影响。

④公共服务提供机制的内涵有待深化。正如《国家新型城镇化报告2017》中提到的，虽然居住证制度是户籍制度改革过程中的一个过渡，但在我国二元社会结构没有完全消除的情况下，居住证制度会在较长一段时间内成为我国户籍制度改革的缓冲机制，要避免成为“第二代”暂住证。另外，从各省（自治区、直辖市）的居住证政策文件的名称来看，仍有一些把居住证制度看成其管理流动人口的政策方式，重“管理”理念，轻“服务”意识，这使得以居住证为载体的公共服务机制缺乏长效性和内涵。

3.4 本章小结

本章在梳理中国农民工市民化实践的基础上，基于历史与发展角度阐述了农民工问题的产生与发展，总结了农民工市民化取得的主要进展与问题，分析了农民工市民化政策的演变趋势。当前，中国农民工市民化处于全面推进阶段，市民化顶层设计已基本完成，但依然存在制度改革相对缓慢与机制建设不健全等问题。

城市偏向的财政政策以及社会主要矛盾的转化促使国家公共服务政策发生转变。面向农民工的公共服务供给政策基本上是与国家农民工市民化进程同步的，特别是伴随着国家农民工的市民化政策调整展开的。

改革开放以来国家面向农民工的公共服务政策，呈现出公共服务政策范围不断扩大、公共服务均等化成为政策重要目标和基本公共服务政策的基本制度框架初步形成的发展态势。而城市对农民工则是提供有条件、有差异的公共服务。

居住证制度的全面推行，使得以居住证为载体的公共服务提供机制成为可能，并且在未来一段时期内将是解决流动人口与本地居民公共服务均等化问题的主要途径和策略。

第4章　城市公共服务供给质量与农民工定居选址行为

定居选址行为是农民工市民化的首要决策。随着收入等经济因素逐渐稳定之后，城市公共服务成为农民工市民化的又一动因。本章基于2017年中国流动人口动态监测调查数据与225个地级及以上城市的特征数据，采用条件Logit模型实证考察城市公共服务供给质量对农民工定居选址行为的影响。[①]

4.1　问题的提出

改革开放以来，中国正经历着世界上前所未有且人数最多的人口迁移，这不仅影响着国家新型城镇化进程，还关系着国内、国际双循环相互促进的新发展格局的形成。农民工定居本地后，其消费水平也会随之提高。可见，农民工市民化对于中国的城市化进程、扩大内需有着极其重要的意义。

---

① 本章内容发表于《中国人口科学》2020年第6期。

目前，中国正大力推进以人为核心的新型城镇化，农民工作为国家新型城镇化的主力军，其定居选址行为直接关系着国家新型城镇化的发展质量和目标实现。受户籍制度的影响，中国劳动力的流动决策与迁移后的定居决策并不是同步的，而是处于分离状态（周颖刚等，2019）。虽然绝大多数农民工无法享有与本地户籍人口同等的公共服务（Mackenzie，2002），但仍有农民工愿意留在居住地，并且其市民化行为越来越趋于理性化。2017年中国流动人口动态监测调查数据显示，超过30%的农民工为了获得更好的公共服务而留在居住地，其中“子女有更好的教育机会”占比高达22.88%。从国家政策取向来看，国家正稳步推进户籍制度改革，特别是要建立以居住证为载体、与居住年限等条件挂钩的基本公共服务提供机制，城市公共服务及其供给质量已成为城市吸纳劳动力和“留人”的重要手段。因此，深入分析城市公共服务供给质量对农民工定居选址行为的影响显得尤为重要。

已有的研究文献就城市公共服务影响农民工市民化决策开展了研究，但仍存在以下不足：一是针对城市公共服务供给质量影响农民工定居选址行为的研究十分有限，即对农民工“留下来”和“待下去”的问题关注不多。二是未充分认识到当前中国农民工市民化的阶段性特征，以及农民工群体的理性特征和公共服务供给质量偏好趋势。当前，中国农民工已处于“中市民化”阶段，农民工的公平意识和追求生活品质的目标开始增强，享有城市公共服务开始成为农民工市民化的主要诉求。三是对城市公共服务供给质量影响农民工定居选址行为的异质性分析不足，对不同年龄、性别、受教育水平、婚姻状态、住房性质和就业身份等方面的异质性关注不够。

鉴于此，本书利用2017年中国流动人口动态监测调查数据和225个城市层面特征数据，采用条件Logit模型实证研究城市公共服务供给质量对农民工定居选址行为的影响，检验城市公共服务供给质量对不同年龄、性别、受教育水平、婚姻状况、住房性质和就业身份的农民工定居选址行为的差异性影响。

4.2 模型、数据及变量选取

4.2.1 数据来源与处理

(1) 城市公共服务供给质量

已有的研究文献通常采用城市公共服务主成分分值衡量城市公共服务供给质量（夏怡然和陆铭，2015；刘金凤和魏后凯，2019），本章借鉴这一做法，主要基于公共教育、医疗卫生、公共文化体育、公共交通和生态环境5个方面构建城市公共服务供给质量的评价指标体系（具体见附录E），并将其第一主成分分值[①]纳入模型。其中，城市公共教育供给质量采用小学师生比、中学师生比和中等职业教育师生比3个指标来衡量。城市医疗卫生供给质量采用每万人医院和卫生院数、每万人医生数、每万人医院和卫生院床位数3个指标来衡量。城市公共文化体育供给质量采用每万人图书馆图书藏书量来衡量。城市公共交通供给质量采用人均道路面积、每万人拥有公共汽车数和实有出租汽车数3个指标来衡量。城市生态环境供给质量采用绿地面积、建成区绿化覆盖面积和建成区绿化覆盖率3个指标来衡量。

(2) 农民工数据

本章实证分析使用的数据来自2017年中国流动人口动态监测调查数据（CMDS）。该数据库的调查对象为在流入地居住1个月及以上，非本区（县、市）户口的15周岁及以上流入人口。由于我们关注的是城市公共服务供给质量对农民工的定居选址行为的影响，因此选择的个体样本为打算继续留在本地（即流入地）的样本。所用数据进行了以下处理：第一，删除非农业、农转居、非农转居、居民和其他户籍样本，只保留农业户籍样本；第二，按照国家对农民工的概念界定，只保留城市居留时间为6个月以上的样本[②]；第三，删除新疆生产建设兵团和西藏

---

① 城市公共服务供给质量的第一主成分的方差贡献率为70.34%。由于主成分分值出现负值，不便于做经济意义的解释，本章将所有城市的公共服务供给质量的分值均加上2，调整为正数，此调整并不改变城市间公共服务供给质量的相对差异，也不改变回归结果。

② 2017年的调查始于8月份，按此计算，删除流入时间为2017年1月的样本。

自治区的样本，还删除流入地为州、盟和师的样本；第四，删除非务工经商原因留在本地的样本，只保留因务工经商留在本地的样本。经过样本筛选后，研究所用样本数为70 314个。

4.2.2 模型构建

本章采用条件Logit模型来识别城市公共服务供给质量对农民工定居选址行为的影响效应。具体的实证模型设置如下：

$$choice_{ij} = \beta_0 \cdot ps_j + \beta_1 \cdot Z_j + \varepsilon_{ij} \tag{4-1}$$

其中：i代表农民工个体；j代表定居选择地，即225个城市；每个农民工i在市民化决策时都有N_i个备选城市集，实际观测个案数为农民工样本数乘以城市个数（$I \times N$）；ps_j为城市j的公共服务供给质量；Z_j为城市j的其他特征变量；被解释变量$choice_{ij}$是一个哑元二元变量。当$choice_{ij}$=1时，表示农民工i选择在城市j定居；当$choice_{ij}$=0时，表示农民工i没有选择在城市j定居。

4.2.3 备选城市集、控制变量及其说明

为更准确地估计城市公共服务供给质量对农民工定居选址行为的影响效应，本章还需要对农民工的备选城市集和控制变量进行合理的选择。

（1）备选城市集

本章对备选城市集的选择，是依据孙伟增等（2019）的做法，将90%农民工选择的所有城市作为该省份农民工定居选址的备选城市集。也就是说，按照农民工所在省份计算该省份农民工在各个定居城市的人数及占比，并按比例大小进行排序，最终选取前90%的农民工选择的所有城市作为该省份农民工定居选址的备选城市集。因此，所构造的备选城市集包含了该省份90%的农民工选择的定居地。经计算，每个省份的农民工的备选城市数量为1~87个，平均为30个。此外，在稳健性检验部分，本章选取了每个省份前50%、前60%、前70%和前80%的农民工选择的定居地作为新的备选城市集，进行重新估计。

（2）控制变量

借鉴高虹（2014）、夏怡然和陆铭（2015）、刘毓芸等（2015）、周颖刚等（2019）的研究，从以下方面选取控制变量（见表4-1），尽可能地控制其他可能影响城市公共服务供给质量和农民工定居选址行为的因素：

表4-1　各主要变量的定义及描述性统计

变量	定义	样本量	均值	标准差	最小值	最大值
定居选址行为	农民工是否在该城市定居	12 560 964	0.005	0.067	0	1
城市公共服务供给质量	第一主成分分值	12 560 964	2.996	0.886	0.636	8.149
人均地区生产总值	2016年人均地区生产总值，单位：万元	12 560 964	56 197.31	32 112.55	16 415	215 488
城市规模	2016年市辖区户籍人口数，单位：万人	12 560 964	451.507	333.898	21	3 392
产业结构	2016年第三产业产值（万元）/第二产业产值（万元），单位：%	12 560 964	1.355	1.003	0.228	8.840
固定资产投资率	2016年固定资产投资总额（万元）/地区生产总值（万元），单位：%	12 560 964	0.894	0.337	0.208	2.197
城市行政等级	直辖市、国家中心城市、副省级城市、省会城市=1，一般地级市=0	12 560 964	0.128	0.334	0	1
工资	城市市辖区在岗职工工资，单位：元	12 560 964	58 992.68	12 111.43	41 019	122 749
房价	销售额/销售面积，单位：元/平方米	12 560 964	5 767.58	4 503.295	1 495	45 146
失业率	失业人数/（失业人数+在岗职工人数），单位：%	12 560 964	0.059	0.038	0.009	0.277
距离	备选城市与流出地之间的地理距离，单位：千米	12 560 964	1 102.835	631.873	0	3 906.250
方言	备选城市与流出地是否属于同一方言区，属于=1，不属于=0	12 560 964	0.101	0.301	0	1

①城市劳动力市场的工资水平和就业机会变量，包括工资（市辖区在岗职工工资）和失业率（失业人数/（失业人数+在岗职工人数））。

②城市经济特征变量，包括人均地区生产总值（GDP）、固定资产投资率和产业结构。

③城市规模和行政等级变量，包括城市户籍人口数、城市行政等级

(直辖市、国家中心城市、副省级城市、省会城市为1，一般地级市为0)。

④生活成本变量，即房价（销售额/销售面积）。

⑤地缘关系变量，包括备选城市与流出地之间的地理距离、备选城市与流出地是否属于同一方言区（属于为1，不属于为0)。

城市公共服务和城市层面控制变量均采用城市的全市层面数据进行计算，并以滞后一期的形式引入模型，探讨可能的因果效应。

4.3 实证结果分析

4.3.1 基准回归结果

表4-2显示了城市公共服务供给质量对农民工定居选址行为影响的估计结果。表4-2中模型1的估计结果显示，在未加入任何控制变量的情况下，城市公共服务供给质量对农民工定居选址行为在1%水平上有显著正向影响。模型2的估计结果显示，在加入城市经济特征、规模、行政等级等控制变量后，城市公共服务供给质量对农民工定居选址行为在1%水平上有显著正向影响。城市公共服务供给质量每提高1个单位，农民工在本地定居的概率将增加3.2个百分点。模型3在模型2的基础上，加入城市工资水平和就业机会变量，结果表明城市公共服务供给质量在1%水平上对农民工定居选址决策有显著的拉动作用。模型4的估计结果表明，在考虑生活成本因素后，城市公共服务供给质量对农民工定居选址行为的影响结论依然成立。模型5继续加入地缘关系变量，其估计结果显示，城市公共服务供给质量在1%水平上依然对农民工定居选址行为有显著的正向影响，只是影响强度有所下降，城市公共服务供给质量每提高1个单位，农民工在本地定居的概率显著增加0.9个百分点，表明城市公共服务供给质量已成为农民工定居选址行为的重要影响因素。

随着就业和收入日趋稳定，农民工对公共服务及其质量的需求也越来越明确，追求更好的城市公共服务成为农民工市民化的重要目标之一。另外，农民工群体的定居选址行为越来越理性化，特别是在家庭式流迁模式下，城市公共服务供给质量成为影响其定居选址决策的重要因素。这说明中国农民工的市民化进入了以寻求公共服务供给质量为标志的发展阶段。

表4-2　**城市公共服务供给质量对农民工定居选址行为影响的估计结果**

	条件 Logit					标准化
	模型1	模型2	模型3	模型4	模型5	模型6
公共服务	0.073***	0.032***	0.024***	0.023***	0.009***	0.020***
	(517.224)	(60.690)	(47.387)	(39.643)	(21.707)	(16.822)
人均地区生产总值		0.000***	0.000***	0.000***	0.000***	0.035***
		(43.575)	(8.825)	(8.576)	(18.098)	(22.806)
城市规模		0.000***	0.000***	0.000***	0.000***	0.004***
		(28.060)	(10.829)	(8.242)	(3.028)	(2.972)
城市行政等级		0.176***	0.127***	0.154***	0.095***	0.080***
		(64.764)	(44.783)	(40.337)	(32.235)	(82.657)
产业结构		0.011***	−0.003***	−0.004***	−0.005***	−0.012***
		(18.154)	(−4.744)	(−5.298)	(−8.485)	(−8.627)
固定资产投资率		0.000***	0.000***	0.000***	0.000***	0.024***
		(22.160)	(27.394)	(26.687)	(16.320)	(17.672)
失业率			−0.091***	−0.080***	−0.065***	−0.006***
			(−5.848)	(−4.553)	(−5.257)	(−5.612)
工资			0.000***	0.000***	0.000***	0.054***
			(40.543)	(32.039)	(43.052)	(39.105)
房价				0.000***	0.000***	0.017***
				(11.527)	(14.990)	(20.238)
距离					0.000***	0.019***
					(16.921)	(19.062)
方言					0.205***	0.157***
					(41.869)	(309.532)
样本数	12 560 964	12 560 964	12 560 964	12 560 964	12 560 964	12 560 964
Pseudo R^2	0.0246	0.1280	0.1309	0.1311	0.2409	0.2409

注：表格中第一行数字报告的是边际效应，括号内数字为估计系数的异方差稳健z统计量。*、**、***分别表示10%、5%和1%统计显著水平。

为了比较各个城市特征变量，尤其是公共服务供给质量与在岗职工工资对农民工定居选址行为的影响，模型6对所有的城市特征变量进行了标准化处理，即变量的原始值减去均值再除以标准差，然后进行条件

Logit模型估计。模型6的估计结果显示，一个城市的公共服务供给质量平均增加1个单位，农民工选择在城市定居的概率则提高2个百分点；而城市工资平均增加1个单位，农民工选择在城市定居的概率则提高5.4个百分点。这说明在控制城市工资变量后，城市公共服务供给质量对农民工的定居选址行为确实有显著的正向影响。农民工在定居选址时，除了考虑工资外，还比较关注城市公共服务及其供给质量。

城市特征变量对农民工定居选址概率的影响基本符合本书的预期。人均地区生产总值和固定资产投资率对农民工的定居选址行为均有显著的正向影响，表明较高的经济发展水平能够显著提升农民工定居本地的概率。产业结构的系数显著为负，表明第二产业相对第三产业吸引农民工定居本地的能力更强。从反映城市规模和行政等级的变量来看，农民工更倾向于在人口规模大和行政等级高的城市定居，而在控制了流出地与流入地之间距离的情况下，这一结论依然成立。此外，城市的平均工资越高，吸引农民工在该城市定居的作用就越强；而失业率越高，则会对农民工的定居选址行为产生负向影响。城市房价对农民工的定居选址概率有显著的正向影响，表明房价存在“资本化”现象，特别是房价“资本化”了部分城市的公共服务（如教育、绿化等），并且由此产生的吸引力可能大于房价本身作为生活成本对农民工的“推力”。从地缘关系变量来看，农民工倾向于在同一方言区城市定居。

4.3.2 稳健性检验

为检验基准回归结果的稳健性，本章从控制户籍限制的影响、替换变量、剔除样本、变换备选城市集等角度，进一步验证城市公共服务供给质量对农民工定居选址行为的影响。

（1）控制户籍限制的影响

户籍制度不仅是造成农民工现象的主要原因，还是影响其不能完全享有城市公共服务的重要藩篱。在中国，由于户籍制度的存在，农民工无法与本地居民一样完全享有城市公共服务。虽然国家不断推进户籍制度改革（如居住证制度），但这种由户籍制度带来的城市公共服务差异依然存在。基于此，借鉴吴开亚等（2010）的研究，将其构建的46个城市的落户门槛指数纳入分析框架。经匹配，与数据匹配的城市有45个，这45个城市覆盖了4个直辖市、25个省会城市和16个其他级别的城市。在农民工样本中，45个城市中定居的劳动力样本为44 946个，占225个城市农民工总数的63.92%。

接下来，在原模型中加入了城市公共服务供给质量与落户门槛指数的交叉项，以此观察户籍限制下的城市公共服务供给质量对农民工定居选址行为的影响，具体估计结果见表4-3。表4-3中模型6的估计结果显示，在加入了一系列城市特征控制变量后，我们进一步发现，即使存在户籍限制，城市公共服务供给质量对农民工的定居选址行动依然有显著的正向影响，说明包含城市落户门槛指数的交叉项的负向系数也无法完全抵消城市公共服务供给质量对农民工的定居选址的正向影响。以上结论与刘欢（2019）得到的结论正好相反。也就是说，即使存在户籍限制，农民工依然选择在公共服务供给质量更好的城市定居。

表4-3 **稳健性检验：控制户籍限制和替换变量**

	控制户籍限制	替换被解释变量：迁户意愿	替换解释变量：公共服务满意度	替换解释变量：高质量公共服务供给
	模型6	模型7	模型8	模型9
公共服务	0.003*** (6.358)	0.016*** (20.055)	0.000*** (4.913)	0.078*** (35.397)
门槛	0.010*** (7.605)			
落户门槛×公共服务	-0.002*** (-6.560)			
城市控制变量	是	是	是	是
样本数	1 429 155	4 906 720	1 061 037	12 560 964
Pseudo R^2	0.1983	0.2220	0.1914	0.2435

注：括号内数字为估计系数的异方差稳健z统计量。*、**、***分别表示10%、5%和1%统计显著水平。

（2）替换变量

接下来，采用替换被解释变量和核心解释变量的做法，进行稳健性检验。表4-2中的基准回归中主要以定居意愿为被解释变量，而在农民工市民化相关研究中（刘金凤和魏后凯，2019），除采用定居意愿之外，学者们还以迁户意愿作为衡量农民工市民化意愿的主要指标，以此反映农民工的定居选址行为倾向。因此，本章将基准回归中的定居意愿替换成迁户意愿，进一步分析城市公共服务供给质量对农民工定居选址行为的影响，估计结果见表4-3。表4-3中模型7的估计结果显示，城市公共服务供给质量对农民工的定居选址行为有显著的正向影响。这进一步表明，无论是采用定居意愿还是落户意愿，城市公共服务供给质量均对农民工的定居选址行为有显著的正向影响，这与表4-2中为基准回归结果较为一致，表明了估计结果的稳健性。

此外，我们还将被解释变量替换成公共服务满意度，进行稳健性检验。有学者将居民对地方公共服务的主观满意度作为地方公共服务质量的度量（Carlsen等，2009）。虽然这种做法可能存在选择性偏误，但在一定程度上也能够反映流入地城市公共服务供给质量。本章主要采用《中国城市基本公共服务力评价（2019）》中的38个城市公共服务满意度作为新的被解释变量，将纳入分析框架。经匹配，与数据匹配的城市有31个，这31个城市覆盖了4个直辖市、26个省会城市和1个其他级别的城市。在农民工样本中，31个城市中定居的劳动力样本为42 315个，占225个城市农民工的60.18%。表4-3中模型8的估计结果表明，城市公共服务满意度对农民工的定居选址行为有显著的正向影响，即农民工倾向于在公共服务满意度高的城市定居。

最后，参照钱文荣和李宝值（2013）、周颖刚等（2019）的做法，采用二分法将城市公共服务供给质量的第一主成分分值设置为城市公共服务供给质量的虚拟变量，即将高于主成分分值的均值归为高质量公共服务，取值为1；反之，归为低质量公共服务，取值为0。表4-3中模型9的估计结果表明，高质量的公共服务可以吸引农民工在本地定居，增加定居本地的概率。也就是说，相对于低质量的公共服务城市，高质量的公共服务城市吸引农民工定居本地的概率高出0.078个百分点。这与表4-2中的基准回归结果较为一致。

（3）剔除样本

接下来，删除在公共服务部门就业、因公共服务原因而留居本地和打算定居本地的样本，进行稳健性检验。一般情况下，公共服务供给水平较高的城市，往往对公共服务相关行业的劳动力需求也较高。为了避免来自农民工就业需求方面的影响，剔除了在城市公共服务部门就业的农民工样本[①]，从事这些行业的农民工样本有17 098个，占总样本的26.72%，重新进行估计，估计结果见表4-4。表4-4中模型10的估计结果表明，城市公共服务供给质量每提高1个单位，农民工在本地定居的概率显著增加0.7个百分点。

表4-4 **稳健性检验：剔除样本**

被解释变量：定居选址行为	剔除公共服务部门就业人员	剔除因公共服务而流动的农民工	剔除打算定居本地的样本
	模型10	模型11	模型12
公共服务	0.007***	0.007***	0.006**
	（9.514）	（14.683）	（7.785）
城市控制变量	是	是	是
样本数	8 415 951	8 120 958	8 765 256
Pseudo R^2	0.2266	0.2307	0.2262

注：括号内数字为估计系数的异方差稳健z统计量。*、**、***分别表示10%、5%和1%统计显著水平。

根据2017年中国流动人口动态监测调查数据的结果，有三分之一左右的农民工是为了获得更好的公共服务而留在本地。其中，子女有更好的教育机会占近四分之一，城市交通发达和医疗技术好分别占9.33%和0.57%。为更好地分析城市公共服务供给质量对农民工定居选址行为的影响，对以上3个原因的样本进行剔除，这一类样本共有24 786个，占总样本的35.25%，估计结果见表4-4。表4-4中模型11的估计结果显示，城市公共服务供给质量依然对农民工的定居选址有显著的正向影响。

① 剔除了电力、热力、燃气及水生产和供应业，交通运输、仓储和邮政业，信息传输、软件和信息技术服务业，科学研究和技术服务业，水利、环境和公共设施管理业，教育，居民服务、修理和其他服务业，文化、体育和娱乐业，公共管理、社会保障和社会组织，国际组织，医药制造业，铁路、船舶、航空航天和其他运输设备制造业，卫生和社会工作13个类别。

对已经打算在本地定居的农民工来说，一方面，比较认可本地的公共服务及其供给质量；另一方面，在定居本地的根本原因中肯定与本地公共服务及其供给质量密切相关，农民工自然受到城市公共服务供给质量的影响。为避免这一影响，将已经打算在本地定居的个体样本进行剔除，这一类样本有21 160个，占总样本的30.09%，再次进行稳健性检验，检验结果见表4-4。表4-4中模型12的估计结果显示，城市公共服务供给质量对农民工的定居选址行为依然有显著的正向影响。综合以上结论，可以发现，剔除相应样本后，城市公共服务供给质量依然是农民工在定居决策时的重要考虑因素。这一点与表4-2的基准回归结果较为一致，表明估计结果比较稳健。

（4）变换备选城市集

在表4-5的基准回归中，主要以每个省（自治区、直辖市）农民工的前90%流入地作为备选城市集。接下来，通过缩小备选城市集的范围，即以每个省（自治区、直辖市）农民工流入地的前50%、前60%、前70%和前80%作为新的备选城市集，进行稳健性检验，检验结果见表4-5。表4-5中模型13~16的估计结果表明，无论是前50%和前60%的备选城市集，还是前70%和前80%的备选城市集，城市公共服务供给质量依然对农民工的定居选址行为有显著的正向影响。这进一步表明了表4-2中基准回归结果的稳健性。

表4-5 **稳健性检验：变换备选城市集**

被解释变量：定居选址行为	前50%	前60%	前70%	前80%
	模型13	模型14	模型15	模型16
公共服务	0.006***	0.005***	0.007***	0.008***
	（20.029）	（10.829）	（20.190）	（20.134）
城市控制变量	是	是	是	是
样本数	7 258 313	8 545 157	9 894 416	11 260 665
Pseudo R^2	0.3551	0.3270	0.2991	0.2681

注：括号内数字为估计系数的异方差稳健z统计量。*、**、***分别表示10%、5%和1%统计显著水平。

4.4 异质性分析

为了考察城市公共服务供给质量对农民工定居选址行为的差异性影响，按照农民工的年龄、性别、受教育水平、婚姻状态、住房性质和就业身份划分样本后进行分组回归。

4.4.1 年龄和性别

首先，考察城市公共服务供给质量对不同年龄农民工定居选址行为的影响。表4-6中模型17～19的估计结果表明，城市公共服务供给质量对30～44岁的农民工定居选址行为的效应大于15～29岁和45~64岁的农民工。其可能的原因有：第一，30岁以下的农民工，特别是95后农民工更加注重个人发展，并且这一群体未婚比例较大，因而对城市公共服务及其供给质量敏感性不强。第二，30～44岁的农民工中不少子女正处于义务教育阶段，对教育、医疗卫生等城市公共服务的需求较大，因而对城市公共服务及其供给质量较为敏感。第三，45~64岁的农民工在城市生活年限较长，已习惯本地的生活和工作，对养老、医疗卫生等公共服务的需求较大，定居该城市的意愿较为强烈，其子女也已成年并参加工作，对部分公共服务需求（如教育）弱于30～44岁的农民工。

表4-6　　**异质性分析：年龄和性别**

被解释变量：定居选址行为	15～29岁	30～44岁	45～64岁	男性	女性
	模型17	模型18	模型19	模型20	模型21
公共服务	0.007*** (6.696)	0.010*** (16.492)	0.008*** (13.019)	0.010*** (18.525)	0.018*** (20.700)
城市控制变量	是	是	是	是	是
样本数	3 561 816	6 228 798	2 770 350	7 101 951	3 934 992
Pseudo R^2	0.2533	0.2396	0.2309	0.2352	0.2391

注：括号内数字为估计系数的异方差稳健z统计量。*、**、***分别表示10%、5%和1%统计显著水平。

其次，考察城市公共服务供给质量对不同性别农民工定居选址行为的影响。表4-6中模型20和模型21的估计结果显示，城市公共服务供给质量对女性农民工定居选址行为的影响大于男性农民工。在考虑定居地选址问题时，女性农民工对城市公共服务供给质量的敏感性更高。其可能的原因是，随着中国农民工流迁模式的变化，与配偶或家庭成员共同流动开始成为主流模式，越来越多的女性开始参与流动并参与家庭决策，女性农民工的决策话语权也随之提高，正在影响其家庭的定居选址行为决策。此外，与男性相比，女性对公共服务的接触更多。因此，相比于男性农民工，女性农民工对公共服务质量更为敏感。

4.4.2 受教育水平和婚姻状态

首先，考察城市公共服务供给质量对不同受教育水平农民工定居选址行为的影响。表4-7中模型22～24的估计结果显示，城市公共服务供给质量对不同学历的农民工定居选址行为的影响均比较显著。其中，对高中学历农民工的影响最大，其次是大专及以上学历农民工，对初中及以下学历农民工的影响最小。这也反映出在选择定居地时，高中教育水平的农民工对城市公共服务供给质量最敏感，其次是大专及以上和初中及以下学历的农民工。其可能的原因有：一是对初中及以下学历的农民工来说，获得高收入和较好的就业机会等经济诉求可能是影响其定居选址决策的主要因素，对城市公共服务供给质量的需求相对较小；二是与初中及以下学历的农民工相比，大专及以上学历的农民工知识水平较高，更能认识到城市公共服务供给质量的重要性，对公共服务可及性和获得性的需求相对较高，并且对公共服务供给质量较为敏感；三是对高中学历的农民工来说，对城市公共服务供给质量有强烈的需求，希望可以通过获得城市高质量的公共服务改善自身及其家庭福利。

其次，考察城市公共服务供给质量对不同婚姻状态农民工定居选址行为的影响。由于定居决策不仅是农民工的个人决策，更是其家庭决策。特别是对处于不同婚姻状态的农民工来说，可能会产生不同的影响。表4-7中模型25和模型26给出了不同婚姻状况下的估计结果，从中可以发现，已婚农民工在定居选址决策时受城市公共服务供给质量的影响更大。这一结论比较符合现实情况，因为已婚的农民工具有明确的城市公共服务需求（如子女教育、医疗服务等），并且对公共服务供给质量也有一定要求，比较符合家庭决策的效用最大化原则。

表4-7　　异质性分析：受教育水平和婚姻状态

被解释变量：定居选址行为	初中及以下	高中	大专及以上	未婚	已婚
	模型22	模型23	模型24	模型25	模型26
公共服务	0.007*** (14.930)	0.014*** (13.831)	0.008*** (7.933)	0.003*** (1.395)	0.009*** (22.674)
城市控制变量	是	是	是	是	是
样本数	7 946 196	2 778 234	1 836 534	1 899 455	10 711 509
Pseudo R^2	0.2197	0.2695	0.3000	0.2660	0.2375

注：括号内数字为估计系数的异方差稳健z统计量。*、**、***分别表示10%、5%和1%统计显著水平。

4.4.3 住房性质和就业身份

首先，考察城市公共服务供给质量对不同住房性质的农民工定居选址行为的影响。表4-8中模型27和模型28的估计结果显示，城市公共服务供给质量对拥有自有住房农民工的定居选址行为的影响大于租房农民工。显然，拥有自有住房的农民工在选择定居城市时更加注重城市的公共服务供给质量。其可能的原因有：一是由于城市公共服务与住房捆绑，存在公共服务的资本化现象，拥有自有住房者往往可以享有城市公共服务，他们更加注重公共服务供给质量；二是对租房的农民工来说，他们往往不能完全享有城市公共服务（主要是指排他性公共服务），其定居意愿会受到一些限制进而影响其定居选址行为；三是自有住房对农民工的定居选址行为具有一定的锁定效应，从而降低其流动性（Foote，2016）。

表4-8 **异质性分析：住房性质和就业身份**

被解释变量：定居选址行为	自有住房	租房	雇员	雇主	自营劳动者
	模型27	模型28	模型29	模型30	模型31
公共服务	0.011*** (20.762)	0.004*** (4.70)	-0.000 (-0.233)	0.016*** (8.508)	0.018*** (20.700)
城市控制变量	是	是	是	是	是
样本数	2 913 357	9 647 607	6 262 962	659 190	3 934 992
Pseudo R^2	0.2789	0.2382	0.2448	0.2445	0.2391

注：括号内数字为估计系数的异方差稳健z统计量。*、**、***分别表示10%、5%和1%统计显著水平。

其次，分析城市公共服务供给质量对不同就业身份的农民工定居选址行为的影响。表4-8中模型29～31的估计结果表明，城市公共服务供给质量对雇主和自营劳动者身份的农民工的定居选址行为均有显著的正向影响，而对雇员身份的农民工的影响不显著。与雇员身份的农民工相比，雇主和自营劳动者身份的农民工主要在流入地经商，收入较高且较为稳定，市民化能力较强，并且对城市公共服务供给质量的要求较高，且较为敏感。而对雇员身份的农民工来说，获得高收入和较好的就业机会是其主要诉求，对城市公共服务供给质量则不太关注。

4.5 本章小结

本章基于2017年中国流动人口动态监测调查数据与225个地级及以上城市的特征数据，采用条件Logit模型实证考察城市公共服务供给质量对农民工定居选址行为的影响。本章的主要研究结论是：第一，城市公共服务供给质量对农民工定居选址行为有显著的正向影响。从平均水平来看，城市公共服务供给质量每提高1个单位，农民工在本地定居的概率将增加0.9个百分点。第二，经过变量的标准化处理后，城市公共服务供给质量依然是影响农民工定居选址行为的重要因素。第三，在控制城市户籍限制后，城市公共服务供给质量对农民工定居选址行为的影响仍显著为正。第四，经过稳健性检验后，农民工定居选址行为依然受到城市公共服务供给质量的显著正向影响。第五，通过异质性分析，发现城市公共服务供给质量对农民工定居选址行为的正向影响作用在条件为 30~44 岁、女性、高中教育水平、已婚、拥有自有住房和自营劳动者身份的群体中更为明显。

第5章　城市公共服务开放度与农民工流迁行为

农民工流迁行为以落户或迁户为重要标志，这也是国家推行农民工市民化的最终目标。本章以276个城市的居住证政策文件和2017年中国流动人口动态监测调查数据为计算依据，测算了276个城市的公共服务开放度及其特征，在此基础上，实证研究了城市公共服务开放度对农民工流迁行为的影响。

5.1　问题的提出

农民工的公共服务不均等问题和公共服务权利问题受到广泛且持续的关注（于建嵘，2008；蔡昉，2010；钱雪亚等，2020）。中国之所以出现和存在农民工问题，根源就在于中国的户籍制度以及特殊的城乡二元结构。而从农民工市民化问题的本质来看，它其实是由严苛的户籍制度而导致的公共服务不均等问题，特别是在劳动力自由流动的前提下，该问题就显得更加突出。也就是说，解决农民工市民化问题的根本途径在于实现和推进农民工的公共服务均等化（钱雪亚等，2017），让农民工群体同等享有流入地的公共服务。与此同时，随着农民工公权意识的提高，特别是当就业和收入稳定之后，其市民化决策越来越趋向理性化，越来越多的农民工开始以“公共服务”为主要迁移和居留动因。2017年中国流动人口动态监测调查数据（CMDS）显示，有超过30%的农民工是为了获得更好的公共服务而留在本地的，其中因“子女有更好的教育机会”而留在本地的占22.88%（洪俊杰和倪超军，2020）。因此，实现农民工的公共服务均等化对推进农民工市民化进程以及中国城镇化发展来说，都具有重要的现实意义和战略意义。

决定农民工是否可以同等享有城市公共服务的关键在于流入地到底向农民工提供了哪些公共服务，有哪些公共服务领域是无条件或无限制地向农民工开放的，即面向农民工的城市公共服务开放度。从国家的市民化政策导向来看，特别是在一系列市民化政策中，居住证制度的全面实施以及以居住证为载体的公共服务提供机制的建立健全，无疑成为未来推动农民工公共服务均等化的重要抓手和途径。2014年开始，随着《国家新型城镇化发展规划（2014—2020年）》的发布和实施，国家密集出台了《关于进一步推进户籍制度改革的意见》《居住证暂行条例》《国务院关于实施支持农业转移人口市民化若干财政政策的通知》《中共中央办公厅 国务院办公厅关于促进劳动力和人才社会性流动体制机制改革的意见》等一系列政策文件，自此，面向农民工的公共服务正式被纳入国家市民化政策框架，地方政府被纳入责任范畴，面向农民工的城市公共服务开放政策体系初步形成，这为深入研究农民工的公共服务均等化问题，特别是农民工市民化问题提供了新的研究背景和研究视角。

从国家《居住证暂行条例》、31个省（自治区、直辖市）以及各个城市居住证管理政策文件的具体条款来看，目前仍存在一些现实约束和条件限制。第一，居住证具有一定的申领条件，并非所有的农民工都可以申请，并且有一些城市另附了申领限制和条件。第二，居住证所附属的部分公共服务领域还存在双重门槛和限制，如义务教育、保障性住房等领域。第三，虽然《居住证暂行条例》明确了居住证持有人可以享受义务教育等6大公共服务，但无论是服务领域数量还是服务范围，都与本地居民享有的公共服务相差甚远。此外，各地区和各城市向农民工提供的公共服务存在明显的差异。可以预见，在未来居住证制度规则下，农民工的城市公共服务不均等情况会得到一定改善。而农民工实际能够获得和享有城市公共服务的程度，主要取决于城市对农民工开放其公共服务的程度。因此，在国家全面实施居住证制度背景下，如何识别城市公共服务开放度对农民工市民化行为的影响，就显得格外重要。值得一提的是，各城市颁布的居住证政策文件详细规定了向农民工提供的城市公共服务领域和范围以及限制条件，这为系统测算城市公共服务开放度及其对农民工市民化行为的影响提供了可能。

本章以手工收集的276个地级及以上城市的居住证政策文件为依据，计算城市面向农民工的公共服务开放度，并结合2016年和2017年中国流动人口动态监测调查数据，实证考察城市公共服务开放度对农民工流迁行为的影响。这不仅丰富了城市公共服务与农民工市民化的相关研究成果，还为城市调整和优化公共服务与制定农民工市民化相关政策提供了决策依据。

5.2 城市公共服务开放度观察体系及测度

5.2.1 面向农民工的城市公共服务供给逻辑和规则

从前述可知，以居住证制度为载体的基本公共服务提供机制是未来面向农民工的城市公共服务主要供给方式。严格来说，居住证制度全面实施之前，城市公共服务并不完全面向农民工开放，特别是义务教育、就业创业服务、社会救助等排他性公共服务，往往只有在本地购房的农民工才能享有城市的公共服务，还有些农民工依托同乡、朋友等关系解决子女教育问题。而居住证制度的全面推行，一方面，预示着农民工可以申请居住证来获取一定的城市公共服务，另一方面，在一定程度上规范地方政府面向农民工提供公共服务，这表明面向农民工的城市公共服务供给方式的转变以及供给逻辑的变化，即公共服务供给方式越来越趋向制度化和规范化。由此可见，居住证制度将形成未来面向农民工的城市公共服务的供给逻辑和规则。

这种以居住证为载体的城市公共服务供给规则，主要体现在：

（1）居住证具有一定的申请门槛，并具有明确的身份确认和对象识别方式

申领居住证具有一定的门槛，《居住证暂行条例》（以下简称《条例》）中的第二条规定："公民离开常住户口所在地，到其他城市居住半年以上，符合有合法稳定就业、合法稳定住所、连续就读条件之一的，可以依照本条例的规定申领居住证。"也就是说，申领居住证的农民工首先要满足一定的居住年限（半年以上），然后要符合就业、住所和就读[①]三个条件中任何一个条件。如果农民工不符合居住证申领条件，申领不到居住证，自然不能享有居住证规定的城市公共服务，仍游离于城市公共服务供给规则之外。《条例》中的第三条规定："居住证是持证人在居住地居住、作为常住人口享受基本公共服务和便利、申请登记常住户口的证明。"也就是说，以居住证为载体的城市公共服务供给规则具有明确的"身份确认和对象识别方式"，以持证人身份来确认是不是城市公共服务的对象。因此，只有符合居住证申领条件的农民工，才能被纳入城市公共服务供给体系。

（2）城市公共服务提供机制的制度化

《条例》中的第五条规定："县级以上人民政府应当建立健全为居住证持有人提供基本公共服务和便利的机制。"《条例》中的第六条规定："县级以上人民政府应当将为居住证持有人提供基本公共服务和便利的工作纳入国民经济和社会发展规划，完善财政转移支付制度，将提供基本公共服务和便利所需费用纳入财政预算。"这表明，地方政府是以居住证制度为载体的城市公共服务提供机制的责任主体，并且要将为农民工提供城市公共服务纳入地方经济和社会发展规划中。

（3）明确公共服务提供的基准范围，同时地方政府又具有一定的自主性

《条例》中的第十二条规定，县级以上人民政府及其有关部门应当

---

① 由于连续就读条件与农民工群体关联性不强，本章在后续的研究中重点关注合法稳定就业和合法稳定住所这两个条件。

为居住证持有人提供下列基本公共服务：义务教育、基本公共就业服务、基本公共卫生服务和计划生育服务、公共文化体育服务、法律援助和其他法律服务国家规定的其他基本公共服务。也就是说，中央政府界定了地方政府提供基本公共服务的基本范围，并且是以“责任承诺”方式向居住证持有人提供基本公共服务，而未被承诺的基本公共服务可以不向居住证持有人开放。同时，《条例》中的第十四条规定：“国务院有关部门、地方各级人民政府及其有关部门应当积极创造条件，逐步扩大为居住证持有人提供公共服务和便利的范围，提高服务标准，并定期向社会公布居住证持有人享受的公共服务和便利的范围。”《条例》中的第二十二条规定：“设区的市级以上地方人民政府应当结合本行政区域经济社会发展需要及落户条件等因素，根据本条例制定实施办法。”这进一步表明，地方政府可以在国家规定的基准范围的基础上，根据自身实际自主设置提供公共服务的领域和范围。因此，《条例》规范了地方政府向居住证持有人提供公共服务的基准范围，同时给了地方政府一定的自主性和灵活性，地方政府具有充分的自主决策空间，使得面向农民工的城市公共服务存在一定的地区差异。

总体来看，农民工是否可以享有城市公共服务，不仅取决于农民工是否符合居住证的申领条件，还取决于地方政府能够向农民工提供哪些公共服务，即公共服务的范围。因此，农民工是否可以享受城市公共服务，主要取决于城市公共服务向农民工承诺开放的领域以及履行承诺设置的条件，即面向农民工的城市公共服务开放度（钱雪亚和宋文娟，2020）。

5.2.2 城市公共服务开放度的测算

（1）城市公共服务开放度观察体系

要测算面向农民工的城市公共服务开放度，需要界定城市公共服务的范围和公共服务观察体系。本章借鉴钱雪亚和宋文娟（2020）提出的城市公共服务开放观察体系，具体见附录D。城市公共服务开放观察体系共有21个代表性服务领域，其中包括14个排他性服务领域（ps_k^0）和7个非排他性服务领域（ps_k^1）。从大类来看，公共教育的权重最大，为

0.5765；其次是社会保险和医疗卫生，权重分别为0.1452和0.1229；权重最小的是劳动就业，为0.0049。从中类来看，义务教育的权重最大，为0.4199；其次是养老保险，权重为0.1383；权重最小的是养老和医疗之外的其他保险，为0.0016。

（2）城市公共服务开放度的测算方法及过程

本章借鉴钱雪亚和宋文娟（2020）的研究，以地级市为最小观察单位，采用手工收集的276个城市的居住证政策文件资料，以及2016年和2017年中国流动人口动态监测调查数据，依次计算城市政府承诺开放公共服务的承诺度、履约承诺的条件约束度，最终合成面向农民工的城市公共服务开放度。

①测算所用数据及其说明。研究样本包括城市样本和农民工样本两部分。城市样本包括276个地级及以上城市，基本涵盖了30个省（自治区、直辖市）[①]。其中，直辖市4个、省会城市30个、地级市242个；东部地区83个、中部地区80个、西部地区83个、东北地区30个。276个样本城市的居住证政策文件主要来自北大法宝数据库[②]和城市政府网站[③]，并且是截至2020年12月底最新颁布或继续有效的与居住证管理相关的政策文件。在后续研究中，根据276个样本城市的居住证政策文件逐一对照观察各城市在21个代表性服务领域的“承诺”情况和“条件”设置情况。

农民工样本取自2016年和2017年中国流动人口动态监测调查数据。2016年和2017年原始调查个体均为16.9万人。根据国家统计局“农民工”监测调查口径，在以下方面对样本进行筛选：第一，删除非农业、农转居、非农转居、居民和其他户籍样本；第二，删除非“因务工/工作、经商、家属随迁”而流动的个体；第三，删除年龄小于16周岁或大于60周岁的个体；第四，删除在本地流动时间少于6个月的个体；第五，删除没有工作能力和没有工作意愿的个体。经过处理后，2016年

---

① 样本中剔除了西藏自治区。其中新疆维吾尔自治区、青海省和宁夏回族自治区等少数民族地区只包括省会城市。

② 北大法宝数据库网址：https：//law.tjpu.edu.cn。

③ 对在北大法宝数据库中未找到的城市，查找其政策文本时遵循以下原则：第一，对有明确文件的城市，从其市政府网站寻找并下载；第二，对未找到有关政策文件的城市，如果其政府网站刊登了所在省的居住证政策文件，则将该类城市视为与所在省的居住证政策文件一致。

和2017年农民工样本个体分别为104 250个和105 843个。

在具体操作过程中，最为关键和基础的工作是如何识别农民工是否符合所在城市居住证的申领条件。根据前述所知，从总体来看，申领居住证的主要条件为合法稳定就业或合法稳定住所。基于此，结合2016年中国流动人口动态监测调查数据中的相关问题进行匹配。其中，以签订劳动合同、有工商营业执照为判断依据，来判别农民工是否符合合法稳定就业条件，主要依据有“您与目前工作单位签订何种劳动合同”[①]“您现在就职单位的性质属于哪一类”[②]“您现在的就业身份属于哪一类”等问题；以“您的现有住房属于何种性质”[③]来判断农民工是否符合合法稳定住所条件；以“本次流动时间”[④]来判断农民工是否符合《居住证暂行条例》中的时间要求。此外，有一些城市还在是否参加社会保险、更长的居住时间和就业时间等方面有限制，主要判断依据有“您目前参加了何种社会保障”“您目前参加了何种社会医疗保险”[⑤]“您今后是否打算在本地长期居住（5年以上）”[⑥]等问题。

本章主要依托农民工对以上问题回答的信息，对照276个城市的居住证政策文件，判断农民工是否符合居住证的申领条件、是否符合特定服务领域的限制条件，依次测算城市面向农民工开放公共服务的承诺度、履约承诺的条件约束度，最终测算出面向农民工的城市公共服务开放度。

②测算过程。首先，计算276个城市面向农民工开放公共服务的承诺度。根据276个城市的居住证政策文件，逐一对照21项代表性服务领域，确认 $ps_k(k=1,2,\cdots,21)$ 在 j 城市是否被承诺提供。对非排他性公共

① 选项分为有固定期限、无固定期限、完成一次工作、未签订劳动合同、试用期和不清楚6个选项。本章将有固定期限和无固定期限归为签订劳动合同，其他选项均归为没有签订劳动合同。

② 选项共有12个，本章将无单位的个体归为没有工商营业执照，结合“自营劳动者和雇主”这一类进行综合判断。

③ 选项分为租住单位/雇主房、租住私房、政府提供廉价房、政府提供公租房、单位/雇主提供免费住房、自购住房、借住房、就业场所、自建房、其他非正规居所10个选项。本章将租住单位/雇主房、租住私房、政府提供廉价房、政府提供公租房、单位/雇主提供免费住房、自购住房和自建房归为合法稳定住所。

④ 这个时间具体到月，本章将少于6个月的样本删除，只保留6个月以上的样本。

⑤ 本章主要以在本地参加社会保险为标准来判断农民工是否符合社会保险要求。

⑥ 有一些城市对农民工有更长的就业时间或居住时间限制，本章以有明确定居意愿作为判断标准。虽然这一指标询问的是农民工未来5年的居留意愿，但对于更长的就业时间或居住时间，问卷中并没有更合适的变量。

服务领域来说，$ps_k=1$；而对排他性公共服务领域来说，如果该城市承诺向居住证持有人开放，则 $ps_k=1$，否则，$ps_k=0$。具体见附录F。

其次，测算城市履约承诺的条件约束度。首先，计算出 j 城市农民工样本 n 中不符合该城市的居住证申领条件（$apply_{ji}=0$）的人数 $n_{apply_{ji}=0}$，再计算出 j 城市居住证申领条件对农民工的约束程度。在处理城市公共服务限制条件时，主要采取以下策略：第一，对有明确的居住时间要求和缴纳社会保险要求的城市，按照限制条件进行设置和计算。第二，对没有明确的居住时间要求和缴纳社会保险要求的城市，鉴于数据和资料的具体情况，未做进一步处理的，均按照未设置限制条件处理。[①]接下来，采用与上述居住证申领条件约束度一致的思路和方法，首先，计算出 j 城市符合居住证申领条件（$apply_{ji}=1$）的农民工样本 $n_{apply_{ji}=1}$ 中不符合特定公共服务领域 k 的人数 $n_{condition_{ji}=0}$，再计算出 j 城市居住证申领条件约束下，特定公共服务领域 k 对农民工的约束程度。具体见附录F。

最后，在以上分析的基础上，测算城市公共服务面向农民工的开放度。由于城市非排他性公共服务领域（$p_{jk}^0=0$）无限制和无约束条件地向农民工开放，因此 $p_{jk}(opening\ degree)=1$；而对排他性公共服务领域来说，未承诺开放的领域 $p_{jk}^1=0$，即城市未承诺向农民工开放该公共服务领域，因此 $p_{jk}(opening\ degree)=0$。对已承诺开放的领域 $p_{jk}^1=1$，即城市承诺向农民工开放该公共服务领域，因此 $p_{jk}(opening\ degree)=1-p_{jk}(constraint)$。也就是说，城市向符合约束条件的农民工开放该服务领域。根据以上分析思路，计算面向农民工的城市公共服务开放度。具体见附录F。

5.3 城市公共服务开放度及特征分析

依据以上测算方法及过程，分别计算2016年和2017年的城市公共服务开放度，并在此基础上总结分析城市公共服务开放度的典型特征。

---

① 在保障性住房领域，一些城市只是在居住证政策文本中出现“按规定申请保障性住房”或“符合条件的可享受保障性住房”，对这一类的样本，本章均按照未设置限制条件处理，即只要符合居住证申领条件的农民工均可以享受该类服务。

5.3.1 居住证申领限制及公共服务开放情况

表5-1显示了居住证的申领限制率及面向农民工的城市公共服务开放情况。2016年和2017年居住证的申领限制率分别为5.23%和7.29%，二者均值为6.26%。这说明，并不是所有的农民工都可以申领到居住证，享有与居住证挂钩的公共服务和便利。在城市居住证政策文件中，大多数文件都是以合法稳定就业、合法稳定住所和连续就读为居住证申领条件，其中合法稳定就业以签订劳动合同、有工商执照为依据，合法稳定住所以相关房产或租房证明为依据。还有些城市增加了未来居住时间、参加社会保险等限制和要求。

表5-1 居住证申领限制率、排他性公共服务开放数量及其占比

项 目	2016年	2017年	均值
居住证申领限制率	5.23%	7.29%	6.26%
排他性公共服务开放数量	6.5018个	6.5036个	6.5027个
非排他性公共服务开放数量	7个	7个	7个
排他性公共服务开放数量占排他性公共服务数量的比例	46.44%	46.45%	46.45%
排他性公共服务开放数量占全部公共服务数量的比例	30.96%	30.97%	30.97%
样本数	277个	276个	—

注：全部公共服务领域有21个，排他性公共服务领域有14个，非排他性公共服务领域有7个。

从面向农民工开放的公共服务数量来看，由于非排他性公共服务具有天然的开放属性，在此不做赘述，下面主要分析排他性公共服务的开放情况。2016年和2017年，面向农民工的排他性公共服务开放数量的均值为6.5027个，占排他性公共服务数量的46.45%，占全部公共服务数量的30.97%。也就是说，城市向农民工开放的排他性公共服务数量还不到开放观察体系（排他性公共服务领域有14个）的一半，即使把非排他性公共服务数量计算在内，这一比例也仅为六成。从各个城市的居住证政策文件来看，一些城市在基础教育、社会保障性住房等方面，特别是以参加社会保险年限、居住年限等为限制条件。此外，大多数城

市向农民工部分开放了就业服务、社会服务等领域。

总体来看，城市向农民工无限制或低限制开放的排他性公共服务领域主要有小学教育、中学教育、职业指导、预防防治服务4个领域，有限制开放的有普通高中教育、公共租赁（廉租）住房2个领域，其他8个领域为不开放或很少有城市开放。

5.3.2 开放度测算结果

表5-2报告了2016年和2017年面向农民工的城市全部公共服务开放度，其均值分别为0.7234和0.7396，两年的均值为0.7315，即城市向本市农民工开放了73.15%的全部公共服务领域。因此，2016年和2017年面向农民工的城市全部公共服务承诺度达0.7761和0.7759，两年的均值为0.7760，即城市向农民工开放了77.60%的全部公共服务领域[①]。根据此研究结果，城市向农民工开放了16个代表性公共服务领域。

表5-2 面向农民工的城市公共服务承诺度、承诺约束度和开放度

年份	项目	城市公共服务承诺度		城市公共服务承诺约束度		城市公共服务开放度	
		排他性公共服务领域	全部公共服务领域	排他性公共服务领域	全部公共服务领域	排他性公共服务领域	全部公共服务领域
2016年	均值	0.7076	0.7761	0.0991	0.0679	0.6388	0.7234
	方差	0.0808	0.0618	0.1726	0.1175	0.1443	0.1105
	最小值	0.6176	0.7072	0	0	0.0784	0.2944
	最大值	0.9744	0.9804	0.9637	0.7029	0.9744	0.9804
2017年	均值	0.7073	0.7759	0.0836	0.0574	0.6600	0.7396
	方差	0.0808	0.0618	0.1363	0.0932	0.1138	0.0871
	最小值	0.6176	0.7072	0	0	0.1251	0.3301
	最大值	0.9744	0.9804	0.9509	0.6442	0.9744	0.9804
两年均值		0.7075	0.7760	0.0914	0.0627	0.6494	0.7315

注：全部公共服务领域有21个，排他性公共服务领域有14个。

在排他性服务领域，2016年和2017年城市公共服务开放度的均值分别为0.6388和0.6600，两年的均值为0.6494。其中，四分之一的样本

① 这里的公共服务领域是指前面提及的21个代表性公共服务领域。

城市开放度已经超过0.60。而从城市公共服务承诺度来看，2016年和2017年排他性公共服务承诺度的两年均值为0.7075，即城市政府向农民工承诺开放了70.75%的排他性公共服务领域。也就是说，城市政府只向农民工承诺开放了14个排他性公共服务领域中的10个领域。由此可见，城市政府是有选择地向农民工承诺开放排他性公共服务的，并不是完全开放城市的所有排他性公共服务。从各个城市的具体做法来看，各个城市均是在国家《居住证暂行条例》以及所在省（自治区、直辖市）管理办法的基础上，有所选择地进行承诺开放。

通过比较发现，无论是从均值来看，还是从各分位数来看，排他性公共服务领域开放度和承诺度均比全部公共服务领域低。例如，排他性公共服务领域开放度的平均数、中位数及上下四分位数，分别比全部公共服务领域低8.46、9.35、8.13和6.33个百分点[①]，而承诺度比全部公共服务领域低出更多。也就是说，排他性公共服务具有更低的开放度和承诺度，这主要受制于城市政府为其承诺所设置的条件约束。这个约束来自两个方面：一是申领居住证的约束；二是特定服务领域（如义务教育和保障性住房等）的限制。

2016年，全部公共服务领域和排他性服务领域的承诺约束度均值分别为0.0679和0.0991，二者相差3.12个百分点，说明农民工受到的服务约束和限制更多地来自排他性公共服务领域。以上结论表明，农民工群体中9.91%的个体达不到城市政府设置的条件要求而被排除在排他性公共服务对象之外。由此可知，虽然《居住证暂行条例》消除了农民工享有城市公共服务的制度桎梏，但农民工作为城市常住人口离平等地享有各项公共服务尚有一些距离。

5.3.3 开放度特征分析[②]

（1）不同区域和城市行政等级下的观察：区域经济发展水平和城市行政等级越高，其开放度越低

表5-3分别显示了研究不同区域和城市行政等级下面向农民工的城

① 本节以下分析主要以2016年数据为主。
② 这一分析主要以2016年数据为主。

市公共服务开放度、承诺度和承诺约束度。我们发现，无论是从全部服务领域来看，还是从排他性服务领域来看，东部地区的城市公共服务开放度是最低的，而其承诺约束度是最高的。东部地区的城市公共服务开放度比中部地区、西部地区和东北地区分别低5.28个百分点、2.71个百分点和11.02个百分点，其非排他性公共服务开放度比中部地区、西部地区和东北地区分别低6.90个百分点、8.55个百分点和14.39个百分点。这表明越是经济发达的区域，其城市公共服务开放度就越低。西部地区的城市公共服务承诺度（包括排他性公共服务领域）是最低的，这可能与其经济发展水平及财政状况有关。在城市公共服务承诺约束度方面，东部地区的城市公共服务承诺约束度（包括排他性公共服务领域）是最高的。以排他性公共服务领域为例，东部地区的约束度分别比中部地区、西部地区和东北地区高7.41个百分点、11.99个百分点和12.82个百分点。

从城市行政等级来看，直辖市的开放度和承诺度均低于省会城市和一般地级市，其承诺度均高于省会城市和一般地级市。这一结论进一步表明，城市的行政等级越高，向农民工承诺开放的公共服务领域就越少，并且在一些特定服务领域设置的约束和限制就越严苛。以深圳市为例，排他性公共服务领域的开放度仅为0.0498，全部公共服务领域开放度仅为0.2724；同样，浙江省的温州市、宁波市和杭州市等城市的排他性公共服务领域开放度均在0.1以下。而从现实情况来看，大部分的农民工流向了直辖市、省会城市等行政等级高的城市，并且在这些城市农民工的定居意愿也较为强烈。因此，越是农民工集中的城市，其城市的公共服务开放度就越低，享有城市公共服务的门槛也就越高。这就形成了城市开放度与农民工市民化倾向“倒挂”的现象。这与国家的市民化政策的初衷相违背。也就是说，虽然城市政府遵循《居住证暂行条例》的规范开放其公共服务[①]，但是从主观意愿上仍然没有将农民工纳入到公共服务供给体系和框架之中，将农民工拒之门外。

① 本章从各省（自治区、直辖市）包括各个城市的居住证政策文件来看，这一思想和做法普遍存在。

表5-3 城市公共服务承诺度、承诺约束度和开放度的地区和城市比较

类别		分地区				分城市行政等级		
		东部	中部	西部	东北	直辖市	省会城市	地级市
城市公共服务承诺度	排他性公共服务领域	0.7116	0.7295	0.6609	0.7693	0.6962	0.7121	0.7076
	全部公共服务领域	0.7792	0.7929	0.7403	0.8233	0.7674	0.7796	0.7761
城市公共服务承诺约束度	排他性公共服务领域	0.1707	0.0966	0.0508	0.0425	0.1387	0.1344	0.0943
	全部公共服务领域	0.1171	0.0662	0.0343	0.0302	0.0936	0.0928	0.0646
城市公共服务开放度	排他性公共服务领域	0.5925	0.6615	0.6780	0.7364	0.6072	0.6183	0.6420
	全部公共服务领域	0.6880	0.7408	0.7151	0.7982	0.6992	0.7078	0.7259

注：全部公共服务领域有21个，排他性公共服务领域有14个。东部地区包括北京市、天津市、河北省、山东省、江苏省、上海市、浙江省、福建省、海南省和广东省10个省份。中部地区包括山西省、河南省、湖北省、湖南省、江西省和安徽省6个省份。西部地区包括内蒙古自治区、新疆维吾尔自治区、宁夏回族自治区、青海省、甘肃省、陕西省、四川省、重庆市、贵州省、云南省和广西壮族自治区11个省份。东北地区包括辽宁省、吉林省和黑龙江省3个省份。

（2）不同城市规模下的观察：城市规模越大，其开放度越低

表5-4显示了不同城市规模下的面向农民工的城市公共服务开放度、承诺度和承诺约束度。我们发现，城市规模越大，其公共服务开放度就越低，这一结论与前面的分析较为一致。我们进一步发现，中小城市的城市公共服务开放度明显低于大城市、特大城市和超大城市，这主要与城市公共服务承诺约束度有直接的关系。中小城市的承诺约束度较小，均值在0.05左右，而特大城市和超大城市的承诺约束度均值在0.1以上。

表5-4　**城市公共服务承诺度、承诺约束度和开放度的不同规模城市比较**

类　别		小城市	中等城市	大城市	特大城市	超大城市
城市公共服务承诺度	排他性公共服务领域	0.7169	0.7126	0.6994	0.7220	0.7115
	全部公共服务领域	0.7832	0.7799	0.7698	0.7871	0.7791
城市公共服务承诺约束度	排他性公共服务领域	0.0614	0.0766	0.1131	0.1428	0.2474
	全部公共服务领域	0.0427	0.0522	0.0774	0.0974	0.1723
城市公共服务开放度	排他性公共服务领域	0.6723	0.6601	0.6210	0.6225	0.5362
	全部公共服务领域	0.7491	0.7394	0.7098	0.7110	0.6449

注：城市规模按照以下标准划分：城区常住人口在50万以下的城市为小城市，其中常住人口在20万以上50万以下的城市为Ⅰ型小城市，常住人口在20万以下的城市为Ⅱ型小城市；城区常住人口在50万以上100万以下的城市为中等城市；城区常住人口在100万以上500万以下的城市为大城市，其中常住人口在300万以上500万以下的城市为Ⅰ型大城市，常住人口在100万以上300万以下的城市为Ⅱ型大城市；城区常住人口在500万以上1 000万以下的城市为特大城市；城区常住人口在1 000万以上的城市为超大城市。

实际上，城市公共服务开放度低的城市，正是农民工迁移和定居的首选地。根据2015年全国1%人口抽样调查的资料，70个大中城市共吸纳迁移人口150.23万人，其中前十位的城市就吸纳了53.19%的流动人口。[①]根据2016年中国流动人口动态监测调查数据，Ⅰ型大城市、特大城市和超大城市的定居意愿（均值）分别为0.620、0.629和0.687，均高于小城市、中等城市和Ⅱ型大城市同期水平。这进一步表明，大部分农民工主要迁往人口规模较大的城市，同时这些城市又设置了一些农民工享有公共服务的限制和条件。

① 前十位城市依次是深圳、上海、北京、广州、成都、天津、武汉、杭州、温州和宁波。

（3）不同公共服务供给质量下的观察：城市公共服务开放度越低，其公共服务供给质量越高

图5-1显示了城市公共服务开放度与城市公共服务供给质量之间的关系①。由此可知，城市公共服务供给质量越高，城市向农民工开放公共服务的程度就越低；反之亦然。这进一步说明，公共服务供给质量高的城市，往往倾向于在一些关键公共服务领域设置“高门槛”和“高约束”，来限制外来人口特别是农民工占有公共服务资源，享有其公共服务。这一结论无疑与之前的研究②不谋而合。我们也有理由认为，各个城市出台的居住证相关管理政策文件是在国家《居住证暂行条例》的政策导向下，基于地方自身利益考虑的结果。也就是说，城市管理者主要考虑其经济利益或成本因素，并未将农民工群体纳入本地公共服务的供给范围之中，而是尽量将其排除在公共服务之外。

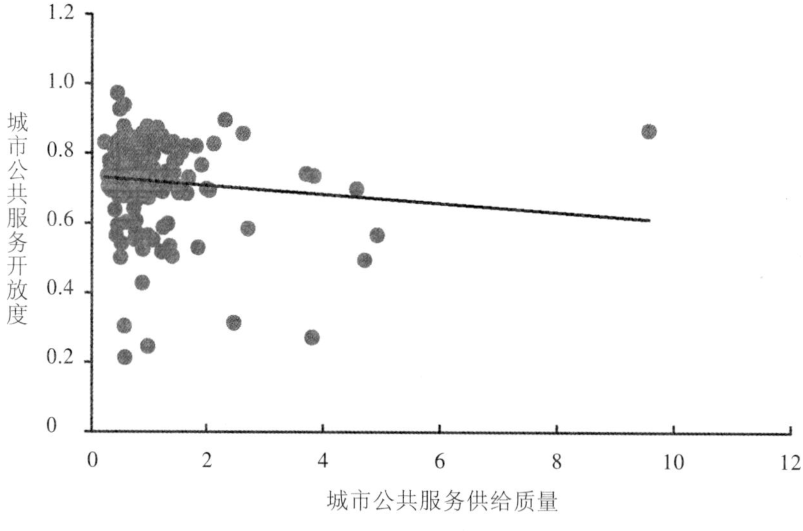

图5-1 城市公共服务开放度与城市公共服务供给质量相关图

图5-2显示了城市排他性公共服务开放度与城市公共服务供给质量之间的关系③。从图中可以看出，面向农民工的城市公共服务开放度与其公共服务供给质量依然是负向关系。这再次验证了前述结论。

① 开放度是指全部公共服务领域的开放度。城市公共服务供给质量为教育等13个公共服务领域的主成分分值，具体见第4章内容。

② 具体是指城市规模和城市行政等级与城市公共服务开放度之间关系的结论。

③ 开放度是指排他性公共服务领域的开放度。城市公共服务供给质量为包含教育在内的排他性公共服务领域的主成分分值，具体见第4章内容。

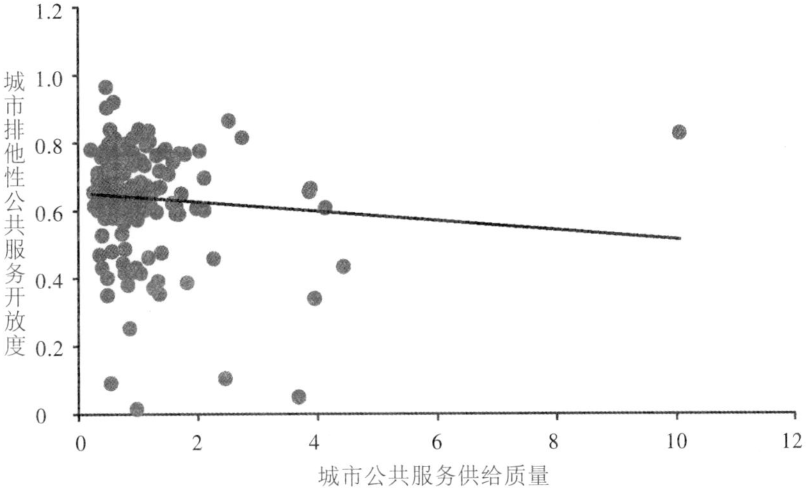

图5-2　城市排他性公共服务开放度与城市公共服务供给质量相关图

另外，以城市公共服务承诺约束度与城市公共服务供给质量之间的关系，进一步验证开放度与城市公共服务供给质量，如图5-3和图5-4所示。我们发现，城市公共服务供给质量越高，对农民工享有公共服务的承诺约束度就越高。这一结论再次佐证了面向农民工的城市公共服务开放度与城市公共服务供给质量的负向关系。

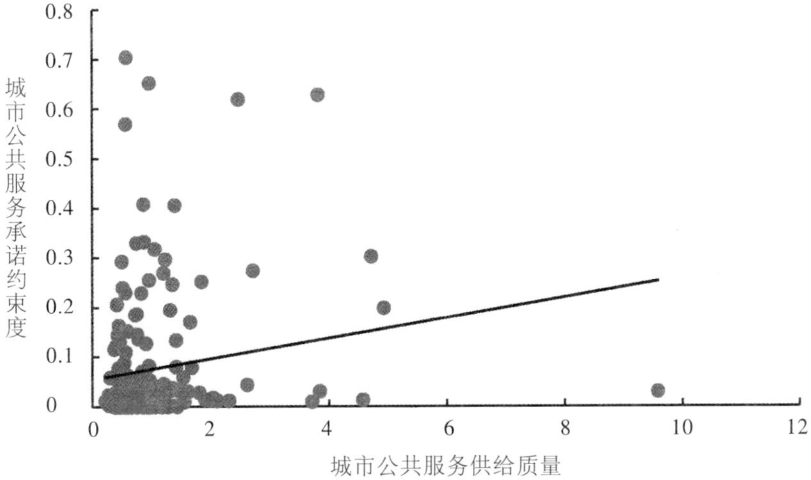

图5-3　城市公共服务承诺约束度与城市公共服务供给质量相关图

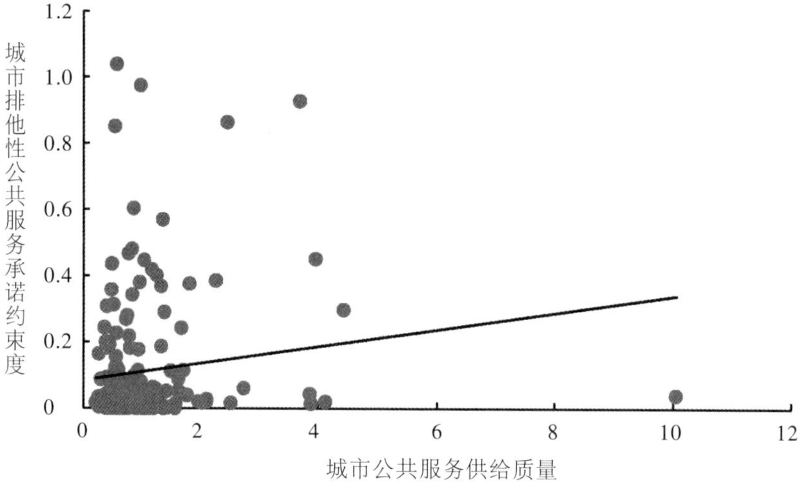

图5-4 城市排他性公共服务承诺约束度与城市公共服务供给质量相关图

5.4 数据、变量及模型

5.4.1 数据来源与说明

城市公共服务开放度数据主要来自276个城市的居住证政策文件，并根据2017年中国流动人口动态监测调查数据进行计算。[①]此外，本书还以2016年中国流动人口动态监测调查数据[②]计算了面向农民工的城市公共服务开放度，进行稳健性检验。

农民工数据来自2017年中国流动人口动态监测调查数据。所用数据做如下处理：第一，删除非农业、农转居、非农转居、居民和其他户籍样本，只保留农业户口样本；第二，删除了新疆生产建设兵团和西藏自治区的样本，并删除了流入地为州、盟和师的样本；第三，删除非务工经商原因的样本，只保留务工/工作、经商的样本。经过样本筛选后，研究所用样本数为67 790个。

① 具体见本章5.2和5.3节内容。
② 有关2016年数据处理情况在稳健性检验部分有所说明。

5.4.2 变量选取与定义

(1) 被解释变量

中国的农民工市民化既包括从农村到城市的“流动”过程，又包括从流出地到流入地的户籍“迁移”过程。特别是在户籍制度下，改变了户籍性质，即将农业户籍转变为城市居民户籍，才真正实现了自身的市民化。本章将户籍改变视为农民工的永久迁移，将农民工个体具有明确落户意愿视为永久迁移意愿。落户意愿使用2017年的CMDS问卷中的相关问题的选项来衡量。在2017年的CMDS问卷中的“如果您符合本地落户条件，您是否愿意将户口迁入本地”这一问题，有“愿意、不愿意和没想好”3个选项，将“愿意”设置为1，将“不愿意和没想好”设置为0。在研究样本中，愿意将户口迁入本地的样本有25 103个，占全样本的37.03%；不愿意将户口迁入本地的样本有24 693个，占全样本的36.43%；没想好的样本有17 994个，占全样本的26.54%。

(2) 核心解释变量

模型的核心解释变量为面向农民工的城市公共服务开放度。表5-5显示在样本城市中其全部领域公共服务开放度的均值为0.714，说明城市中面向农民工开放了71.4%的城市公共服务[①]。而排他性公共服务领域的开放度略低一些，为0.627[②]，这进一步说明城市并没有完全面向农民工开放排他性公共服务领域。在后续研究中，将从城市公共服务承诺程度、约束程度和开放领域数量等视角，引入城市公共服务承诺度、非排他性公共服务承诺度、城市公共服务承诺约束度、非排他性公共服务承诺约束度、开放排他性领域个数及其占比6项指标进行稳健性检验。

(3) 控制变量

此外，在样本中引入了个人特征、家庭特征、就业特征、流动特征和城市特征5类23个控制变量，见表5-5。

---

① 这里不是指全部公共服务，而是5.2节中提到的21个代表性服务领域。这个数值与表5-3中的城市公共服务开放度（0.7396）有所差别，主要原因是经过与农民工微观数据匹配后城市样本有所变化。

② 排他性公共服务为5.2节中提到的14个代表性服务领域。这个数值与表5-3中的公共服务开放度（0.6600）有所差别，主要原因是经过与农民工微观数据匹配后城市样本有所变化。

表5-5　　　　各主要变量的描述性统计

变量	样本量	均值	标准差	最小值	最大值
落户意愿	67 790	0.370	0.483	0	1
城市公共服务开放度	67 790	0.714	0.114	0.330	0.980
排他性公共服务开放度	67 790	0.627	0.149	0.125	0.974
年龄	67 790	36.086	9.758	16	65
年龄平方	67 790	13.899	7.361	2.56	42.25
性别	67 790	0.583	0.493	0	1
受教育水平	67 790	9.883	2.985	0	19
婚姻状态	67 790	0.818	0.386	0	1
家庭收入	67 790	8.709	0.605	0	12.206
住房	67 790	0.834	0.371	0	1
承包地	67 790	0.562	0.496	0	1
宅基地	67 790	0.747	0.435	0	1
职业类型	67 790	2.111	0.937	1	4
行业类型	67 790	0.143	0.350	0	1
单位性质	67 790	2.357	0.795	1	4
就业身份	67 790	0.054	0.225	0	1
流动时间	67 790	6.038	5.862	0	40
流动范围	67 790	1.628	0.745	1	3
流动原因	67 790	0.729	0.445	0	1
工资	67 790	11.218	0.240	10.503	11.718
房价	67 790	9.108	0.640	7.310	10.718
城市规模	67 790	5.732	1.024	2.773	7.803
人均地区生产总值	67 790	11.364	0.454	8.327	12.993
产业结构	67 790	55.961	11.561	25.63	80.23
城市行政等级	67 790	0.559	0.496	0	1

注：根据2017年中国流动人口动态监测调查数据计算。

①个人特征变量。根据以往文献的做法，样本选取了年龄（自然年龄）、年龄平方、性别（男=1，女=0）、婚姻状态（已婚=1，其他类型=0）、受教育水平（受教育年限，0~19年）、自评健康（健康=1，基本健康=2，不健康和生活不能自理=3）变量，控制个人特征对农民工流迁行为的影响。

②家庭特征变量。样本选取了家庭收入（家庭月收入的对数值）、住房（自有住房=1，其他类型=0）、承包地（有=1，没有=0）、宅基地（有=1，没有=0）变量，控制家庭特征对农民工流迁行为的影响。

③就业特征变量。样本选取了职业类型（常规操作性工作、非常规操作性工作、常规知识性工作、非常规知识性工作[①]，分别取值1~4）、行业类型（第一产业=1，第二产业=2，第三产业=3）[②]、单位性质（其他、个体工商户、民营私营、国有单位[③]，分别取值1~4）变量，以控制就业特征对农民工流迁行为的影响。

④流动特征变量。样本选取了流动时间（2017年至流动年份）、流动范围（跨省、省内跨市、市内跨县，分别取值1~3）、流动原因（家属随迁、经商和务工/工作，分别取值1~3）变量，以控制流动特征对农民工流迁行为的影响。

⑤城市特征变量。农民工的流动与迁移，也与流入地的教育资源、医疗服务、工资水平等因素有关，因此本章还控制了中学师生比（教师数/学生数）、固定资产投资率（固定资产投资额/地区生产总值）、工资水平（2016年城市市辖区在岗职工工资额的对数）、房价（根据销售额和销售面积计算而得，并取对数）、人均地区生产总值（取对数）、产业结构（第三产业产值/第二产业产值）、城市行政等级（直辖市、国家中心城市、副省级城市、省会城市=1，一般地级市=0）、失业率（失业人

① 非常规知识性工作有：国家机关、党群组织、企事业单位负责人，专业技术人员。非常规操作性工作有：餐饮、家政、保洁、保安、其他商业和服务业人员，无固定职业，其他。常规知识性工作有：商贩，经商，公务员、办事人员和有关人员。常规操作性工作有：装修，快递，农林牧渔和水利业生产人员，生产，运输，建筑，其他生产、运输设备操作人员及有关人员。

② 农林牧渔业归为第一产业，采矿、制造、电煤水热生产供应和建筑等归为第二产业，批发零售等其他行业归为第三产业。

③ 本章按照所有制性质，将就业单位划分成机关事业及国有企业（含机关和事业单位、国有及国有控股企业）、集体企业、民营和私营企业（含股份/联营企业、个体工商户、私营企业、港澳台独资企业、外商独资企业、中外合资企业）和其他（含社团/民办组织、其他和无单位）4类。

数/（失业人数+在岗职工人数））等城市特征变量，以控制城市特征对农民工市民化意愿的影响。

本章还控制了地区固定效应，设置了地区变量，东部地区、中部地区、西部地区和东北地区，分别赋值为1~4，并以虚拟变量形式引入模型。此外，还控制了农民工流出地的省份固定效应。

5.4.3 模型设定

（1）Probit模型

基于以上分析，采用Probit模型测度城市公共服务可及性对农民工迁移行为的影响效应，模型如下：

$$migra_{ij} = \alpha_0 + \beta open_j + \delta H_i + \gamma Z_j + \varepsilon_{ij} \tag{5-1}$$

其中：$migra_{ij}$为农民工i的迁移行为；$open_j$为农民工i所在城市j的公共服务开放度；H_i为农民工i的个人层面控制变量；Z_j为农民工i所在城市j的其他控制变量。

（2）中介效应模型

为进一步探究城市公共服务开放度对农民工流迁行为的影响机制，运用中介效应方法进行检验，构建模型（5-2）、模型（5-3）、模型（5-4），设置如下：

$$migra_{ij} = c_0 + c_1 open_j + c_2 Z_i + \varepsilon_{ij} \tag{5-2}$$

$$social\_r_{ij} = a_0 + a_1 open_j + a_2 Z_j + \delta_{ij} \tag{5-3}$$

$$migra_{ij} = b_0 + b_1 social\_r_{ij} + b_2 open_j + b_3 Z_j + \mu_{ij} \tag{5-4}$$

其中：$social_r_{ij}$为中介变量，代表社会融合。社会融合分为4个三级指标，即社会融入、社会接纳、社会歧视、本地认同。

同时，设定了您是否同意“我喜欢现在居住的城市/地方”“我关注现在所居住城市/地方的变化”“我很愿意融入本地人当中，成为其中一员”“我觉得本地人愿意接受我成为其中一员”“我感觉本地人看不起外地人”“我觉得已经是本地人了”6个问题，将完全同意、基本同意、不同意、完全不同意分别赋值为1～4，并以这6个问题的主成分分值[①]代表农民工的社会融合水平，将其引入中介效应模型。

① 由于一些主成分分值为负值，为便于计算和比较，对主成分分值统一加上4。

5.5 实证结果分析

5.5.1 基准回归结果

表5-6显示了城市公共服务开放度对农民工流迁行为影响的基准回归结果。模型1只加入城市公共服务开放度，控制了流出地地区固定效应和流入省份固定效应。估计结果显示，城市公共服务开放度对农民工流迁行为有正向影响，但不显著。模型2在模型1的基础上，控制了城市特征变量，估计结果显示，城市公共服务开放度每提高1个单位，农民工将户口迁往本地的概率显著增加26.0个百分点。模型3在模型2的基础上，加入了年龄、年龄平方、性别等个体变量，结果显示，在控制农民工个体特征的情况下，城市公共服务开放度对农民工流迁行为决策有显著的影响作用。从平均水平来看，城市公共服务开放度每提高1个单位，农民工将户口迁往本地的概率显著增加27.4个百分点。在模型4中同时加入了城市、个体和就业特征变量，估计结果表明，城市公共服务开放度依然对农民工流迁行为决策有显著的正向影响。模型5的估计结果表明，在控制了农民工的个体、就业特征、流动特征和城市特征变量后，城市公共服务开放度还是对农民工流迁行为有显著正向影响，估计系数较为稳定。也就是说，城市公共服务开放度每提高1个单位，农民工将户口迁往本地的概率显著增加26.0个百分点。以上结果表明，提高城市公共服务开放度，有利于提高农民工流迁和落户的可能性，对农民工市民化有显著的推动作用。

控制变量对于农民工流迁行为的影响基本符合我们的预期。在城市控制变量方面，中学师生比、产业结构、房价、工资和固定资产投资率对农民工流迁行为均有显著的正向影响，表明农民工在流迁目的地时，会优先选择公共服务好、经济发展水平高、就业机会多和工资水平高的城市。此外，城市房价对农民工落户选址概率有正向显著影响，表明房价存在“资本化”现象，特别是房价“资本化”了部分城市公共服务（如教育、绿化等），并且由此产生的吸引力可能大于房价本身作为生活成本对农民工的

“推力”。失业率对农民工的落户选址行为产生正向影响。这一点与我们的预期不太一致，与现有文献的研究正好相反。其可能的原因是，对农民工而言，其迁户行为决策往往依据自身的就业、工资收入和未来发展预期来确定，而不太关注失业率的变化。在个体控制变量方面，年龄与农民工的迁户行为呈现出倒“U”形关系。农民工的受教育年限越长，其健康水平越高，迁户的概率越高。办理居住证和有自有住房的农民工更倾向于将户口迁往本地。农民工的家庭收入越高，其迁户的概率就越高。土地因素对农民工的迁户行为具有一定的抑制作用。

表5-6 城市公共服务开放度对农民工流迁行为的影响：基准回归结果

	模型1	模型2	模型3	模型4	模型5
公共服务开放度	0.017 (0.091)	0.260*** (3.281)	0.274*** (3.345)	0.277*** (3.408)	0.260*** (3.243)
中学师生比		0.157 (1.587)	0.205** (2.042)	0.187* (1.933)	0.179* (1.937)
失业率		0.339 (1.625)	0.444** (2.110)	0.456** (2.241)	0.455** (2.292)
产业结构		0.002** (2.459)	0.002** (2.155)	0.002** (2.034)	0.002** (2.076)
固定资产投资率		0.065*** (2.733)	0.066*** (2.761)	0.062*** (2.633)	0.058** (2.368)
城市行政等级		-0.017 (-0.701)	-0.027 (-1.107)	-0.029 (-1.184)	-0.028 (-1.145)
房价		0.132*** (4.505)	0.121*** (3.939)	0.124*** (3.964)	0.124*** (3.957)
工资		0.110* (1.792)	0.110* (1.750)	0.113* (1.821)	0.109* (1.833)
城市规模		0.008 (0.401)	-0.000 (0.005)	0.001 (0.047)	0.003 (0.189)
年龄			0.007*** (3.309)	0.007*** (3.570)	0.005*** (2.807)
年龄平方			-0.006** (-2.383)	-0.007*** (-2.727)	-0.006** (-2.310)
性别			-0.006 (-1.301)	-0.001 (-0.208)	-0.000 (-0.097)

续表

	模型1	模型2	模型3	模型4	模型5
受教育水平			0.014*** (13.084)	0.013*** (12.317)	0.013*** (12.271)
婚姻状态			-0.004 (-0.497)	-0.002 (-0.261)	-0.001 (-0.199)
居住证			0.063*** (6.610)	0.063*** (6.731)	0.060*** (7.030)
自评健康			-0.016*** (-2.970)	-0.017*** (-3.143)	-0.020*** (-3.517)
家庭月收入			0.028*** (4.771)	0.030*** (5.283)	0.032*** (5.810)
自有住房			0.019 (1.219)	0.021 (1.378)	0.034** (2.367)
宅基地			-0.042*** (-7.055)	-0.040*** (-6.835)	-0.037*** (-6.181)
承包地			-0.031*** (-5.483)	-0.030*** (-5.271)	-0.031*** (-5.501)
就业特征	否	否	否	是	是
流动特征	否	否	否	否	是
流入地地区固定效应	是	是	是	是	是
流出地省份固定效应	是	是	是	是	是
样本数	67 790	67 790	67 790	67 790	67 790
Pseudo R^2	0.0742	0.0833	0.0866	0.0884	0.0911

注：表格中第一行数字报告的是边际效应，括号内数字为估计系数的异方差稳健z统计量。*、**、***分别表示10%、5%和1%统计显著水平。

5.5.2 稳健性检验

下面将从替换变量、替换样本、删除样本和替换估计方法4个维度，进行回归的稳健性检验。

（1）替换变量

对样本采用替换核心解释变量和被解释变量的做法，进行稳健性检验。城市公共服务开放度与履约承诺的条件约束度呈反向关系，即城市公共服务承诺约束度越高，城市对农民工享有公共服务设定的限制条件就越多，城市公共服务开放度就越低。因此，将核心解释变量替换成排他性公共服务开放度、公共服务承诺约束度、排他性公共服务承诺约束度3个指标。表5-7中模型6~8是以排他性公共服务开放度、公共服务承诺约束度、排他性公共服务承诺约束度为核心解释变量的回归结果。模型6的估计结果显示，排他性公共服务开放度对农民工的迁户意愿有显著的正向影响，这一结果与表5-6的回归结果一致。模型7和模型8的估计结果显示，公共服务承诺约束度（含排他性公共服务承诺约束度）会对农民工的迁户意愿产生一定的抑制作用。这进一步表明，降低公共服务承诺约束度和提高城市公共服务开放度，会显著增加农民工流迁和落户的概率。

表5-7 **稳健性检验：替换变量**

	替换核心解释变量			替换被解释变量			
	被解释变量：迁户意愿			被解释变量：长期居留意愿			
	模型6	模型7	模型8	模型9	模型10	模型11	模型12
排他性公共服务开放度	0.199*** (3.243)			0.154** (2.218)			
公共服务承诺约束度		-0.257*** (-4.563)			-0.253*** (-3.535)		
排他性公共服务承诺约束度			-0.177*** (-4.635)			-0.177*** (-4.201)	
公共服务开放度							0.202** (2.218)
务工地公共服务	是	是	是	是	是	是	是
个人和家庭特征	是	是	是	是	是	是	是
就业特征	是	是	是	是	是	是	是
流动特征	是	是	是	是	是	是	是
流入地地区固定效应	是	是	是	是	是	是	是
流出地省份固定效应	是	是	是	是	是	是	是
样本数	67 790	67 790	67 790	67 790	67 790	67 790	67 790
Pseudo R^2	0.0914	0.0926	0.0926	0.1686	0.1704	0.1705	0.1686

注：表格中第一行数字报告的是边际效应，括号内数字为估计系数的异方差稳健z统计量。*、**、***分别表示10%、5%和1%统计显著水平。

具有流迁特征的农民工通常具有长期居留本地的显著特征。在农民工市民化行为的研究文献中，长期居留意愿常被作为农民工的市民化倾向。因此，以长期居留意愿衡量农民工的流迁行为具有一定的合理性，也比较符合现实情况。接下来，以长期居留意愿替换被解释变量。依据2017年的CMDS问卷中的问题Q314①和Q315②，设置长期居留意愿的虚拟变量，即将选择留在本地且10年以上和定居归为有长期居留意愿，设置为1；其他归为没有长期居留意愿，设置为0。

表5-7中模型9~12显示了以长期居留意愿作为被解释变量的回归结果。模型9和模型10的估计结果显示，公共服务开放度（含排他性公共服务开放度）对农民工的长期居留意愿有显著的正向影响。模型11和模型12的估计结果显示，无论是公共服务承诺约束度，还是排他性公共服务承诺约束度，对农民工的长期意愿均有显著的负向影响。总体而言，公共服务开放度对农民工的长期居留意愿有显著的负向影响。这一结论与表5-6的回归结果较为一致，特别是控制了相关特征变量后依然稳健。

（2）替换样本

在基准回归中，主要采用了2017年城市公共服务开放度数据和2017年中国流动人口动态监测调查数据进行分析。下面我们将分析样本替换成2016年城市公共服务开放度数据和2016年中国流动人口动态监测调查数据进行稳健性检验。因研究需要，对2016年中国流动人口动态监测调查数据做以下处理：第一，删除非农业、农转居、非农转居、居民和其他户籍样本，只保留农业户口样本；第二，删除新疆生产建设兵团和西藏自治区的样本，并删除流入地为州、盟和师的样本；第三，删除非务工经商原因的样本，只保留务工/工作、经商的样本；第四，删除年龄小于16周岁和大于65周岁的个体样本。经过样本筛选，并与城市层面变量匹配后，本部分所用样本数

① Q314问题为“今后一段时间，您是否打算继续留在本地”，选项分为是、否和没想好。

② Q315问题为“如果您打算留在本地，您预计自己将在本地留多久”，选项分为没想好、1~2年、3~5年、6~10年、10年以上和定居。

为59 650个。

接下来将采用2016年样本数据，并进一步结合替换的被解释变量和核心解释变量进行稳健性检验。表5-8显示了采用2016年样本的回归结果。模型13的估计结果表明，公共服务开放度对农民工的迁户意愿①有显著的正向影响，而采用排他性公共服务开放度后，结果依然稳健，见模型14。模型15和模型16的估计结果表明，公共服务承诺约束度和排他性公共服务承诺约束度对农民工的迁户意愿均有显著的负向影响，这与表5-6的结果一致，也进一步印证了公共服务开放度对农民工流迁行为影响的稳健性。此外，将迁户意愿替换成长期居留意愿②，分别引入公共服务开放度、排他性公共服务开放度、公共服务承诺约束度和排他性公共服务承诺约束度等变量进行分析。表5-8中模型17~20的估计结果依然支持基准回归结论。

表5-8 **稳健性检验：替换样本**

	被解释变量：迁户意愿				被解释变量：长期居留意愿			
	模型13	模型14	模型15	模型16	模型17	模型18	模型19	模型20
公共服务开放度	0.045*** (2.278)				0.156*** (8.178)			
排他性公共服务开放度		0.034*** (2.278)				0.119*** (8.178)		
公共服务承诺约束度			-0.124*** (-9.036)				-0.131*** (-9.837)	
排他性公共服务承诺约束度				-0.085*** (-8.943)				-0.092*** (-9.992)
务工地公共服务	是	是	是	是	是	是	是	是
个人和家庭特征	是	是	是	是	是	是	是	是
就业特征	是	是	是	是	是	是	是	是

① 2016年CMDS问卷中，问题Q306为“如果您符合本地落户条件，您是否愿意把户口迁入本地”，选项为不愿意、愿意和没想好，将“愿意”设置为1，其他选项设置为0。本章以此代表流迁行为。

② 2016年CMDS问卷中，问题Q305为“您今后是否打算在本地长期居住（5年以上）”，选项为打算、没想好、继续流动和返乡，将“打算”设置为1，其他选项设置为0。

续表

	被解释变量：迁户意愿				被解释变量：长期居留意愿			
	模型13	模型14	模型15	模型16	模型17	模型18	模型19	模型20
流动特征	是	是	是	是	是	是	是	是
流入地地区固定效应	是	是	是	是	是	是	是	是
流出地省份固定效应	是	是	是	是	是	是	是	是
样本数	59 650	59 650	59 650	59 650	63 598	63 598	63 598	63 598
Pseudo R^2	0.0642	0.0642	0.0651	0.0651	0.1139	0.1139	0.1143	0.1143

注：表格中第一行数字报告的是边际效应，括号内数字为估计系数的异方差稳健z统计量。*、**、***分别表示10%、5%和1%统计显著水平。个人和家庭特征变量包括年龄及其平方、性别、受教育水平、婚姻状态、住房、城镇职工医疗保险。就业特征变量包括职业类型、行业类型、单位性质。流动特征包括流动时间、流动原因、流动范围。城市特征变量包括中学师生比、失业率、产业结构、城市行政等级、房价（取对数）、城市规模（取对数）。

（3）删除样本

下面主要基于流入时间、城市等角度对研究样本进行删减，进行稳健性检验。首先删除2014年及以后流入到本地的样本，只保留2014年之前流入到本地的样本。由前述分析可知，居住证制度的全面实施，特别是居住证政策文件的出台，为城市公共服务开放度的计算和相关研究提供了可能。居住证制度正式起源于2014年出台的《国家新型城镇化规划（2014—2020年）》，2016年开始全面实施居住证制度。表5-9中模型21的估计结果显示，核心解释变量公共服务开放度对农民工迁户意愿的影响依然稳健[①]。

北京市、上海市和广东省3个省（直辖市）实施居住证制度较早，删除这3个省（直辖市）之外的样本，回归结果依然稳健，见表5-9中模型22。

① 本书还分析了排他性公共服务开放度、公共服务承诺约束度和排他性公共服务承诺约束度对农民工迁户意愿的影响，结果与前述结论一致。限于篇幅未显示。

表 5-9 稳健性检验：删除样本

	删除2014年及以后流入城市的样本	保留北京市、上海市、广东省的样本	删除已经办理居住证的样本
	模型21	模型22	模型23
公共服务开放度	0.274*** (2.927)	1.105*** (3.135)	0.187** (2.036)
务工地公共服务	是	是	是
个人和家庭特征	是	是	是
就业特征	是	是	是
流动特征	是	是	是
流入地地区固定效应	是	是	是
流出地省份固定效应	是	是	是
样本数	37 758	12 385	20 967
Pseudo R^2	0.1083	0.1301	0.0583

注：表格中第一行数字报告的是边际效应，括号内数字为估计系数的异方差稳健z统计量。*、**、***分别表示10%、5%和1%统计显著水平。

与未持有居住证的农民工相比，持有居住证的农民工在享有城市公共服务方面具有一定的优势，因此删除已经持有居住证的农民工样本，进行估计。表5-9中模型23的估计结果显示，公共服务开放度对未持有居住证的农民工的迁户意愿有显著的正向影响。

（4）替换估计方法

对样本选用Logit模型和OLS估计方法检验结论的稳健性，具体见表5-10。表5-10的Logit边际效应和OLS的估计系数均显著为正。这与表5-6的基准回归结果基本一致，验证了结果的稳健性。

5.5.3 内生性问题讨论

尽管在基准回归中控制了农民工的个体和家庭、就业、流动特征和城市特征变量，但因遗漏变量等引起的内生性仍然存在。对此，本章通过寻找城市层面的工具变量进行内生性检验，选取1990年人均粮食产量和流入地到最近港口的距离作为城市公共服务开放度的工具变量。

表5-10 **稳健性检验：Logit和OLS回归结果**

	Logit	OLS
	模型24	模型25
公共服务开放度	0.266*** (3.324)	0.266*** (3.202)
务工地公共服务	是	是
个人和家庭特征	是	是
就业特征	是	是
流动特征	是	是
流入地地区固定效应	是	是
流出地省份固定效应	是	是
样本数	67 790	67 790
Pseudo R^2或Adj.R^2	0.0919	0.1174

注：表格中第一行数字报告的是边际效应，括号内数字为估计系数的异方差稳健z统计量。*、**、***分别表示10%、5%和1%统计显著水平。

本章借鉴张吉鹏等（2020）的研究，采用1990年人均粮食产量作为城市公共服务开放度的工具变量。首先，1990年人均粮食产量与城市公共服务开放度存在相关性。根据蔡昉（2001）和张吉鹏等（2020）的研究，粮食紧张程度决定了改革前计划迁移政策的松与紧，也会影响城市的户籍门槛和公共服务供给情况，虽然其影响会随着时间的推移而减弱，但部分影响依然存在。由于涉及成本问题，城市在对待农民工的问题上，往往采取“排斥”或“不积极”的态度，并不想向农民工完全开放公共服务，导致面向农民工的公共服务开放度较低。其次，工具变量的外生性要求人均粮食产量，除了通过户籍门槛和公共服务开放度的历史联系产生影响之外，不能影响现今农民工个体的流迁行为。虽然1990年人均粮食产量包含一些地理条件等自然因素，但是不会直接影响到近年来农民工的流迁行为决策，外生性较强。

用当期的城市公共服务开放度对1990年人均粮食产量做回归验

证，统计结果发现，1990年人均粮食产量对城市公共服务开放度有显著的负向影响。也就是说，历史粮食产量越多，户籍门槛就会降低，城市向农民工提供公共服务的意愿也会降低，导致城市公共服务开放度降低。

此外，本章借鉴Au和Henderson（2006）、贺培和刘叶（2016）等的研究，选用流入地到最近港口的距离做工具变量。流入地到最近港口的距离是一个纯粹的地理变量，主要反映流入地的地缘、沿海等优势和条件。流入地到最近港口的距离并不直接影响农民工的流迁行为，而是通过城市的贸易总额和地区生产总值等变量影响农民工的流迁行为，在控制城市经济特征、地区固定效应的情况下该距离变量就是一个外生变量。同时，对1990年人均粮食产量和流入地到最近港口的距离这两个工具变量做了外生性检验，检验结果显示，接受两个工具变量均为外生变量的原假设。基于以上分析，可以认为，选取1990年人均粮食产量和流入地到最近港口的距离作为城市公共服务开放度的工具变量比较合理。

表5-11显示了两阶段最小二乘（2SLS）的回归结果。在第一阶段回归中，1990年人均粮食产量的系数显著为负，表明1990年人均粮食产量越高的城市，其公共服务开放度越低。同时，流入地到最近口岸的距离的系数显著为负，表明流入地距离口岸越远，其公共服务开放度越低。第二阶段的回归结果表明，公共服务开放度越高，农民工落户本地的意愿就越强。与加入个体、家庭及城市层面控制变量的基础OLS回归结果相比，运用工具变量（Instrumental Variables，IV）估计方法后的城市公共服务开放度对农民工流迁行为的影响效果明显变大。此外，为验证工具变量的合理性，将1990年人均粮食产量这一工具变量替换为1986年人均粮食产量，重新进行估计，估计结果依然稳健（见附录G）。

5.5.4 异质性分析

下面从流动规模、流动范围、城市规模和公共服务困难4个维度对农民工样本进行分组回归，进一步考察城市公共服务开放度对农民工流迁行为的异质性影响效果。

表5-11 **工具变量估计结果**

	模型26	模型27
A：第二阶段回归	农民工流迁行为	
公共服务开放度	1.432*** （0.185）	1.337*** （0.184）
个人和家庭特征	是	是
就业特征	是	是
流动特征	否	是
城市特征	是	是
流入地地区固定效应	是	是
流出地省份固定效应	是	是
B：第一阶段回归	城市公共服务开放度	
IV1：1990年人均粮食产量	-0.013*** （0.000）	-0.013*** （0.000）
IV2：流入地到最近港口的距离	-4.56e-06*** （2.07e-06）	-8.40e-06*** （2.12e-06）
控制变量	是	是
流入地地区固定效应	是	是
流出地省份固定效应	是	是
F值	455.075	454.865
样本数	53 290	53 290
Adj. R^2	0.0104	0.0202

注：括号内数字为估计系数的聚类到城市层面的稳健标准误。*、**、***分别表示10%、5%和1%统计显著水平。模型26和模型27中，1990年人均粮食产量和流入地到最近港口的距离这两个工具变量的过度识别检验采用Hansen J statistic的P值，分别为0.5331和0.2285。

（1）流动规模

目前，家庭式流动已经成为农民工流动的主要形式。2017年中国流动人口动态监测调查数据显示，农民工的同住家庭成员人数的均值为3.200。农民工群体中，独自流动的仅占10.82%，2人流动的占13.44%，3~5人流动的占72.56%，5人以上流动的占10.46%。也就是说，在农民工群体中，与配偶、子女等共同流动已成为主流。接下来，以同住家庭成员人数为依据划分流动规模类型，将其划分为单独流动（1人）、夫妻共同流动（2人）、夫妻及子女流动（3人及以上）。表5-12中模型28的估计结果显示，公共服务开放度对单独流动的农民工流迁行为的影响为正，但统计上并不显著。究其原因是，这一群体基本上以未婚者（含离异、丧偶等）居多，因其年龄较小①，更加注重个人发展，对城市公共服务的需求较少，从而并不在意城市公共服务的开放度。

表5-12 **异质性分析：分流动规模**

	单独流动	夫妻共同流动	夫妻及子女流动
	模型28	模型29	模型30
公共服务开放度	0.125 （1.279）	0.433** （3.046）	0.259** （3.314）
务工地公共服务	是	是	是
个人和家庭特征	是	是	是
就业特征	是	是	是
流动特征	是	是	是
流入地地区固定效应	是	是	是
流出地省份固定效应	是	是	是
样本数	8 557	8 355	50 870
Pseudo R^2	0.0593	0.1166	0.0993

注：表格中第一行数字报告的是边际效应，括号内数字为估计系数的异方差稳健z统计量。*、**、***分别表示10%、5%和1%统计显著水平。

① 根据研究样本计算，单独流动的农民工平均年龄为26.67岁，其中35岁以下的占89.96%。

进一步研究发现，公共服务开放度对夫妻共同流动、夫妻及子女流动的农民工的流迁行为均有显著的正向影响。具体来看，公共服务开放度每提高1个单位，夫妻共同流动的农民工将户口迁往居住地的概率分别增加了43.3个百分点和25.9个百分点。根据夫妻共同流动的农民工及其配偶的年龄[①]推断，由于这类农民工的子女往往在户籍地就学，他们更加期盼子女能够在居住地就学，对子女教育的需求较大，其流迁意愿更加强烈[②]，进而导致公共服务开放度的影响效应较大。而对夫妻及子女流动的农民工来说，其子女按照年龄[③]推算，正处于学前教育或义务教育阶段，他们对子女教育的需求相对较小，其流迁意愿相对较弱。

（2）流动范围

按照流动范围将样本分为跨省、省内跨市和市内跨县3类分样本，以识别不同流动范围内农民工对公共服务开放度的反应。表5-13中模型31~33的估计结果显示，公共服务开放度对跨省流动农民工的流迁行为有显著的正向影响，而对省内跨市、市内跨县流动农民工的流迁行为均有正向影响，但统计上不显著。这进一步表明，跨省流动农民工的流迁行为更容易受到公共服务开放度的影响。这一点与张开志等（2020）的结论一致。对省内跨市和市内跨县流动农民工来说，跨省流动农民工流经的城市个数较多，流动时间较长，更希望在流入地稳定下来，并对流入地城市公共服务开放度更加敏感。

（3）城市规模

2014年，国家调整了城市规模划分标准，依据《国务院关于调整城市规模划分标准的通知》（国发〔2014〕51号），将城市划分成Ⅰ型小城市、Ⅱ型小城市、中等城市、Ⅰ型大城市、Ⅱ型大城市、特大城市和超大城市5类7档。本章根据城市市辖区户籍人口数将样本划分为小城市、中等城市、Ⅰ型大城市、Ⅱ型大城市、特大超大城市5类分样

① 夫妻共同流动的农民工平均年龄为37.95岁，其中配偶年龄在40岁（含）以下的占40.29%。

② 夫妻共同流动的农民工迁户意愿的均值为0.385，夫妻及子女流动的农民工迁户意愿的均值为0.373，而二者定居意愿的均值分别为0.803和0.844。

③ 这类农民工的子女平均年龄为12周岁，其中15周岁（含）以下的适龄上学子女占67.62%。

表5-13　　　　**异质性分析：分流动范围**

	跨省	省内跨市	市内跨县
	模型31	模型32	模型33
公共服务开放度	0.269*** (2.754)	0.135 (1.149)	0.155 (1.113)
务工地公共服务	是	是	是
个人和家庭特征	是	是	是
就业特征	是	是	是
流动特征	是	是	是
流入地地区固定效应	是	是	是
流出地省份固定效应	是	是	是
样本数	36 138	20 758	10 894
Pseudo R^2	0.1218	0.0631	0.0464

注：表格中第一行数字报告的是边际效应，括号内数字为估计系数的异方差稳健z统计量。*、**、***分别表示10%、5%和1%统计显著水平。

本。表5-14中模型34和模型35的估计结果显示，公共服务开放度对小城市农民工流迁行为有显著的负向影响，而对中等城市农民工的流迁行为影响不显著。究其原因是，中小城市的公共服务开放度高，但其公共服务质量低，再加上就业机会和发展机会少，对农民工的吸引力十分有限。从现实情况来看，中小城市并不是大多数农民工最终的流迁选择地，他们选择流向就业机会多、工资水平高和公共服务好的大城市。

表5-14中模型36~38的估计结果显示，城市公共服务对Ⅱ型大城市农民工的流迁行为有显著的正向影响，而对Ⅰ型大城市和特大超大城市农民工的流迁行为影响不显著。其可能的原因有：一是由于特大超大城市的户籍限制较为严格，公共服务开放度较低，即使是在全面推行居住证制度的情况下，农民工落户和永久居住的可能性比较小。如果考虑到房价、生活成本等阻力因素，这一类城市也很难成为农民工流迁的首选。

表5-14　　　　**异质性分析：分城市规模**

	小城市	中等城市	Ⅱ型大城市	Ⅰ型大城市	特大超大城市
	模型34	模型35	模型36	模型37	模型38
公共服务开放度	-0.311** (-2.164)	0.033 (0.441)	0.294*** (3.814)	-0.054 (-0.313)	0.179 (0.183)
务工地公共服务	是	是	是	是	是
个人和家庭特征	是	是	是	是	是
就业特征	是	是	是	是	是
流动特征	是	是	是	是	是
流入地地区固定效应	是	是	是	是	是
流出地省份固定效应	是	是	是	是	是
样本数	2 315	6 636	23 423	13 795	21 390
Pseudo R^2	0.0611	0.0752	0.0521	0.0575	0.1093

注：表格中第一行数字报告的是边际效应，括号内数字为估计系数的异方差稳健z统计量。*、**、***分别表示10%、5%和1%统计显著水平。

也就是说，即使目前在这一类城市就业和生活，也可能将其视为就业地，而不是永久生活地。二是Ⅰ型大城市大多属于省会城市，公共服务开放度较高，但与之相比，Ⅱ型大城市公共服务的可及性较高，并且与农民工的能力较为吻合，农民工永久迁移的可能性较大。

（4）公共服务困难

在2017年的CMDS问卷中，有询问农民工在本地的困难情况的问题，涉及生意、就业、住房和子女上学等诸多方面，这为准确识别不同困难群体对城市公共服务开放度的反应提供了可能。在测算城市公共服务开放度的过程中，教育和住房是两个非常重要的排他性公共服务领域，并且各个城市也在这两个领域增加了约束条件，有限制地面向农民工开放。接下来，以是否有住房困难和子女上学困难为划分依据，将样本划分为有住房困难、无住房困难、有子女上学困难和无子女上学困难4类分样本。

表5-15中模型39和模型40的估计结果显示，公共服务开放度对有住房困难和无住房困难农民工的流迁行为均有显著的正向影响，并对有住房困难农民工的影响大于无住房困难的农民工。这一结果表明，城市公共服务除了面向一般农民工群体开放，还应重点关注在本地有实际困难的农民工，特别是涉及住房困难的农民工。模型41和模型42的估计结果表明，公共服务开放度对有子女上学困难和无子女上学困难农民工的流迁行为均有显著的正向影响，但对无子女上学困难农民工的影响更为显著。其可能的原因是：与有子女上学困难的农民工相比，无子女上学困难农民工的经济条件较好，其市民化能力较强，他们往往对教育之外的公共服务（如医疗卫生、生态环境等）有更高的需求，更加注重城市公共服务的品质，因而公共服务开放度对其流迁行为更加敏感。这应作为城市公共服务及相关政策的着力点。

表5-15 **异质性分析：分有无公共服务困难**

	住房困难		子女上学困难	
	有	无	有	无
	模型39	模型40	模型41	模型42
公共服务开放度	0.233*** (3.184)	0.228*** (3.154)	0.188* (1.897)	0.251*** (4.062)
务工地公共服务	是	是	是	是
个人和家庭特征	是	是	是	是
就业特征	是	是	是	是
流动特征	是	是	是	是
流入地地区固定效应	是	是	是	是
流出地省份固定效应	是	是	是	是
样本数	25 366	12 076	12 351	25 091
Pseudo R^2	0.0785	0.1197	0.1076	0.0856

注：表格中第一行数字报告的是边际效应，括号内数字为估计系数的异方差稳健z统计量。*、**、***分别表示10%、5%和1%统计显著水平。

5.5.5 机制分析

城市公共服务开放度对农民工迁移决策可能存在多种影响机制，其中一个重要机制是，城市公共服务开放度的提升会使得农民工能够从均等化的公共服务中获得归属感和融入感（周颖刚等，2020；张开志等，2020），进而增强农民工的永久迁移意愿，影响其流迁行为。农民工流入到城市后，由于自身没有本地户籍，因此不能与本地居民同等享有城市公共服务，而“外地人”的标签使得农民工群体存在自卑心理，而且在就业、生活等方面存在被歧视的现象。本书认为，提高城市公共服务开放度，有助于提升农民工的社会融入感，进而对农民工的流迁行为产生正面效应。

接下来，借鉴温忠麟等（2014）的研究，采用中介效应模型验证社会融入感在城市公共服务开放度影响农民工流迁行为中的中介效应。基于2017年的CMDS问卷中Q513A~Q513E、Q513H6个问题，我们分别询问了您是否同意“我喜欢现在居住的城市/地方”“我关注现在居住城市/地方的变化”“我很愿意融入本地人当中，成为其中一员”“我感觉本地人看不起外地人”[①]“我觉得我已经是本地人了”等问题，将完全同意、基本同意、不同意、完全不同意分别赋值为1～4，以这6个问题的主成分分值[②]代表社会融入感，并将其引入中介效应模型。由于前面实证部分主要采用Probit模型进行估计，故将社会融入感的主成分分值划分为二元变量，高于均值的，设置为1，低于均值的，设置为0。

表5-16显示了中介效应的实证结果。其中，模型44的估计结果显示，提高公共服务开放度有助于提升农民工的社会融入感。模型45在模型43的基础上，将社会融入感纳入模型中，结果显示，公共服务开放度和社会融入感对农民工的流迁行为均有显著的正向影响。根据中介效应模型的依次检验法判断标准[③]，说明社会融入感存在一定的中介效

---

① 由于该问题是有关歧视的问题，本章对该问题的选项赋值采取倒序设置，即完全同意为4，基本同意为3，不同意为2，完全不同意为1。

② 由于一些主成分分值为负值，为便于计算和比较，在主成分分值上统一加上4。

③ 依次检验法是间接检验中介效应的方法，其判断标准是：因变量对自变量回归，系数c_1显著；中介变量对自变量回归，因变量对中介变量和自变量回归，系数a_1、b_1均显著，说明中介效应相应存在。若系数a_1、b_1至少一个不显著，则需要继续Sobel检验。

应。从中介效应的效果值[①]来看，社会融入感在公共服务开放度对农民工流迁行为影响中的影响效果为65.32%。也就是说，以上结论验证了社会融入感在公共服务开放度影响农民工流迁行为中存在一定的中介效应。

表5-16 **机制分析**

	模型43	模型44	模型45
	迁户意愿	社会融入	迁户意愿
公共服务开放度	0.763*** (3.223)	0.771** (2.710)	0.634*** (2.892)
社会融入			0.472*** (29.968)
务工地公共服务	是	是	是
个人和家庭特征	是	是	是
就业特征	是	是	是
流动特征	是	是	是
流入地地区固定效应	是	是	是
流出地省份固定效应	是	是	是
样本数	67 790	67 790	67 790
Pseudo R^2	0.0911	0.0380	0.1132

注：表格中第一行数字报告的是系数，括号内数字为估计系数的异方差稳健z统计量。*、**、***分别表示10%、5%和1%统计显著水平。

5.6 本章小结

本章以276个城市居住证政策文件，以及2016年和2017年中国流动人口动态监测调查数据为计算依据，测算了276个城市的公共服务开放度及其特征。在此基础上，实证研究了城市公共服务开放度对农

① 本章采取a_1b_1/c_1表示中介效应与总效应之比，显示中介效应的效果值。

民工流迁行为的影响，并基于替换变量、替换样本、删除样本和替换估计方法4个维度进行了稳健性检验，进而从流动规模、流动范围、城市规模和公共服务困难4个维度对农民工样本进行分组回归，进一步考察城市公共服务开放度对农民工流迁行为的异质性影响效果，最后验证了影响的机制分析。

第6章　城市公共服务可及性与农民工市民化能力

市民化能力是农民工市民化的重要前提和基础。从微观角度看，农民工的城市公共服务可及性决定了农民工实际享受到的城市公共服务。本章关注的是城市公共服务可及性是否提升了农民工的市民化能力。鉴于此，本章基于城市公共服务可及性和农民工市民化能力的基本事实，采用2017年中国流动人口动态监测调查数据（CMDS），从个体层面实证考察了城市公共服务可及性对农民工市民化能力的影响及其机制。

6.1　问题的提出

推进“有能力在城镇稳定就业和生活的农业转移人口”有序实现市民化，这不仅是推进国家新型城镇化的首要任务，更是推动形成以国内大循环为主体、国内国际双循环相互促进的新发展格局的必然要求。近年来，中国农民工的流动规模不断扩大，其居留意愿也日益增强。据《2019年农民工监测调查报告》显示，2019年农民工总量达29 077万人，比2015年增加1 330万人[①]。另据中国流动人口动态监测调查数据（CMDS）显示，2018年有83.82%的农民工具有明确的居留意愿，比2014年高出29.11个百分点[②]。与此形成反差的是，农民工整体的市民化能力较弱，与强烈的居留意愿并不匹配（李瑞，2020），形成了“居留意愿强”和“能力弱”的“倒挂态势”[③]。农民工的市民化意愿只是其实现市民化的前提条件，而真正决定其能否市民化的关键在于自身的市民化能力。由此可见，无论是对于农民工自身来说，还是对农民工市民化进程来说，农民工市民化能力都显得格外重要。

2014年以来，国家开始逐步建立基本公共服务牵引机制和提供机制，很显然，随着农民工城市公共服务可及性的提高，其市民化能力也随之提高，对其自身能力特别是市民化能力产生了显著影响。但很遗憾，现有文献中对农民工市民化能力和城市公共服务可及性相关问题的关注相对较少，相应的研究略显不足。祝仲坤等（2020）认为建立健康档案、提供健康教育等城市公共卫生服务能够显著提升农民工的可行能力。这一研究的切入点也仅仅局限在城市公共卫生服务方面，并未从城市公共服务可及性的视角深入探讨和研究。基于此，本章正视这一不足，重点关注城市公共服务可及性对农民工市民化能力的影响及其机制，这是本章的主要创新和边际贡献所在。

现有文献大多集中于农民工市民化行为的主观意愿（如居留意愿和落户意愿等）方面的研究及因果推断，而对其客观能力的关注不够，尤其是基于城市公共服务视角的研究较少。本章从农民工个体层面出发，以城市公共服务可及性即农民工实际公共服务获得为切入点，研究其对农民工市民化能力的影响及其机制，为农民工市民化行为的研究提供了新的研究思路。

本章使用了2017年中国流动人口动态监测调查数据（CMDS），该数据不仅具有调查范围广、样本数量大的特点，还记录了农民工的市民化能力的相关信息（如收入、住房、社会网络）以及获取的公共服务等

① 国家统计局. 2019年农民工监测调查报告［EB/OL］.（2020-04-30）［2022-09-13］. http：//www.stats.gov.cn/tjsj/zxfb/202004/t20200430_1742724.html.

② 根据2014年和2018年中国流动人口动态监测调查数据计算而得。

③ 从农民工迁户意愿看，其迁户意愿较低，市民化能力较弱，形成了“落户意愿弱”和“市民化能力弱”双弱态势。

信息，为更好地量化和识别二者之间的因果关系提供了可能。

本章研究发现城市公共服务可及性对农民工市民化能力有显著的正向影响，并且80后、少数民族、与配偶和子女一起流动还有无房且低技能等农民工群体对此影响更为敏感。而城市公共服务可及性通过健康提升机制、身份认同机制和劳动供给机制来影响农民工的市民化能力。这些研究结论为流入地城市出台和优化相关农民工市民化政策提供了一定的依据和参考。

6.2 基本事实

6.2.1 农民工的城市公共服务可及性

由于非排他性公共服务领域无限制地向农民工群体开放，因此并不在下面分析的范畴内。下面仅分析具有排他性特征的城市公共服务领域。接下来，本章重点分析农民工随迁子女教育、医疗卫生、社会保障等领域的城市公共服务可及性。

（1）农民工随迁子女教育

农民工随迁子女教育问题是农民工城市公共服务可及性非常重要的一个方面。从现实情况看，为子女有更好的教育机会而流动和居留本地的农民工越来越多。根据2017年中国流动人口动态监测调查数据（CMDS）显示，有22.8%的农民工因“子女有更好的教育机会”而居留本地。同时，农民工子女能否享有城市义务教育服务，享有更优质的教育资源，也成为衡量城市公共服务可及性的一个重要指标。

表6-1报告了2016—2019年进城农民工随迁子女教育情况。2016—2019年，3~5岁随迁儿童入园率逐年提高，其中公办幼儿园入园率略有下降，普惠性民办幼儿园入园率有所上升；义务教育阶段随迁儿童在校率显著提高，小学阶段和初中阶段公办学校在校率均呈现出递增趋势。2019年，3~5岁随迁儿童入园率为85.8%，这意味着还是有14.2%的3~5岁随迁儿童未能入园。虽然义务教育阶段随迁儿童的在校率高达99.5%，但实际上，在公办小学和初中的随迁儿童在校

率均低于义务教育阶段随迁儿童的在校率。这说明，农民工的随迁子女虽然可以就学，但在教育资源的质量方面与城市居民子女依然存在一定差距。

表6-1　　2016—2019年进城农民工随迁子女教育情况（%）

指　标	2016年	2017年	2018年	2019年
3~5岁随迁儿童入园率	72.7	83.3	83.5	85.8
其中：公办幼儿园入园率	25.4	26.7	26	25.2
普惠性民办幼儿园入园率	33.0	33.8	35.2	35.7
义务教育阶段随迁儿童在校率	98.7	98.7	98.9	99.5
其中：小学阶段公办学校在校率	81.8	82.2	82.2	83.4
小学阶段民办学校在校率	9.1	10.8	11.6	11.9
初中阶段公办学校在校率	83.2	85.9	84.1	85.2
初中阶段民办学校在校率	10.1	9.7	10	8.8

资料来源：2016—2019年农民工监测报告（国家统计局网站http：//www.stats.gov.cn）。

接下来，本章基于农民工是否存在子女教育困难和问题来进一步阐述农民工在子女教育服务上的可及性。从表6-2发现，2017—2019年，虽然农民工子女面临上学问题的比例有所下降，从2017年的53.5%下降到2019年的50.9%，但仍有一半的农民工在子女上学方面面临问题。具体来看，农民工主要面临入园难、升学难、费用高和子女无法参加高考等方面的问题，尤其是3~5岁随迁儿童入园难和费用高问题。与入园、升学和高考等相关的问题开始凸显，3~5岁随迁儿童入园难和义务教育升学难的比例都很高，这看似是子女上学问题，其实是深层次的教育权利和公平问题。无法在本地参加高考的农民工随迁子女所占比重越来越高，2016年该比例为9.4%，2019年达到14.3%，提高了4.9个百分点。而有关费用高的问题，更是反映出农民工子女无法与城市居民子女同等享有义务教育资源和服务，这进一步凸现了农民工子女在义务教育领域的可及性问题。

表6-2　2016—2019年进城农民工子女教育困难和问题（%）

指　标	2016年	2017年	2018年	2019年
存在上学问题比例	—	53.5	50.8	50.9
义务教育升学难	26.4	24.4	26.7	34.2
义务教育费用高	27.2	26.4	27.2	28.9
3~5岁随迁儿童入园难	61.4	55.7	38.7	—
3~5岁随迁儿童费用高	53.8	50.4	51.4	—
无法在本地参加高考的农民工随迁子女所占比重	9.4	9.5	10.0	14.3

资料来源：2016—2019年农民工监测报告（国家统计局网站http：//www.stats.gov.cn）。

（2）基本医疗卫生服务

根据国家"十三五"推进基本公共服务均等化规划，基本医疗卫生领域服务项目共计20项[①]。本章根据数据可得性，主要以居民健康档案和健康教育两个方面分析基本医疗卫生领域的可及性。

表6-3反映了2013—2018年农民工在本地的健康档案建立情况。研究发现，平均有26.03%的农民工已经在本地建立了健康档案，有超过一半（53.53%）的农民工没有在本地建立健康档案，不清楚的农民工有20.45%。由此可见，在农民工群体中，大多数农民工没有在本地建立健康档案或不清楚，只有约四分之一的农民工在本地建立健康档案，享受到相关服务。

表6-3　2013—2018年农民工在本地的健康档案建立情况（%）

指　标	2013年	2014年	2015年	2016年	2017年	2018年	均值
是，已经建立	23.39	22.52	28.60	37.98	16.41	27.29	26.03
没建，没听说过	30.77	29.16	28.95	26.36	28.90	41.00	30.86
没建，但听说过	21.88	24.61	25.77	22.33	22.60	18.80	22.67
不清楚	23.97	23.71	16.68	13.33	32.10	12.91	20.45

资料来源：2013—2018年中国流动人口动态监测调查（CMDS）数据。

① 具体为：居民健康档案、健康教育、预防接种、传染病及突发公共卫生事件报告和处理、儿童健康管理、孕产妇健康管理、老年人健康管理、慢性病患者管理、严重精神障碍患者管理、卫生计生监督协管、结核病患者健康管理、中医药健康管理、艾滋病病毒感染者和病人随访管理、社区艾滋病高危行为人群干预、免费孕前优生健康检查、基本药物制度、计划生育技术指导咨询、农村部分计划生育家庭奖励扶助、计划生育家庭特别扶助、食品药品安全保障。

表6-4反映了2014—2018年农民工在本地接受健康教育的情况。面向农民工的健康教育主要集中在职业病防治、性病/艾滋病防治、结核病防治、生殖健康与妇幼保健、慢性病防治、心理健康与精神障碍防治、突发公共事件自救等方面。具体来看，农民工在本地接受的健康教育情况不容乐观，从平均水平来看，接受健康教育的农民工仅占农民工群体的一半以下。其中，接受生殖健康与妇幼保健方面健康教育的农民工才占农民工群体的54.22%，接受其余6种健康教育的农民工占比均在50%以下，接受心理健康与精神障碍防治教育的农民工比例最低，仅有19.41%。总体而言，在农民工群体中，大多数农民工没有接受过各种健康教育，仅有36.05%的农民工接受过健康教育。

表6-4　**2014—2018年农民工在本地接受健康教育的情况（%）**

指　标	2014年	2015年	2016年	2017年	2018年	均值
职业病防治	25.16	38.84	35.65	32.67	35.25	33.51
性病/艾滋病防治	39.34[B]	56.07	50.62	39.56	39.05[A]	44.93
结核病防治	23.07	37.06	28.41	33.38	—	30.48
生殖健康与妇幼保健	52.27[C]	66.78	65.04	50.43[D]	36.60	54.22
慢性病防治	24.39	40.94	34.99	36.79	29.04	33.23
心理健康与精神障碍防治	11.10	18.75	14.33	34.94	17.94	19.41
突发公共事件自救	—	—	—	41.46	31.68	36.57
均值	29.22	43.07	38.17	38.46	31.59	36.05

资料来源：2014—2018年中国流动人口动态监测调查（CMDS）数据。

综合以上结论，我们可以判断，从整体上看，农民工在健康档案和健康教育等基本医疗卫生服务方面的可及性较差。究其原因是，一方面，农民工对于健康权益意识淡薄，对国家基本公共卫生服务项目了解不多，缺乏认识，导致其公共卫生服务可及性较差。根据2017年中国流动人口动态监测调查数据，有41.48%的农民工没听说过“国家基本公共卫生服务项目”，听说过的仅占58.52%。在农民工群体中，竟有

51.31%[①]的农民工没有建立健康档案并且没听过或不清楚自己有没有建立健康档案。另一方面，城市管理者特别是基层社区工作不到位，并未十分重视农民工的健康教育问题，这一点也可以从表6-4的结果得到证实。

（3）社会保险

农民工参加社会保险特别是在本地参加社会保险的情况（就业地或居住地）是衡量农民工享有城市公共服务的重要指标。表6-5展示了2012—2018年中国农民工参加社会保险的情况。我们发现，农民工参加社会保险的比例不高，并且各个保险之间存在较大差异。2012—2018年，平均仅有17.47%的农民工参加了城镇医疗保险，其中有14.12%的农民工参加了城镇职工医疗保险，有3.35%的农民工参加了城镇居民医疗保险；参加城镇养老保险的比例为13.05%；参加工伤保险的比例在10%以上，为12.18%；参加失业保险和生育保险的比例均在10%以下，分别为8.71%和6.12%。在农民工样本中，仅有3.63%的农民工有住房公积金。

表6-5　2012—2018年农民工参加社会保险的情况（%）

指　标	2012年	2013年	2014年	2015年	2016年	2017年	2018年	均值
参加城镇职工医疗保险	15.34	11.58	12.44	13.45	12.01	15.61	18.43	14.12
参加城镇居民医疗保险	—	3.59	3.55	2.51	2.72	3.59	4.12	3.35
参加城镇养老保险	—	12.79	13.31	—	51.54	—	—	13.05
参加工伤保险	—	16.26	14.59	—	17.87	—	—	12.18
参加失业保险	—	9.67	10.26	—	14.90	—	—	8.71
参加生育保险	—	3.76	7.75	—	12.96	—	—	6.12
住房公积金	—	3.43	4.60	—	6.48	—	—	3.63
样本数	133 653	169 650	169 061	172 188	138 848	132 555	104 504	

注：2012年和2013年数值为在本地参保比例。2016年参加城镇养老保险的数据包含新农保数据。“—”表示数据缺失。

资料来源：2012—2018年中国流动人口动态监测调查（CMDS）数据。

① 该值为2013—2018年的均值。

由此可见，农民工参加社会保险的比例还比较低，在社会保险方面的可及性较差。究其原因：一是在农民工群体中，大多数农民工从事于“非正规就业”领域，就业不规范，就业质量偏低；二是农民工一般是在户籍地参加社会保险（如新农合、新农保），再加上农民工的参保意识淡薄，导致其参加城镇对应社会保险比例较低；三是“四险一金”即城镇职工医疗保险、失业保险、工伤保险、生育保险和住房公积金，往往与就业相关，无工作单位的人和个体工商户是无法参加的。

此外，本章进一步计算了2015—2018年农民工在本地参加社会保险的情况，见表6-6。我们发现，2016年，90%以上的农民工在本地参加了城镇职工医疗保险、失业保险、工伤保险和生育保险，并交纳了住房公积金。近80%的农民工在本地参加了城镇居民医疗保险。有三分之一左右的农民工在本地参加了城镇居民养老保险，大多数农民工是在户籍地参加了该保险。

表6-6 2015—2018年农民工在本地参加社会保险的情况（%）

指标	2015年	2016年	2017年	2018年
参加城镇职工医疗保险	94.32	94.08	94.54	93.72
参加城镇居民医疗保险	81.67	79.66	82.48	76.53
参加城镇居民养老保险	—	33.23	—	—
参加工伤保险	—	94.13	—	—
参加失业保险	—	93.91	—	—
参加生育保险	—	93.32	—	—
住房公积金	—	93.32	—	—

注：“—”表示数据缺失。

资料来源：2015—2018年中国流动人口动态监测调查（CMDS）数据。

2016年起，国家全面实施居住证制度，并且要建立以居住证为载体的基本公共服务提供机制。对于农民工群体来说，办理居住证是获取城市公共服务的基础和依据。根据2017年中国流动人口动态监测调查数据，在农民工群体中，有65.10%的农民工办理了暂住证/居住证，未办理的和不清楚的农民工比例达34.90%。

6.2.2 农民工市民化能力

经济能力是农民工市民化能力的重要方面，是决定其能否实现市民化的关键所在。下面主要从收入与支出、住房两个方面阐述农民工的市民化能力。

（1）收入和支出情况

表6-7报告了2013—2018年农民工收入与支出的情况。我们发现，农民工的收入水平明显提高，家庭支出持续增长，家庭净收入稳步增加。农民工的个人月收入从2013年的3 132元提高到2018年的4 628元，其家庭月收入从2013年的5 063元提高到2018年的7 188元，其家庭月支出从2013年的2 415元提高到2018年的3 668元，其家庭月净收入从2013年的2 625元提高到2018年的5 563元。从家庭支出占家庭收入比重的发展趋势看，该比重基本上在52%~59%之间，并且有增加趋势。这表明，随着农民工家庭收入水平的提高，其消费也随之增长，其消费率有增长态势。

表6-7　　2013—2018年农民工收入与支出的情况

指　标	2013年	2014年	2015年	2016年	2017年	2018年
个人月收入（元）	3 132	3 581	3 909	3 841	4 088	4 628
家庭月收入（元）	5 063	5 576	6 029	6 441	6 722	7 188
家庭月支出（元）	2 415	2 695	3 057	3 252	3 489	3 668
家庭月净收入（元）	2 625	4 907	2 971	3 189	3 234	5 563
家庭房租支出（元）	535	604	663	722	746	805
家庭支出占家庭收入比重（%）	52.54	56.42	55.46	57.11	58.50	57.88
房租占家庭收入比重（%）	11.28	12.61	11.43	13.29	11.84	11.92
房租占家庭支出比重（%）	21.13	20.19	19.93	21.12	20.67	21.11

注：家庭月净收入为家庭月收入减去家庭月支出。家庭支出占家庭收入的比重为家庭月支出与家庭月收入的比值。房租占家庭收入的比重为房租与家庭月收入的比值。房租占家庭支出的比重为房租与家庭月支出的比值。以上数值均为各变量平均值。

资料来源：2013—2018年中国流动人口动态监测调查（CMDS）数据。

此外，我们还计算了家庭的房租支出及其占家庭收入和支出的比重，进一步发现，家庭房租支出基本上在1 000元之内，占家庭收入的比重维持在11%左右，而占家庭支出的比重保持在21%左右。这也在一定程度上表明，对于农民工群体而言，房租确实是其家庭支出中不可缺少的一笔开支，特别是在大城市，但同时我们还看到，房租与居住区位、条件和环境密切相关，这也映射出农民工“糟糕”的居住条件和环境。

表6-8报告了2014—2019年农民工主要从事行业的月收入情况。我们发现，农民工收入存在明显的行业差异。就业于交通运输、仓储和邮政业的农民工的收入水平最高（4 667元），其次是建筑业（4 567元），最低的是住宿和餐饮业（3 289元）。

表6-8　**2014—2019年农民工主要从事行业的月收入情况**　单位：元

指　标	2014年	2015年	2016年	2017年	2018年	2019年
制造业	2 832	2 970	3 233	3 444	3 732	3 958
建筑业	3 292	3 508	3 687	3 918	4 209	4 567
批发和零售业	2 554	2 716	2 839	3 048	3 263	3 472
交通运输、仓储和邮政业	3 301	3 553	3 775	4 048	4 345	4 667
住宿和餐饮业	2 566	2 723	2 872	3 019	3 148	3 289
居民服务、修理和其他服务业	2 532	2 686	2 851	3 022	3 202	3 337
均值	2 864	3 072	3 275	3 485	3 721	3 962

资料来源：2014—2019年农民工监测调查报告。

（2）住房情况

是否拥有自有住房是衡量农民工市民化能力的重要指标。一般来讲，拥有自有住房的农民工，其市民化能力较强。而农民工也会通过购房的方式，来展示自身的市民化能力。表6-9报告了2013—2014年、2016—2017年农民工的住房情况。我们发现，拥有自有住房的农民工越来越多，其占农民工群体的比重明显提高。2013年，拥有自有住房的农民工占总样本的11.88%，到2017年，有24.83%的农民工拥有自有住房（含自建房），这一比例是2013年的两倍多。

表6-9　　农民工住房情况（%）

指　标	2013年	2014年	2016年	2017年
自购商品房	8.69	11.05	19.58	17.32
自购小产权房	—	—	—	2.37
自购保障性住房	0.41	0.56	—	1.12
自建房	2.78	3.26	3.07	4.02
自有住房合计	11.88	14.87	22.65	24.83
租房及其他	88.12	85.13	77.35	75.17
样本数	169 650	169 061	138 848	132 555

注："租房及其他"包括租住私房、政府提供公租房、借住房、单位/雇主房、就业场所和其他非正规居所等住房类型。"—"为该年调查中没有该选项。

资料来源：2013—2017年中国流动人口动态监测调查（CMDS）数据。

6.3 模型、数据及变量

6.3.1 数据来源与说明

本章数据均来自2017年国家卫生和计划生育委员会开展的中国流动人口动态监测调查（CMDS）。所用数据做如下处理：第一，删除非农业、农转居、非农转居、居民和其他户籍样本，只保留农业户口样本；第二，删除新疆生产建设兵团和西藏自治区的样本，并删除流入地为州、盟和师的样本；第三，删除非务工经商原因的样本，只保留务工/工作、经商的样本。经过样本筛选后，研究所用样本数为54 094个。

6.3.2 变量选取及定义

（1）被解释变量

被解释变量是农民工的市民化能力。本章在已有文献的基础上，建立了由3个一级指标（生存能力、社会适应能力和发展能力）、8个二级指标和11个三级指标组成的农民工市民化能力综合指标评价体系，具体见表6-10。

表6-10 **农民工市民化能力测度指标体系**

一级指标（权重）	二级指标（权重）	三级指标	指标具体测算
生存能力（0.34）	人力资本状况（0.20）	受教育程度	大专及以上=1；高中=0.75；初中=0.5；小学=0.25；未上过学=0
	收入能力（0.33）	个人相对收入	个人收入与城市城镇在岗职工人均工资比例，大于1，为1；小于1，为0
	购房能力（0.47）	住房类型	自购房=1；自建房=0.75；租房=0.5；单位/雇主房=0.25；其他=0
社会适应能力（0.30）	社区治理参与能力（0.50）	工会活动	参加=1；未参加=0
		志愿者协会活动	参加=1；未参加=0
		社区管理	参加=1；未参加=0
	社会网络重构能力（0.50）	社会交往	本地人=1；同乡（户口迁至本地）=0.75；外地人=0.5；同乡（户口仍在老家）=0.25；其他=0
发展能力（0.36）	就业能力（0.22）	工作经验	10年以上=1；6~9年=0.5；3~5年=0.25；2年以下=0
		就业身份	雇主=1；自营劳动者=0.75；有固定雇主的雇员=0.5；无固定雇主的雇员=0.25；其他=0
	保障能力（0.46）	社会保障卡	办理为1；未办理为0
	长期定居倾向（0.32）	定居时间	定居为1；10年以上=0.75；6~10年=0.5；3~5年=0.25；2年以下=0

注：三级指标中的权重单个指标均为1。工会活动、志愿者协会活动和社区管理权重分别为0.37、0.37和0.26。工作经验和就业身份的权重分别为0.5和0.5。

①生存能力。生存能力主要反映农民工的经济实力，衡量农民工跨越经济门槛的能力，主要包括人力资本状况、获得收入的能力和购房能力3个层面，评价指标包括3个二级指标和3个三级指标。本章以受教

育程度衡量农民工的人力资本状况，即按照未上过学、小学、初中、高中/中专、大学专科及以上分五档赋值。本章选取个人相对收入衡量农民工的获得收入能力，以CMDS调查中“您个人上个月（或上次就业）的工资收入/纯收入”为依据。将个人月收入与所在城市的在岗职工平均工资进行比较，比值大于1，设置为1；比值小于1，设置为0。购房能力主要取决于农民工是否在本地购买了住房，本章依据CMDS调查中“您现住房属于下列何种性质”，将住房性质划分成自购房（自购商品房、小产权住房和保障性住房）、自建房、租房（租住私房、政府提供公租房、借住房）、单位包住（单位/雇主房、就业场所）和其他非正规居所五档赋值。

②社会适应能力。社会适应能力主要反映农民工的心理转换情况，衡量农民工跨越心理门槛的能力，主要包括社区治理参与能力和社会网络重构能力2个层面，评价指标包括2个二级指标和4个三级指标。本章选取参加工会活动、参加志愿者协会活动和参与社区管理3个变量来衡量农民工的社区治理参与能力。其中，参加工会活动、参加志愿者协会活动和参与社区管理分别采用CMDS中“2016年以来您在本地是否参加过工会和志愿者协会组织的活动”“2016年以来您是否给所在单位/社区/村提建议或监督单位/社区/村务管理”作为以上3个三级指标的代理变量，并按照未参加、参加（偶尔、有时、经常）赋值。选取社会交往来衡量农民工的社会网络重构能力。其中，社会交往采用CMDS中“您业余时间在本地和谁来往最多（不包括顾客及其他家属）”作为社会交往三级指标的代理变量，并按照本地人、同乡（户口迁至本地）、外地人、同乡（户口仍在老家）和其他外地人五档赋值。

③发展能力。发展能力主要反映农民工在本地的后续发展及保障能力，衡量农民工跨越身份门槛的能力，主要包括就业能力、保障能力和长期定居倾向3个层面，评价指标包括3个二级指标和4个三级指标。本章选取工作经验和就业身份衡量农民工的就业能力。其中，工作经验以CMDS中的“您从什么时候开始失去工作?”为计算依据，并按照10年以上、6~9年、3~5年和2年以下四档赋值。就业身份是就业能力最为直接的结果体现，按照雇主、有固定雇主的雇员、无固定雇主的雇

员、自营劳动者、其他五档赋值。本章选取是否办理社会保障卡变量来衡量农民工的保障能力。办理社会保障卡以CMDS中的“您是否办理了社会保障卡”为依据，并按照办理、未办理两档赋值。选取定居时间衡量农民工的长期定居倾向，以CMDS中的“如果您打算留在本地，您预计自己将在本地留多久?”为依据，并按照定居、10年以上、6~10年、3~5年和2年以下五档赋值。

④测算方法及步骤。本章采用主成分分析法和百分位数法确定农民工市民化能力各指标的权重和标准值，具体见表6-10。首先，根据百分位数法按照100%、75%、50%、25%和0%来划分成五个分位置，并分别赋值为1、0.75、0.5、0.25和0，所有赋值均在0~1之间确定。以上适用于受教育程度、住房类型、社会交往、工作经验、就业身份和定居时间等多分类变量和连续变量。而对于个人相对收入、工会活动、志愿者协会活动、社区管理和社会保障卡等二元变量，则是将愿意、是、参加、办理等肯定性回答设置为1，将不愿意、不是、未参加、未办理等否定性回答设置为0。其次，运用STATA15.0软件分别对一级、二级和三级指标进行主成分分析，最终确定各级指标的权重。最后，在前两步的基础上，依次计算各样本的三级、二级和一级指标的能力值，计算出农民工的市民化能力值。

（2）解释变量

核心解释变量是农民工的城市公共服务可及性。本章所指的城市公共服务可及性，是指农民工切实享受到的城市公共服务，是城市公共服务开放度（第5章）的进一步延伸。基于CMDS数据，本章在现有文献的基础上，构建了以基础教育、健康权益、社会保障和是否面临公共服务困难等4个方面为核心的公共服务可及性指标体系。其中，义务教育已经在国家《居住证暂行条例》明确规定为可以享受的基本公共服务之一，本章默认为农民工子女均可以享受义务教育此项服务。健康权益可及性主要以“是否听说过国家基本公共卫生服务项目”“是否接受过各类健康教育”[①]“是否在本地建立居民健康档案”3个问题为计算依据，

① 共涉及职业病、性病/艾滋病、生殖健康与避孕、结核病、控制吸烟、心理健康、慢性病、妇幼保健/优生优育、突发公共事件自救等9个方面。

是设置为1，否设置为0。社会保障可及性主要依据“是否在迁入地参加社会保险”，只要参加了城镇职工或居民医疗保险就为1，其余为0。“是否办理了暂住证/居住证”，是（本地参加、办理）设置为1，其余设置为0。此外，本章还以农民工是否在本地面临买不起房子、子女教育等公共服务困难来间接反映农民工的公共服务可及性。本章认为，如果农民工面临这些困难，说明农民工在购房、子女教育等公共服务方面的可及性不高。本章以“在迁入地是否有买不起房子的困难，以及在迁入地是否存在子女教育的困难”来判断农民工是否面临公共服务困难，有设置为0，没有设置为1。本章采用主成分分析法构建农民工的公共服务可及性综合指数[①]，用以评价可及性水平。农民工的城市公共服务可及性综合指数越大，说明农民工的公共服务可及性越强。反之亦然。

（3）中介变量

本章从健康、身份认同和劳动供给等3个角度，采取中介效应模型实证研究城市公共服务可及性对农民工市民化能力的影响机制。

①健康。采用农民工的自评健康水平衡量其健康状况。主要以CMDS中的“您的健康状况”为计算依据，并按照生活不能自理、不健康但生活能自理、基本健康和健康四档分别赋值（1~4）。

②身份认同。选取社会融入、社会接纳、社会歧视和本地认同4个变量衡量农民工的身份认同感。其中，社会融入、社会接纳、社会歧视和本地认同，分别用CMDS中的您是否同意“我很愿意融入本地人当中，成为其中一员”这个说法、您是否同意“我觉得本地人愿意接受我成为其中一员”这个说法、您是否同意“我感觉本地人看不起外地人”这个说法、您是否同意“我觉得已经是本地人了”这个说法为计算依据，并按照完全不同意、不同意、基本同意和完全同意四档赋值（1~4）。为避免共线性问题，本章以这4个变量的主成分得分值作为农民工身份认同感的代理变量，纳入中介效应模型和分析框架。

③劳动供给。劳动时间和劳动收益是体现农民工劳动供给状况的

---

① 由于主成分得分值出现负值，本章对主成分得分统一加1，这并不影响比较分析及实证结果。

重要指标。我们借鉴秦立建等（2012）、邓睿（2019）等的研究，选取周工作小时数、小时工资率和超时劳动发生率等3个指标作为衡量农民工劳动供给的代理变量。其中，农民工的周工作小时数采用CMDS中的“这周工作时间小时数”，并取对数。农民工的小时工资率通过CMDS中的“您个人上个月（或上次就业）的工资收入/纯收入”和“这周工作时间小时数”计算而得[①]，并做加1对数处理。以“周工作时间超过44小时”为标准判别农民工是否属于过度劳动，如果农民工的周工作时间超过44小时，设置为1，说明农民工属于过度劳动；反之为0。

（4）控制变量

本章引入了个人特征、家庭特征、就业特征、流动特征和城市特征等5类23个控制变量，以尽可能控制其他可能影响农民工市民化能力的因素，见表6-11。

①个人特征变量。一般来讲，农民工的市民化能力会因年龄、性别等个人禀赋差异而有所不同。基于此，本章选取了年龄（2017年至出生年）、年龄平方（年龄平方/100）、性别（男=1，女=0）、婚姻状态（已婚=1，其余类型=0）等变量，控制个人特征对农民工市民化能力的影响。

②家庭特征变量。由于家庭式流动已经成为农民工流动和市民化决策的主要形式，并且家庭经济条件已经成为评价其市民化能力的主要标准。此外，老家的宅基地和承包地等土地资源日益成为农民工市民化能力提升的限制因素之一。因此，本章选取了家庭收入（2016年家庭月收入的对数值[②]）、宅基地（有=1，没有=0）等变量，控制家庭特征对农民工市民化能力的影响。

③就业特征变量。能够在流入地找到与自身能力相匹配的就业岗位，是农民工实现市民化的重要前提和条件。为更好地控制就业特征对农民工市民化能力的影响，本章选取了职业类型（常规操作性工作、非

① Q2015的问题是“您个人上个月（或上次就业）的工资收入/纯收入”。将该值换算成周工资，再除以Q201A，计算出农民工的小时工资率。

② 年收入加1后取对数。

表6-11　　　　　　　　**主要变量统计描述**

变　量	样本量	均值	标准差	最小值	最大值
农民工市民化能力	54 094	0.424	0.161	0.036	0.971
生存能力	54 094	0.441	1.192	0	1
适应能力	54 094	0.274	0.220	0	1
发展能力	54 094	0.532	0.268	0.0275	1
城市公共服务可及性	54 094	1.050	0.640	0.194	2.725
自评健康	54 094	3.827	0.462	1	4
身份认同感	54 094	4.098	0.824	0.029	5.215
周工作小时数	53 823	2.867	0.690	0	8.230
小时工资率	53 823	3.998	0.370	0	4.595
过度劳动	54 094	0.749	0.434	0	1
年龄	54 094	36.041	9.388	16	65
年龄平方	54 094	13.871	7.199	2.56	52.25
性别	54 094	0.575	0.494	0	1
婚姻状态	54 094	0.836	0.370	0	1
家庭收入	54 094	8.742	0.585	0	12.206
宅基地	54 094	0.725	0.446	0	1
职业类型	54 094	2.189	0.923	1	4
行业性质	54 094	0.143	0.350	0	1
单位性质	54 094	2.345	0.806	1	4
流动时间	54 094	6.925	5.973	1	40
流动范围	54 094	1.687	0.745	1	3
房价	54 094	9.096	0.645	7.310	10.718
每千人医院数	54 094	0.057	0.040	0.012	0.710
城市规模	54 094	533.826	549.381	19	2 449
地区变量	54 094	1.979	0.951	1	4

注：根据2017年CMDS数据计算。

常规操作性工作、常规知识性工作、非常规知识性工作[①]，分别取值1~4）、行业类型（垄断性行业=1，其余类型=0）[②]、单位性质（其他、个体工商户、民营私营、国有单位[③]，分别取值1~4）等变量。

④流动特征变量。农民工的流动时间越长，其工作经验越丰富，市民化能力就越强。而流动范围的不同，不仅反映出农民工差异化的市民化决策，还体现了自身市民化能力的差异（如社会网络规模和市场）。为控制流动特征对农民工市民化能力的潜在影响，本章选取了流动时间（2017年至流动年份）、流动范围（跨省、省内跨市、市内跨县，分别取值1~3）等变量。

⑤城市特征变量。本章还控制了城市特征变量的影响。城市特征变量，不仅会对农民工的市民化能力产生影响（如高房价对农民工身心健康的影响），还可能影响到城市公共服务供给以及农民工的城市公共服务可及性。基于此，本章控制了人均医疗资源（城市市辖区人均医院数）、城市规模（城市市辖区户籍人口数）、房价（根据销售额和销售面积计算而得，并取对数）等城市特征变量。

本章还控制了流入地地区固定效应，设置了地区变量，东部地区、中部地区、西部地区和东北地区分别取值1~4，并以虚拟变量形式引入模型。此外，本章还控制了农民工流出地的省份固定效应。

6.3.3 模型设定

（1）最小二乘估计法（OLS）

基于以上分析，本章采用OLS估计法实证研究城市公共服务可及性对农民工市民化能力的影响及其机制，模型如下：

$$ability_{ij} = \alpha_0 + \beta accessility_j + \delta H_i + \gamma Z_j + \varepsilon_{ij} \tag{6-1}$$

---

① 非常规知识性工作：国家机关、党群组织、企事业单位负责人；专业技术人员。非常规操作性工作：餐饮；家政；保洁；保安；其他商业、服务业人员；无固定职业；其他。常规知识性工作：商贩；经商；公务员、办事人员和有关人员。常规操作性工作：装修；快递；农林牧渔、水利业生产人员；生产；运输；建筑；其他生产、运输设备操作人员及有关人员。

② 垄断性行业包括电煤水热生产供应、交通运输、仓储和邮政、金融、科研和技术服务、水利、环境和公共设施管理、专业设备制造等，其余为非垄断行业。

③ 本章按照所有制性质，将就业单位划分成机关事业及国有企业（含机关和事业单位、国有及国有控股企业）、集体企业、民营和私营企业（含股份/联营企业、个体工商户、私营企业、港澳台独资企业、外商独资企业、中外合资企业）和其他（含社团/民办组织、其他和无单位）4类。

其中：$ability_{ij}$为农民工i的市民化能力；$accessility_j$为农民工i所在城市j的公共服务可及性；H_i为农民工i的个人和家庭控制变量；Z_j为农民工i所在城市j的其他控制变量。

（2）中介效应模型

为进一步探究城市公共服务可及性对农民工市民化能力的影响及其机制，本章运用中介效应方法进行检验，构建模型（6-2）~（6-4），设置如下：

$$ability_{ij} = c_0 + c_1 accessility_j + c_2 Z_j + \varepsilon_{ij} \tag{6-2}$$

$$mv_{ij} = a_0 + a_1 accessility_j + a_2 Z_j + \delta_{ij} \tag{6-3}$$

$$ability_{ij} = b_0 + b_1 mv_{ij} + b_2 accessility_j + b_3 Z_j + \mu_{ij} \tag{6-4}$$

其中：mv_{ij}为中介变量，包括自评健康、身份认同和劳动供给。具体见6.5部分。

6.4 实证结果分析

6.4.1 基准回归结果

表6-12汇报了城市公共服务可及性对其市民化能力影响的基准回归结果，其中模型1只包括城市公共服务可及性变量。估计结果显示，城市公共服务可及性对农民工市民化能力有显著的正向影响。模型2在模型1的基础上，加入了年龄及其平方、性别、婚姻状态等个体变量，结果显示，在控制农民工个体特征的情况下，城市公共服务可及性对农民工的市民化能力有显著的提升作用。进一步地，模型3同时加入了家庭收入、宅基地等家庭变量。结果表明，城市公共服务可及性依然对农民工市民化能力有显著的正向影响。模型4和5逐步加入了就业特征（职业类型、行业类型、就业单位性质）和流动特征（流动时间、流动范围）变量。从估计结果看，在控制了农民工的个体、家庭、就业和流动等变量后，城市公共服务可及性还是对农民工市民化能力有显著正向影响，估计系数也较为稳定。模型6在模型5的基础上，加入了房价、每千人医院数和城市规模等城市特征控制变量，估计结果依然显著为

正。以上结果表明，提高农民工的城市公共服务可及性，有利于提升农民工的市民化能力。

表6-12 **城市公共服务可及性对农民工市民化能力的影响：基准回归结果**

	模型1	模型2	模型3	模型4	模型5	模型6
公共服务可及性	0.081*** (0.003)	0.081*** (0.003)	0.077*** (0.003)	0.071*** (0.004)	0.066*** (0.003)	0.067*** (0.002)
年龄		0.008*** (0.001)	0.006*** (0.001)	0.007*** (0.001)	0.005*** (0.001)	0.005*** (0.001)
年龄平方		-0.011*** (0.001)	-0.009*** (0.001)	-0.009*** (0.001)	-0.007*** (0.001)	-0.007*** (0.001)
性别		0.028*** (0.002)	0.028*** (0.002)	0.030*** (0.002)	0.029*** (0.002)	0.028*** (0.002)
婚姻状态		0.032*** (0.003)	0.004 (0.003)	0.005 (0.003)	0.005 (0.003)	0.004 (0.003)
家庭收入			0.069*** (0.004)	0.065*** (0.004)	0.071*** (0.003)	0.077*** (0.003)
宅基地			-0.036*** (0.004)	-0.035*** (0.003)	-0.031*** (0.003)	-0.030*** (0.003)
房价						-0.035*** (0.008)
每千人医院数						0.165*** (0.055)
城市规模						0.000** (0.000)
城市公共服务开放度						0.073** (0.033)
常数项	0.339*** (0.007)	0.183*** (7.828)	-0.352*** (0.040)	-0.369*** (0.039)	-0.413*** (0.039)	-0.209** (0.095)
是否控制就业特征	否	否	否	是	是	是
是否控制流动特征	否	否	否	否	是	是
是否控制城市特征	否	否	否	否	否	是
流出地地区固定效应	否	是	是	是	是	是
样本数	54 094	54 094	54 094	54 094	54 094	54 094
Adj. R^2	0.1046	0.1359	0.2000	0.2275	0.2708	0.290

注：括号内的数字为估计系数的聚类到城市层面的稳健标准误。*、**、***分别表示10%、5%和1%统计显著水平。

控制变量对于农民工市民化能力的影响基本符合我们的预期。个体变量方面，年龄与农民工的市民化能力呈现出倒“U”形关系。男性农民工的市民化能力较强。家庭变量方面，农民工的家庭收入越高，其市民化能力就越强。宅基地对农民工的市民化能力有一定的抑制作用。就业特征变量方面，相对于从事常规性操作性工作的农民工来说，从事非常规性操作性工作、常规性知识性工作和非常规性知识性工作的农民工的市民化能力更强。从事垄断性行业农民工的市民化能力更强。相对于就职于其他类型单位的农民工来说，就职于国有单位农民工的市民化能力最强，其次是民营私营企业。在流动特征方面，农民工的流动时间越长，其市民化能力越强。相对于跨省的农民工来说，市内跨县农民工的市民化能力较强，省内跨市农民工的市民化能力次之。在城市控制变量方面，房价对农民工的市民化能力有负向影响，每千人医院数和城市规模对农民工的市民化有显著的正向影响。

6.4.2 工具变量估计结果

城市公共服务可及性与农民工市民化能力之间存在双向关系：一方面，提高城市公共服务可及性有利于提升农民工的市民化能力；另一方面，农民工的市民化能力越强意味着其获取城市公共服务的能力就越强，公共服务可及性就越高。本章关注的是城市公共服务可及性对农民工市民化能力的影响及其机制，为了更好地反映它们之间的因果关系，本章采取工具变量法对这一因果关系进行识别和实证研究。

本章选取城市开放排他性公共服务领域个数和农民工申领居住证的限制比例（2016）共同作为农民工城市公共服务可及性的工具变量。

城市开放排他性公共服务领域个数满足工具变量的相关性和外生性条件。首先，城市开放排他性公共服务领域个数与农民工的城市公共服务可及性存在相关性。城市面向农民工开放的排他性公共服务领域个数越多，其城市公共服务可及性就越高。其次，工具变量的外生性要求城市开放排他性公共服务领域个数，除了通过城市公共服务可及性影响农民工市民化能力之外，不能直接影响农民工的市民化能力。城市开放排他性公共服务领域个数这一变量是根据各个城市的居住证政策文件计算而得到的，其中并不涉及农民工的任何个人信息，也不会直接影响农民工的市民化能力，外生性较强。

用城市公共服务可及性对城市开放排他性公共服务领域个数做回归检验统计上的相关性分析，结果发现，城市开放排他性公共服务领域个数对城市公共服务可及性有显著的正向影响。也就是说，城市向农民工开放的排他性公共服务领域越多，农民工获得城市公共服务的难度就越小，其公共服务可及性就越大。

本章还选用农民工申领居住证的限制比例（2016年）做工具变量，该变量主要是基于2016年中国流动人口动态监测调查数据（CMDS）和城市居住证政策文件计算得到的，其中并不包含基准回归中采用的农民工个体信息（2017年）。特别是控制了2017年城市公共服务开放度之后，该变量就不再对农民工市民化能力有影响。此外，我们还对这两个工具变量的外生性和过度识别进行了检验，检验结果表明，接受工具变量均为外生的原假设，并通过了过度识别检验。基于以上分析，我们认为城市开放排他性公共服务领域个数和农民工申领居住证的限制比例（2016年）共同作为城市公共服务可及性的工具变量是一个合理的组合。

表6-13报告了两阶段最小二乘法（2SLS）的回归结果，见模型7和模型8。第一阶段的回归结果表明，城市开放排他性公共服务领域个数的系数显著为正，表明开放排他性公共服务领域越多的城市，其农民工的城市公共服务可及性就越高；同时，农民工申领居住证的限制比例（2016年）与城市公共服务可及性呈显著负相关关系。同时，经验上可以排除弱IV的可能。第二阶段的回归结果表明，城市公共服务可及性越高，农民工市民化能力越强。与加入个体、家庭及城市层面控制变量的基础OLS回归结果相比，运用IV估计方法后的城市公共服务可及性对农民工市民化能力的影响变得更大。

6.4.3 稳健性检验

本章将从变换被解释变量和核心解释变量、分能力指标和删除样本等3个维度，进行稳健性检验。

表6-13 城市公共服务可及性对农民工市民化能力的影响：工具变量估计结果

	模型7	模型8
A：第二阶段回归	市民化能力	
公共服务可及性	0.205*** (0.013)	0.117*** (0.010)
常数项	-0.048*** (0.023)	-0.176** (0.023)
个人特征	是	是
家庭特征	是	是
就业特征	是	是
流动特征	是	是
城市特征（不含城市公共服务开放度）	是	是
城市特征（含城市公共服务开放度）	否	是
流出地地区固定效应	是	是
B：第一阶段回归	公共服务可及性	
IV1：城市开放排他性公共服务领域个数	0.016*** (0.001)	0.032*** (0.002)
IV2：农民工申领居住证的限制比例（2016年）	-0.217*** (0.015)	-0.360*** (0.019)
控制变量	是	是
流出地地区固定效应	是	是
常数项	-0.828*** (0.078)	0.012*** (0.086)
F值	187.679	248.988
样本数	54 094	54 094
Adj. R^2	0.0150	0.2546

注：括号内数字为估计系数的聚类到城市层面的稳健标准误。*、**、***分别表示10%、5%和1%统计显著水平。弱工具变量检验采用Kleibergen-Paap rk Wald F statistic。本章后面的表格同理，不再一一注明。

（1）变换被解释变量

本章将农民工市民化能力设置成高市民化能力的二元变量，其中把高于均值的市民化能力设置成1，低于均值的设置为0。在此基础上，本章采用两阶段最小二乘法（2SLS）进行估计。表6-14分别报告了采用OLS和2SLS的估计结果。模型9为OLS的估计结果，结果显示，在控制个人特征、家庭特征、就业特征、流动特征和城市特征等变量和流出地地区固定效应的情况下，公共服务可及性对高市民化能力有显著的正向影响。模型10为2SLS的估计结果，结果显示，加入城市开放排他性公共服务领域个数和农民工申领居住证的限制比例（2016年）工具变量后，城市公共服务可及性对农民工市民化能力的影响依然显著为正。以上结论进一步说明，提高农民工的城市公共服务可及性，有利于提升其市民化能力特别是高市民化能力。

表6-14　　　　　　**稳健性检验：变换被解释变量**

	模型9	模型10
	OLS	2SLS
A：第二阶段回归	高市民化能力	
公共服务可及性	0.169*** (0.006)	0.148*** (0.024)
常数项	-0.973** (0.283)	-1.223*** (0.066)
个人特征变量	是	是
家庭特征变量	是	是
就业特征变量	是	是
流动特征变量	是	是
城市特征变量	是	是
流出地地区固定效应	是	是
B：第一阶段回归	公共服务可及性	
IV1：城市开放排他性公共服务领域个数		0.043*** (0.002)
IV2：农民工申领居住证的限制比例（2016年）		-0.446*** (0.018)
控制变量		是
F值		437.115
样本数	54 094	54 094
Adj. R^2	0.1938	0.1252

（2）变换核心解释变量

本章将城市公共服务可及性设置成高城市公共服务可及性的二元变量，其中把高于均值的设置为1，低于均值的设置为0。我们从表6-15

中的模型11和12的估计结果可以看到，城市公共服务可及性有利于提升农民工的市民化能力。这一结论，与表6-12的基准回归结果和表6-13中的工具变量估计结果较为一致，特别是控制了相关特征变量后依然稳健。

表6-15 **稳健性检验：替换核心解释变量**

	模型11	模型12
	OLS	2SLS
A：第二阶段回归	市民化能力	
高公共服务可及性	0.062*** （0.003）	0.185*** （0.016）
常数项	-0.224** （0.110）	-0.163*** （0.025）
个人特征变量	是	是
家庭特征变量	是	是
就业特征变量	是	是
流动特征变量	是	是
城市特征变量	否	是
流出地地区固定效应	是	是
B：第一阶段回归	高公共服务可及性	
IV1：城市开放排他性公共服务领域个数		0.019*** （0.002）
IV2：农民工申领居住证的限制比例（2016年）		-0.238*** （0.015）
控制变量		是
F值		168.939
样本数	54 094	54 094
Adj. R^2	0.2615	0.1252

（3）删减样本

考虑到年轻群体因就业受到公共服务可及性的影响会有所不同，本章删除了25岁以下（1992年及以后出生的农民工）的农民工样本。同时，考虑到国家新型城镇化（2014年）、居住证（2016年）等[①]农民工市民化政策的影响，本章将2014年及以后流入城市的样本删除后进行回归分析。表6-16中的模型13和模型14的估计结果显示，删除2014年及以后流入城市的样本后，城市公共服务可及性对农民工的市民化能力的影响依然稳健。另外，删除25岁以下的样本后，这一结论依然成立，见模型15和模型16。这与基准回归结果一致。

表6-16 **稳健性检验：删减样本**

	删除2014年及以后流入城市的样本		删减25岁以下的样本	
	OLS	2SLS	OLS	2SLS
	模型13	模型14	模型15	模型16
A：第二阶段回归	市民化能力			
城市公共服务可及性	0.068*** （0.002）	0.126*** （0.012）	0.067*** （0.001）	0.123*** （0.010）
常数	−0.172* （0.100）	−0.127*** （0.031）	−0.133*** （0.025）	−0.099*** （0.026）
个人和家庭特征变量	是	是	是	是
就业特征变量	是	是	是	是
流动特征变量	是	是	是	是
城市特征控制变量	是	是	是	是
流出地地区固定效应	是	是	是	是
B：第一阶段回归	城市公共服务可及性			
IV1：城市开放排他性公共服务领域个数		0.031*** （0.002）		0.032*** （0.002）
IV2：农民工申领居住证的限制比例（2016年）		−0.387*** （0.024）		−0.377*** （0.020）
控制变量		是		是
F值		164.133		232.934
样本数	34 299	34 299	49 074	49 074
Adj. R^2	0.2769	0.2279	0.2895	0.2456

① 2014年出台的《国家新型城镇化规划（2014—2020年）》和2016年颁布实施的《居住证暂行条例》。

6.4.4 异质性分析

本部分将从代际和年龄、民族、流动规模和类型、住房和技能等4个维度对农民工样本进行分组回归，进一步考察城市公共服务可及性对农民工市民化能力影响的异质性。

（1）分代际和年龄

随着中国城市化战略的快速推进，以及年龄、养老等现实问题的影响，流动人口呈现出明显的“代际”[①]特征，第一代农民工逐渐退出城市返回农村，新生代农民工逐渐成为农民工的主力军。《2018年农民工监测报告》显示，2018年新生代农民工（1980年及以后出生的）占比已经超过一半（51.5%），其中“80后”占新生代农民工的50.4%，“90后”占43.2%，“00后”占6.4%。基于此，本章重点关注城市公共服务可及性对不同年龄农民工市民化能力的影响。

本章依据年龄将样本分成三组：70后及其他（19980年之前出发）、80后（1980—1989年出生）和90后（1990年及以后出生），估计结果见表6-17的模型17~19。我们发现，城市公共服务可及性对70后及其他、80后和90后农民工的市民化能力有正向提升作用。比较来看，与70后及其他90后相比，80后农民工的市民化能力对城市公共服务可及性更为敏感。这是因为，80后农民工正值壮年，市民化能力还有很大的提升空间，特别是这一群体的公共服务需求更为迫切。

（2）分民族

本章依据民族将样本分为汉族和少数民族农民工子样本，具体估计结果见表6-18的模型20和模型21。估计结果表明，城市公共服务可及性对汉族和少数民族农民工市民化能力均有显著的正向影响，并且，城市公共服务可及性对少数民族农民工的影响更为明显。可能的原因是，相比于汉族农民工来说，少数民族农民工更倾向于本省（自治区、直辖市）内的流动，并且其就业领域和层次相对集中，其市民化能力低于汉族农民工。

---

① 目前，学界从“代”的角度更多地谈及了农民工，如老一代（或第一代）农民工、新生代（第二代）农民工等。由于本章所用样本中农民工为763个，城-城流动人口为408个，考虑到实际问题，本章不再区分农民工和城-城流动人口，统一按照老一代和新生代对流动人口进行分类。

表6-17　　异质性检验：分代际和年龄

	70后及其他	80后	90后
	2SLS	2SLS	2SLS
	模型17	模型18	模型19
A：第二阶段回归	农民工市民化能力		
城市公共服务可及性	0.123*** (0.014)	0.126*** (0.016)	0.100*** (0.022)
常数	0.112** (0.056)	−0.173 (0.184)	−0.115 (0.102)
个人和家庭特征变量	是	是	是
就业特征变量	是	是	是
流动特征变量	是	是	是
城市特征控制变量	是	是	是
流出地地区固定效应	是	是	是
B：第一阶段回归	城市公共服务可及性		
IV1：城市开放排他性公共服务领域个数	0.033*** (0.003)	0.030*** (0.003)	0.036*** (0.004)
IV2：农民工申领居住证的限制比例（2016年）	−0.377*** (0.029)	−0.395*** (0.031)	−0.275*** (0.039)
控制变量	是	是	是
F值	110.602	95.743	46.671
样本数	23 862	19 480	10 752
Adj. R^2	0.2307	0.2501	0.2857

表6-18 **异质性检验：分民族**

	汉族	少数民族
	2SLS	2SLS
	模型20	模型21
A：第二阶段回归	农民工市民化能力	
城市公共服务可及性	0.114*** （0.010）	0.139*** （0.036）
常数	-0.184*** （0.024）	0.014（0.109）
个人和家庭特征变量	是	是
就业特征变量	是	是
流动特征变量	是	是
城市特征控制变量	是	是
流出地地区固定效应	是	是
B：第一阶段回归	城市公共服务可及性	
IV1：城市开放排他性公共服务领域个数	0.033*** （0.002）	0.034*** （0.008）
IV2：农民工申领居住证的限制比例（2016年）	-0.350*** （0.019）	-0.403*** （0.376）
控制变量	是	是
F值	232.572	19.302
样本数	50 397	3 697
Adj. R^2	0.2607	0.2001

（3）分流动规模和类型

目前，家庭流动已经成为中国农民工流动的主要趋势。根据2017年中国流动人口动态监测调查数据，农民工中已婚（含初婚和再婚）的占81.40%①，与配偶一块流动的占91.27%②，其中与配偶、儿子或女儿一起流动的占96.45%③。也就是说，“2人”或“2人+”等家庭式流动模式将成为未来中国农民工的主要流动形式和类型，农民工趋向与家庭成员（含夫妻、子女）一起流动。这表明农民工的市民化行为不仅属于

① 样本数为132 555个。
② 样本数为100 395个。
③ 样本数为92 781个。

个人决策范畴，更是家庭成员共同决策的结果。特别是在城市公共服务获取越来越方便的情况下，城市公共服务可及性将会对不同流动规模和类型的农民工市民化能力产生影响，进而影响到农民的市民化决策。基于此，本章将从不同流动规模和类型，进一步研究城市公共服务可及性对农民工市民化能力影响的异质性，以辨识不同群体对这一影响的反应。

表6-19汇报了城市公共服务可及性在“与配偶一起流动”和“与配偶和子女一起流动”这两种情况下对农民工市民化能力影响的估计结果。我们发现，城市公共服务可及性在“与配偶一起流动”和“与配偶和子女一起流动”农民工的市民化能力均有显著的正向影响，并且“与配偶和子女一起流动”的农民工市民化能力对城市公共服务可及性更为敏感。这主要是因为农民工的家庭成员越多，其市民化决策和目标就更趋向于一致。城市公共服务可获得性增强对于提升农民工市民化能力乃至家庭的整体市民化能力均有一定的促进作用。

（4）住房和技能

一般情况下，城市公共服务与户籍密不可分，没有本地户籍的农民工往往通过购买商品房等方式，来获取享受城市公共服务的“入场券”。现实中，城市公共服务往往与住房捆绑，并且普遍存在公共服务资本化现象。也就是说，拥有自有住房的农民工可以同等或近似同等享受城市公共服务特别是排他性公共服务（如义务教育）。因此，城市公共服务可及性主要影响无自有住房的农民工群体，这是本部分关注的重点。对于无自有住房的农民工来说，其自身的技能水平十分有限，可及性较差。本部分还将加入不同技能因素进一步分析。本章将拥有高中及以上学历的农民工归为高技能组，将拥有初中及以下学历的农民工归为低技能组。

从表6-20中的模型24可以看出，城市公共服务对无自有住房的农民工市民化能力有显著的正向影响。这表明，提高无自有住房农民工的城市公共服务可及性，有利于提升他（她）们的市民化能力。通过比较模型25和模型26发现，无自有住房且低技能的农民工对城市公共服务可及性更为敏感。这主要是因为无自有住房的农民工自身的市民化能力

表6-19　　异质性检验：分流动规模和类型

	与配偶一起流动	与配偶和子女一起流动
	2SLS	2SLS
	模型22	模型23
A：第二阶段回归	农民工市民化能力	
城市公共服务可及性	0.124^{***} (0.010)	0.128^{***} (0.010)
常数	-0.137^{***} (0.028)	-0.222^{***} (0.032)
个人和家庭特征变量	是	是
就业特征变量	是	是
流动特征变量	是	是
城市特征控制变量	是	是
流出地地区固定效应	是	是
B：第一阶段回归	城市公共服务可及性	
IV1：城市开放排他性公共服务领域个数	0.032^{***} (0.002)	0.031^{***} (0.002)
IV2：农民工申领居住证的限制比例（2016年）	-0.395^{***} (0.021)	-0.412^{***} (0.022)
控制变量	是	是
F值	223.287	202.103
样本数	44 316	38 600
Adj. R^2	0.2461	0.2387

往往比较弱，特别是低技能的农民工更是如此。如果提高对这一群体的城市公共服务可及性，其自身的市民化能力提升幅度要大于高技能群体。

表6-20　　**异质性检验：分住房和技能**

	无自有住房	无自有住房+高技能	无自有住房+低技能
	2SLS	2SLS	2SLS
	模型24	模型25	模型26
A：第二阶段回归	农民工市民化能力		
城市公共服务可及性	0.101*** (0.009)	0.080*** (0.014)	0.112*** (0.012)
常数	−0.180*** (0.023)	−0.319*** (0.038)	−0.064** (0.027)
个人和家庭特征变量	是	是	是
就业特征变量	是	是	是
流动特征变量	是	是	是
城市特征控制变量	是	是	是
流出地地区固定效应	是	是	是
B：第一阶段回归	城市公共服务可及性		
IV1：城市开放排他性公共服务领域个数	0.036*** (0.002)	0.044*** (0.004)	0.031*** (0.003)
IV2：农民工申领居住证的限制比例（2016年）	−0.360*** (0.020)	−0.354*** (0.034)	−0.356*** (0.025)
控制变量	是	是	是
F值	225.342	95.850	129.101
样本数	42 274	14 606	27 668
Adj. R^2	0.1735	0.2287	0.0764

6.5　机制分析

下面将从健康、身份认同和劳动供给3个角度，采用中介效应模型实证分析城市公共服务可及性对农民工市民化能力的影响机制。

6.5.1 健康提升机制

人口迁移对农民工健康的影响存在三个方面的效应，即负向效应（Chiswick等，2008；Chen，2011）、正向效应（Lanska和Peterson，1995；Blair和Schneeberg，2014；Song等，2016）和选择效应（Chiswick等，2008；Noymer和Lee，2013）。有关负向效应和选择效应的问题，本章暂不赘述。本章重点关注城市公共服务可及性是否能够通过提高农民工的健康水平来提升农民工的市民化能力。健康作为农民工重要的人力资本，同时也是其市民化能力的重要影响因素。本章认为，城市公共服务可及性的提高，可以通过改善农民工的健康状况来提升农民工的市民化能力。一方面，迁移到大城市和城镇地区后，医疗卫生资源的可得性提高，农民工获得更好的医疗卫生服务的机会增加，从而有利于改善其健康状况（秦立建等，2014），进而提升农民工的生存能力和发展能力。另一方面，随着城市公共服务可及性的提高，农民工可以得到当地的医疗资源和社会支持，减少来自本地人的歧视，从而对其身心健康产生积极影响（Kimbro等，2012），更好地提升农民工的适应能力。

本章以自评健康衡量农民工的健康状况，将其纳入实证模型，验证城市公共服务可及性是否通过改善农民工的健康状况提升农民工的市民化能力。表6-21报告了城市公共服务可及性通过健康影响农民工市民化能力的机制验证结果。模型28的估计结果表明，城市公共服务可及性对农民工的自评健康有显著的正向影响。我们根据依次检验法的判断标准[①]，健康在城市公共服务可及性对农民工市民化能力的影响中起到了中介作用。从中介效应的效果值来看，健康在城市公共服务可及性对农民工市民化能力影响中的效果值为1.7%。以上结果说明，提高农民工的城市公共服务可及性不仅可以直接提升其市民化能力，还可以通过改善其健康状况，间接提升其市民化能力。

---

① 具体见第5章5.5.4节注释。

表6-21 中介机制之一：健康提升

	市民化能力	自评健康	市民化能力
	模型27	模型28	模型29
城市公共服务可及性	0.067***（0.002）	0.017***（0.004）	0.067***（0.002）
自评健康			0.004**（0.002）
个人和家庭特征变量	是	是	是
就业特征变量	是	是	是
流动特征变量	是	是	是
城市特征控制变量	是	是	是
流出地地区固定效应	是	是	是
样本数	54 094	54 094	54 094
Adj. R^2	0.2904	0.0528	0.2906

6.5.2 身份认同机制

农民工之所以被称为“外地人”，其根本的原因在于农民工不拥有本地户籍，无法同等享有城市的公共服务。此外，这种“外地人”身份和享有城市公共服务的差异，也让农民工备受歧视和不被公平对待，并且这种身份歧视不利于农民工市民化能力的形成与提升。一方面，与本地居民在基本公共服务可得性方面的巨大差距已经成为新生代农民工城市融合的根本性障碍（王永乐和李梅香，2014），并且农民工在务工地的公共服务体验感较差，尤其是在就业服务、社会服务、社会保障上的感知体验仍远低于预期（刘迎君，2017），身处这种情境的农民工，特别是在“身份歧视”的情况下，自身的市民化能力也不能得到完美展现。另一方面，提高就业帮扶、子女教育和基本医疗卫生服务等基本公共服务可及性不仅有助于农民工的社会融合（谢勇，2017；张开志等，2020），还可以显著提升农民工的城市身份认同感（徐延辉和邱啸，2019），农民工的这种身份认同感既是其市民化能力的体现又是提升其市民化能力的催化剂。也就是说，提高农民工的城市公共服务可及性，不仅可以促进其市民化能力的形成和提升，还可以通过其身份认同感间接作用于农民工市民化能力，进而影响其市民化行为和决策。

基于此，本章将身份认同感纳入城市公共服务可及性影响农民工市民化能力的分析框架，验证这一变量是否在上述影响中存在中介效应。

表6-22报告了城市公共服务可及性通过身份认同影响农民工市民化能力的机制验证结果。模型31的估计结果表明，城市公共服务可及性对农民工的身份认同有显著的正向影响。通过比较模型30和模型32，我们发现加入身份认同中介变量后，城市公共服务可及性的估计系数有所下降，这说明身份认同在城市公共服务可及性对农民工市民化能力的影响中具有一定的中介效应。从中介效应的效果值来看，身份认同在城市公共服务可及性对农民工市民化能力影响中的效果值为21.3%。以上结果说明，提高农民工的城市公共服务可及性不仅可以直接提升其市民化能力，还可以通过提高其身份认同感，间接提升其市民化能力。

表6-22 **中介机制之二：身份认同**

	市民化能力	身份认同	市民化能力
	模型30	模型31	模型32
城市公共服务可及性	0.067*** （0.002）	0.213*** （0.014）	0.061*** （0.002）
身份认同			0.026*** （0.001）
个人和家庭特征变量	是	是	是
就业特征变量	是	是	是
流动特征变量	是	是	是
城市特征控制变量	是	是	是
流出地地区固定效应	是	是	是
样本数	54 094	54 094	54 094
Adj. R^2	0.2904	0.0470	0.3071

6.5.3 劳动供给机制

城市公共服务可及性的提高，有助于增强农民工在城市劳动力市场的相对竞争优势，进而提升其市民化能力。具体来讲，城市公共服务可及性的提高对农民工的劳动供给可能存在强化和抑制的双重作用渠道：一方面，城市公共服务向农民工的覆盖和惠及，有助于增强其抵御疾病和未来不确定性等风险的能力，并在一定程度上促进家庭劳动力的分工协作，特别是有助于增加农民工自身的人力资本投资，从而进一步提高其劳动供给效率（邓睿，2019），即小时工资率。另一方面，城市公共服务可及性的提高可以降低农民工的劳动供给强度（劳动时间和过劳劳动比例），并且使得其劳动时间资源的分配趋于合理化，有利于农民工的长期发展及其市民化能力的储备和提升。对农民工群体来说，由于大部分就业于“非正规部门”，其就业时间较长、劳动强度较大，超时劳动或过度劳动现象普遍存在。根据2017年中国流动人口动态监测调查数据（CMDS），农民工的平均周工作时间为58.05小时，其中超过44小时的高达76.94%[①]。可见，这一现实也印证了农民工普遍存在过度劳动的现象。

本章基于劳动供给效率（小时工资率）和劳动强度（周工作时间和过度劳动）两个角度，采用中介效应模型实证分析城市公共服务可及性对农民工市民化能力的影响机制。

表6-23报告了城市公共服务可及性通过劳动供给效率（小时工资率）影响农民工市民化能力的机制验证结果。模型34的估计结果表明，城市公共服务可及性对农民工的劳动供给效率（小时工资率）有显著的正向影响。通过比较模型33和模型35，我们发现加入劳动供给效率（小时工资率）中介变量后，城市公共服务可及性的估计系数有所下降，说明劳动供给效率（小时工资率）在城市公共服务可及性对农民工市民化能力的影响中具有一定的中介效应。从中介效应的效果值来看，劳动供给效率（小时工资率）在城市公共服务可及性对农民工市民化能力影响中的效果值为3.2%。以上结果进一步表明，劳动供给效率（小时工资

① 样本量为110 009个。

率）在城市公共服务可及性对农民工市民化能力的影响中存在中介效应。

表6-23　　　　中介机制之三：小时工资率

	市民化能力	小时工资率	市民化能力
	模型33	模型34	模型35
城市公共服务可及性	0.067***(0.002)	0.032***(0.007)	0.065***(0.002)
小时工资率			0.051***(0.002)
个人和家庭特征变量	是	是	是
就业特征变量	是	是	是
流动特征变量	是	是	是
城市特征控制变量	是	是	是
流出地地区固定效应	是	是	是
样本数	53 712	53 712	53 712
Adj. R^2	0.2909	0.3084	0.3246

表6-24和表6-25报告了城市公共服务可及性通过劳动强度影响农民工市民化能力的机制验证结果。表6-24的模型37和表6-25的模型40的估计结果表明，城市公共服务可及性的提高可以减少工作时间或降低过度劳动发生率，从而降低劳动强度。从中介效应的效果值来看，工作时间和过度劳动在城市公共服务可及性对农民工市民化能力影响中的效果值分别为2.9%和4.2%。这表明，劳动强度在城市公共服务可及性对农民工市民化能力的影响中存在中介效应。

表6-24　　　　中介机制之三：周工作时间

	市民化能力	周工作小时	市民化能力
	模型36	模型37	模型38
城市公共服务可及性	0.067*** (0.002)	-0.029*** (0.005)	0.065*** (0.002)
周工作时间			-0.032*** (0.004)
个人和家庭特征变量	是	是	是
就业特征变量	是	是	是
流动特征变量	是	是	是
城市特征控制变量	是	是	是
流出地地区固定效应	是	是	是
样本数	53 823	53 823	53 823
Adj. R^2	0.2899	0.1027	0.2948

表6-25　　中介机制之三：过度劳动

	市民化能力	过度劳动	市民化能力
	模型38	模型40	模型41
城市公共服务可及性	0.067*** (0.002)	−0.042*** (0.007)	0.065*** (0.002)
过度劳动			−0.033*** (0.003)
个人和家庭特征变量	是	是	是
就业特征变量	是	是	是
流动特征变量	是	是	是
城市特征控制变量	是	是	是
流出地地区固定效应	是	是	是
样本数	54 094	54 094	54 094
Adj. R^2	0.2904	0.1106	0.2974

6.6　本章小结

本章基于2017年中国流动人口动态监测调查数据（CMDS），从个体层面考察城市公共服务可及性对农民工市民化能力的影响。考虑到城市公共服务可及性与农民工市民化能力之间存在反向因果关系，我们使用工具变量法进行回归发现，城市公共服务可及性对农民工市民化能力有显著的正向影响。农民工的城市公共服务可及性越高，其市民化能力就越强。上述结果在经过变换变量等一系列稳健性检验之后仍然稳健。进一步研究发现，城市公共服务可及性对80后、少数民族、与配偶和子女一起流动还有无房且低技能的农民工群体的影响更为显著。我们还发现，城市公共服务可及性通过健康提升机制、身份认同机制和劳动供给机制来影响农民工市民化能力。

第7章　城市公共服务提供机制与农民工福利

农民工福利改善不仅是农民工市民化行为的主要动机，还是国家城市公共服务政策的最终落脚点。本章关注的是城市公共服务提供机制究竟会不会对农民工福利产生影响。鉴于此，本章基于Sen的可行能力理论，采用最小二乘法（OLS）和倾向值匹配方法（PSM），重点分析城市公共服务提供机制对农民工福利的影响机制，进行一系列稳健性检验和异质性分析，阐述农民工福利的构成并进行评价。

7.1　问题的提出

改革开放以来，特别是随着中国城镇化和工业化进程的持续推进，大量农业转移人口选择进城务工，农民工逐渐成为城市建设的主力军，并已成为中国城市化进程的重要推动力量。《2019年农民工监测调查报告》显示，2019年全国农民工总量达29 077万人，其中，进城农民工为13 500万人，占农民工总量的46.43%，进城农民工为国家城市建设乃至城市化发展做出了重大贡献。然而，由于户籍制度限制，农民工群体并未与本地居民同等享有城市公共服务，其就业、居住、子女教育等福利缺失，其福利水平也处于较低水平（张广胜等，2016；祝仲坤等，2020）。当前，中国常住人口城镇化率已经超过50%，开始进入快速城镇化阶段，但户籍人口城镇化率为43.37%[①]。可见，在保障农民工权益和提高其福利水平背景下，推动农民工的市民化进程以及新型城镇化进程就显得十分有意义。

2014年，国家城镇化发展开始步入以人为核心的新型城镇化建设阶段，居住证制度开始成为户籍制度改革和城市公共服务提供机制的重要载体。2016年，国家全面实行居住证制度，这标志着以居住证为载体的公共服务提供机制的建立。此外，31个省（自治区、直辖市）和各城市居住证的含金量也略有差异。以31个省（自治区、直辖市）的居住证政策文件为例，其中有17个省（自治区、直辖市）拓展了基本公共服务范围。而各城市政府基本上是在国家和所在省（自治区、直辖市）政府文件的基础上，根据自身实际情况，自行设置了基本公共服务的提供范围。根据《国务院办公厅关于印发〈推动1亿非户籍人口在城市落户方案〉的通知》（国办发〔2016〕72号）设定的发展目标，到2020年，全国户籍人口城镇化率提高到45%。2018年，我国常住人口城镇化率远超户籍人口城镇化率16.21%，二者之间的差距依然较大。可见，在国家全面推行居住证制度背景下，科学识别城市公共服务提供机制对农民工福利水平的影响，对推动农民工市民化进程以及中国城镇化进程具有重要的现实和实践意义。

农民工福利问题一直是学术界关注的重点，随着研究的不断深入，成果显著。而针对居住证对农民工福利水平影响方面的研究并不太多，并且未得到一致的结论。相关研究集中在两个方面，一方面是对农民工福利水平的评价。叶静怡和王琼（2014）研究发现，2008年北京市进城务工人员福利处于较低水平；而祝仲坤等（2020）和张广胜等（2016）分别采用2014年中国流动人口动态监测调查数据和沈阳市农民

① 国家统计局. 2018年国民经济和社会发展统计公报.（2019-02-28）[2022-09-13]. http://www.stats.gov.cn/tjsj/zxfb/201902/t20190228_1651265.html.

工数据进行了实证研究，并得到较为一致的结论。但是，针对农民工福利水平影响因素的研究，尤其是基于居住证视角研究农民工福利的文献相对不足。袁方等（2016）研究认为居住证制度明显提升了农民工的总体福利水平，但这一研究主要采用的是上海市的农民工调查数据，在数据的代表性方面存在改进的空间，并未反映国家整体水平。祝仲坤等（2020）则是从城市公共卫生服务视角研究居住证制度对农民工可行能力的影响。现有文献中，基于全国样本并从城市公共服务提供机制视角对农民工福利水平影响的研究较为缺乏，这也是本章的创新之处。

基于此，本章基于Sen的可行能力理论和2017年中国流动人口动态监测调查数据（CMDS），采用OLS模型和倾向值匹配方法实证考察了城市公共服务提供机制（居住证制度）对农民工福利水平的影响。本章的边际贡献有：

①本章采用具有代表性和权威的2017年中国流动人口动态监测调查数据，使得研究能够全面反映农民工问题的全貌，并以城市公共服务提供机制为切入点，研究视角更加新颖。

②本章以Sen的可行能力理论为基础，试图构建农民工福利水平的测度指标，并以此评价农民工的福利水平，为更好地改善和提升农民工的福利水平，进一步推动农民工的市民化进程和以人为核心的城镇化进程提出建议。

③本章从城市规模、代际、流动规模、不同福利水平和不同区域等5个维度对农民工样本进行分组回归，进一步考察持有居住证对农民工福利水平的异质性影响效果，以便更有针对性地提出相关政策建议，为推动农民工的市民化提供决策依据。

7.2 城市公共服务提供机制的影响与农民工福利的构成

7.2.1 城市公共服务提供机制对农民工福利的影响机理

Sen（1992）的可行能力理论改变了以个人效用、收入和资源等为核心的传统福利的分析思路和框架，提出了以功能、能力和自由等概念为核心的福利分析与评价体系。Sen（1992，1999）把个人福利定义为“人们值得去做的事情（doing）及达到的状态（beings）即功能性活动（function）和人们想要做到的事情和达到的状态的自由即可行能力（capability）”，并基于“各种功能性活动”的视角来评价个人福利。可行能力理论认为，个人福利应该是其功能性活动和可行能力的综合体现。其中，功能性活动代表了个人所具有的一种生活状态，而可行能力正是依据获得各种功能性活动的能力体现，这种能力可以被认为是个体能够获得的各种功能性活动的集合，反映了个体能够选择生活状态的自由。也就是说，个体福利与个人已经获得或所处的生活状态以及具备的可行能力均有密切联系。一方面，个体所处的生活状态是个体福利水平的直接反映；另一方面，个体福利水平的改善还要依靠自身可行能力的大小和变化，即是否可以更加自由地选择自己的生活状态和改善自身福利水平。

从宏观角度看，城乡之间的福利水平差异是农业转移人口流动和迁移的主要动力；而从微观角度看，寻求个体福利改善（如寻求就业机会、提高收入、享有更高质量的公共服务、追求美好生活等）是农民工市民化行为的主要动机之一。也就是说，提高自身福利水平是农民工市民化的起点，也是其最终的落脚点。但由于户籍制度的限制，农民工群体并不能同等享有就业创业、基础教育和社会保险等城市社会福利。

居住证制度开启了农民工享有公共服务以及福利改善的新时代，虽然居住证所附带的公共服务领域和范围有限，但是居住证制度的全面推行，无疑为农民工的福利改善提供了良好的政策环境，并助推了面向农民工群体的城市公共服务提供机制的建立和形成。以居住证制度为载体的城市公共服务提供机制，有力保障了农民工的教育、劳动就业等社会权益，有效解决了农民工的子女教育、就业、创业服务等后顾之忧，极大拓展了农民工的自由发展空间，有助于实现农民工的市民“梦想”，对改善农民工福利有着重要的现实意义。

图7-1显示了城市公共服务提供机制对农民工福利水平影响的作用机理。下面以基础教育和劳动就业为例，简要阐述城市公共服务提供机

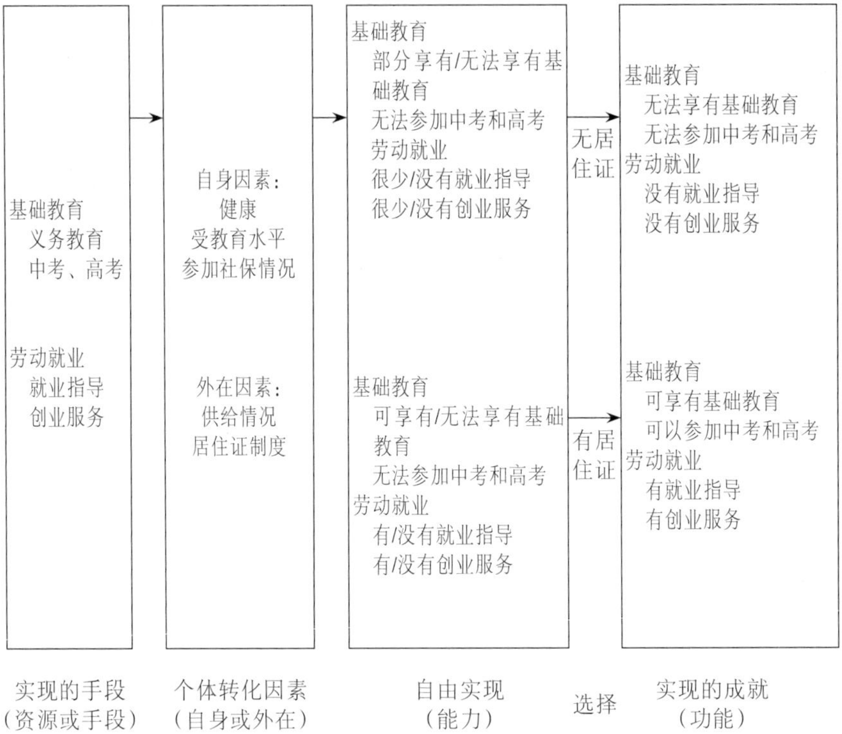

图7-1 城市公共服务提供机制对农民工福利的影响

制对农民工福利水平影响的作用机理。假设农民工的可行能力主要由基础教育和劳动就业2个功能指标构成。城市公共服务提供机制是农民工实现自由发展的外在因素，农民工的健康和受教育年限等为自身因素，二者共同构成实现成就的个体转化因素。在农民工自身因素的制约下，以及居住证制度等外在因素的影响下，获得居住证的农民工子女可以在流入地城市享有基础教育服务，包括参加中考和高考，在劳动就业方面也能得到就业指导和创业服务，在一定程度上提高了可行能力，其福利水平也得到提高。而对于没有获得居住证的农民工来说，其子女无法享有本地的基础教育[①]，在劳动就业方面也无法享受到就业指导和创业服务，自身的可行能力未得到提高，其福利水平也受到损坏。需要注意的是，由于申领居住证需要具备一定的条件[②]，不满足申领条件的农民工

① 对于无法申领到居住证的农民工来说，其子女会选择私立或民办教育机构就读。居住证政策文件中明确，居住证所附属的基础教育主要是指公办教育。

② 居住证的申领条件有三个，即合法稳定就业、合法稳定住所和连续就读。有些城市还对居住时间等有具体要求。

也会通过努力达到居住证的申领条件，这个过程也是农民工自身可行能力水平提高的过程，农民工福利水平自然会得到提高。

7.2.2 农民工福利的构成

由于可行能力的不可观测性，对于福利评价的关键就在于对个体功能性活动的界定与测量。Sen虽然提出了政治自由、经济条件、社会机会、透明性保证和防护性保障5种工具性自由，但并未给出明确的功能性活动清单。学者们在Sen的可行能力理论分析框架下进行了诸多研究，研究的重点主要集中在功能性活动的范围。如Alkire（2007）根据Sen关于公众选择的观点，提出了基于数据、研究者对公众所珍视事物的假设、公众共识、持续进行的目的性的参与机制以及从实证数据中得到的公众所珍视的事物5种选择功能性活动的方法，并提出生活、知识、娱乐、审美、社交、理性、宗教7个方面的功能性指标。Nussbaum（2003）提出了生活、身体健康、身体完整、思维、情感、理性、关系、娱乐、控制环境和其他10个方面的功能性活动清单。但遗憾的是，国内外学者未对功能性活动清单给出统一的答案。农民工市民化的动机除了改善经济状况之外，还包括完善的社会保障、良好的社会机会、愉悦的精神感受以及被认可的社区治理。鉴于此，本章在现有研究和Sen的可行能力理论的基础上，结合2017年中国流动人口动态监测调查数据，重点从经济状况、防御性保障、精神感受、社区治理参与和社会机会5个方面构建农民工福利的功能性活动清单（具体见表7-1），以此评价农民工的福利水平。

（1）经济状况

获得更高的收入不仅是农民工流动和迁移的主要动机，而且还是其福利水平的重要表征。根据Sen的可行能力理论，收入还是农民工改善福利的重要途径。此外，随着农民工收入的增加，其消费倾向也趋向于城市本地居民，与城市本地居民消费之间的差距越来越小，因此，消费支出也是衡量农民工经济状况的重要指标之一。现实中，拥有自有住房往往是农民工实现市民化的重要标志，在一定程度上体现了其经济能力。因此，本章选取家庭收入、家庭消费支出和住房性质3个指标作为

表 7-1　　**农民工的功能性活动的指标选取**

指标	均值	标准差	最小值	最大值	样本量
经济状况					
家庭收入	7.906	0.603	3.932	11.513	34 795
家庭支出	8.619	0.549	0	11.290	34 795
住房性质	0.535	0.236	0	1	34 795
防御性保障					
城镇职工医疗保险	0.300	0.458	0	1	34 795
劳动合同	0.599	0.490	0	1	34 795
工会活动	0.109	0.312	0	1	34 795
精神感受					
城市归属感	0.508	0.424	0	1	34 795
主动融入意愿	0.828	0.147	0.5	1	34 795
本地接受意愿	0.811	0.145	0.5	1	34 795
社区治理参与					
社区管理	0.046	0.163	0	1	34 795
党团活动	0.029	0.146	0	1	34 795
社会机会					
本地交往	0.510	0.364	0	1	34 795
受教育水平	0.619	0.230	0.25	1	34 795

注：根据2017年中国流动人口动态监测调查数据计算。

农民工福利的经济状况指标，分别采用“过去一年，您家平均每月总收入”“过去一年，您家在本地平均每月总支出”“您现有住房属于下列何种性质”来衡量农民工福利的经济状况。

（2）防御性保障

防御性保障是保障弱势群体安全和基本生存能力的重要制度。由于户籍制度的限制，大多数农民工游离于城市社会保障体系之外，无法享受到本地的社会保障，农民工的防御性保障严重缺失，导致其防御性风险加大。这种防御性保障的缺失，极大限制了农民工实现自由发展和选择的能力，不利于其市民化行为和进程。本章选取城镇职工医疗保险和劳动合同2个指标作为农民工福利的防御性保障指标，分别采用“您是否参加城镇职工医疗保险”“您在何处参加城镇职工医疗保险”“您与目前工作单位（雇主）签订的劳动合同种类”来衡量农民工福利的防御性保障。

（3）精神感受

由于农民工大多从事“脏”“累”“差”工作，再加上歧视性的称谓，农民工有时会受到城市本地居民的歧视和不公平对待，因此，农民工的精神感受不仅会影响其工作和生活，还会影响其市民化行为和决策。本章选取城市归属感、主动融入意愿和本地接受意愿3个指标作为农民工福利的精神感受指标，分别采用“如果您符合本地落户条件，您是否愿意把户口迁入本地”“您是否同意‘我很愿意融入本地人当中，成为其中一员’这个说法”“您是否同意‘我感觉本地人愿意接纳我成为其中一员’这个说法”。

（4）社区治理参与

政治自由是Sen提出的5种工具性自由之一，其核心观点是个体具有一定的社区治理参与权利，从而保障其政治权益。在农民工市民化进程中，伴随着从“农民工”到“市民”的身份转换，这种身份转换附带的政治权益也应得到体现。因此，社区治理参与是农民工在本地政治权益的重要体现形式。本章选取社区管理、党团活动2个指标作为农民工福利的社区治理参与指标，分别采用“2016年以来您是否给所在单位/社区/村提建议或监督单位/社区/村务管理”“2016年以来您是否参与党/团组织活动，参与党支部会议”衡量。

（5）社会机会

Sen的可行能力理论认为，个体应该在教育、医疗、就业等方面享有公平公正的选择机会，具备实现自由发展的机会条件。从现实来看，农民工在城市就业、子女教育和医疗保险等方面并不具有与城市本地居民同等的选择机会，这在一定程度上限制了农民工在城市的选择机会。在中国，关系资本在农民工市民化进程中发挥着不可替代的作用。农民工进入城市后，在遇到困难和问题时，除了向同乡或亲戚等传统社会关系寻求帮助之外，还会通过同事等寻求帮助。本章选取本地交往和受教育水平2个指标作为农民工福利的社会机会指标，分别采用“您业余时间在本地和谁来往最多”和“您的受教育程度”衡量。

7.3 数据、变量与模型

7.3.1 数据来源与说明

本章数据均来自2017年国家卫生和计划生育委员会开展的中国流动人口动态监测调查。所用数据做如下处理：第一，删除非农业、农转居、非农转居、居民和其他户籍样本，只保留农业户口样本；第二，删除了新疆生产建设兵团和西藏自治区的样本，并删除了流入地为州、盟和师的样本；第三，删除非务工经商原因的样本，只保留务工/工作、经商的样本。经过样本筛选后，剔除缺失值后，研究所用样本数为34 795个。

7.3.2 农民工福利水平测度

本章根据Sen的可行能力理论，并在已有研究的基础上，将农民工的福利分为经济状况、防御性保障、精神感受、社区治理参与和社会机会5个维度13个指标，并基于这5个维度对农民工的福利进行测度。农民工之所以选择迁移和流动，不仅是为了获得更多的就业机会和更高收入，更重要的是为了改善自身及家庭生活状况，追求更加美好的生活。

本章借鉴模糊数学方法[①]，对农民工的福利水平进行测度。该方法的核心是依据设定的隶属函数计算福利各维度的隶属度和权重，最终合成农民工的福利。本章所用功能性活动指标分为二分变量、连续变量和定序变量三类[②]，其隶属函数见式（7-1）和（7-2）。

假设x_{ij}是农民工福利的第i个功能性活动指标：

$$\mu(x_{ij}) = \begin{cases} 0, & if x_{ij} = 0 \\ 1, & if x_{ij} = 1 \end{cases} \tag{7-1}$$

① 模糊数学方法由Zadeh在1965年提出。

② 其中，家庭收入和家庭支出为连续变量。主动融入意愿、本地接受意愿、受教育水平为定序变量，其余变量均为二分变量。

$$\mu(x_{ij})=\begin{cases}0,\ if x_{ij}=0\\ \dfrac{x_{ij}-min(x_{ij})}{max(x_{ij})-min(x_{ij})}\\ 1,\ if x_{ij}=1\end{cases} \tag{7-2}$$

其中：x_{ij}为农民工福利的第i个功能性活动指标；$max(x_{ij})$和$min(x_{ij})$分别为指标x_{ij}的最大值和最小值。一般情况下，x_{ij}越大，说明农民工的福利水平越高。

二分变量依据式（7-1）计算各功能性活动指标的隶属度，连续变量和定序变量依据式（7-2）计算各功能性活动指标的隶属度。

本章借鉴Chelia和Lemmi（1995）的做法，确定各功能性活动指标的权重。

$$\omega_{ij}=ln\left[\frac{1}{\overline{\mu(x_{ij})}}\right] \tag{7-3}$$

根据式（7-1）、（7-2）和（7-3）计算各指标的隶属度和权重后，再根据Cerioli和Zani（1990）的做法计算农民工的福利。

$$f(x_{ij})=\sum_{j=1}^{k}\left(\overline{\mu(x_{ij})}\times\omega_i\right)/\sum_{j=1}^{k}\omega_{ij} \tag{7-4}$$

表7-2汇报了农民工各功能性活动指标的隶属度及权重。农民工总福利水平的模糊指数为0.244。根据居民福利水平的划分标准（Martinetti，2000）①，本章计算的农民工福利处于较低水平。分指标如下：

①经济状况。农民工经济状况的隶属度为0.568，处于福利的中等水平，并高于农民工整体福利水平，表明农民工的经济状况有了明显的改善。其中，家庭收入的隶属度较高，达0.757，处于福利的高水平，再一次印证了之前的判断。而家庭支出和住房的隶属度均低于经济状况的隶属度，但还是处于福利的中等水平，这表明农民工的消费和住房状况有所改善，但其改善明显低于家庭收入。

②防御性保障。农民工防御性保障的隶属度为0.236，处于福利的低水平，这表明农民工在流入地城市的医疗保险等防御性保障严重缺

① Martinetti（2000）将高于0.6的划分为高福利，低于0.4的为低福利，介于0.4和0.6之间的为中等福利。

表7-2 农民工福利的隶属度及权重

功能性活动指标	隶属度	权重	权重归一化
经济状况	0.568	1.56	0.105
家庭收入	0.757	0.279	0.019
家庭支出	0.524	0.646	0.043
住房性质	0.530	0.635	0.043
防御性保障	0.236	3.845	0.258
城镇职工医疗保险	0.312	1.164	0.078
劳动合同	0.612	0.491	0.033
参与工会活动	0.112	2.190	0.147
精神感受	0.594	1.524	0.102
永久定居意愿	0.531	0.633	0.042
愿意融入	0.659	0.417	0.028
本地愿意接受	0.622	0.474	0.032
社区治理参与	0.037	6.588	0.442
社区管理	0.047	3.063	0.206
业主、选举	0.029	3.525	0.236
社会机会	0.501	1.388	0.093
在本地与谁交往最多	0.506	0.682	0.046
受教育水平	0.493	0.706	0.047
总福利	0.244		

乏。对于大多数农民工来说，一般是在户籍地参加新农合、新农保等社会保险，而在本地参加的很少，农民工签订劳动合同的比例也较低，这些现实情况使得农民工在流入地城市的防御性保障条件较差。其中，农民工劳动合同的隶属度为0.612，处于福利的高水平。而城镇职工医疗保险和参与工会活动的隶属度均处于福利的低水平，这在一定程度上表明，农民工的防御性保障条件堪忧。

③精神感受。农民工精神感受的隶属度为0.594，处于福利的中等水平，这表明随着农民工市民化进程的推进，特别是随着其市民化能力的增强，农民工在流入地城市的社会融入感日益增强，市民化意愿和倾向越来越强。其中，农民工永久定居意愿的隶属度为0.531，处于福利的中等水平；农民工的主动融入意愿和本地接受意愿均高于精神感受的隶属度，这表明农民工较好地融入了流入地本地社会，从而使得农民工有较好的精神感受，促使农民工更愿意留居本地。

④社区治理参与。农民工社区治理参与的隶属度仅为0.037，处于福利的较低水平，这表明在农民工市民化进程中，农民工很少参与流入地城市的社区管理、业主和选举等城市建设与管理，这会使得农民工缺乏对城市的身份认同，这不利于农民工的市民化。其中，农民工社区管理和业主和选举的隶属度均处于较低水平，特别是业主和选举的隶属度更低，这进一步表明农民工在社区治理方面处于缺失地位，不仅反映出农民工所在社区工作的不到位，还暴露出农民工参与社区管理的主动性和积极性不够，不重视社区管理和活动。

⑤社会机会。农民工社会机会的隶属度仅为0.501，处于福利的中等水平，这表明在农民工市民化进程中，农民工的人力资本和社会资本得到了显著提高，农民工的社会机会也越来越多。其中，农民工社会交往的隶属度为0.506，处于福利的中等水平。这表明，农民工在流入地城市逐渐建立起以本地人和同乡等为主的社交网络，形成了特色的关系资本，这将有利于增加农民工在本地的社会机会。农民工受教育水平的隶属度为0.493，处于福利的中等水平。也就是说，农民工群体的受教育水平有了显著提高，这在一定程度上增加了农民工在流入地城市的就业机会和获取收入机会。

7.3.3 其他变量选取

（1）自变量

模型的自变量为居住证的虚拟变量。在CMDS2017问卷中“您是否办理了暂住证/居住证”，有“是”和“否”2个选项，以此反映农民工办理居住证情况。本章将“是”设置为1，将“否”设置为0。

（2）控制变量

此外，本章还引入了个人特征、家庭特征、就业特征、流动特征和城市特征，见表7-3。

表7-3 **主要变量统计描述**

变　量	样本量	均值	标准差	最小值	最大值
被解释变量					
农民工福利	34 795	0.242	0.119	0.032	0.983
解释变量					
居住证	34 795	0.660	0.474	0	1
个人和家庭控制变量					
年龄	34 795	34.214	9.721	15	79
年龄平方	34 795	12.651	7.314	2.25	62.41
性别	34 795	0.419	0.493	0	1
婚姻状态	34 795	0.736	0.441	0	1
自评健康	34 795	3.844	0.390	1	4
同住家庭人数	34 795	2.888	1.233	1	10
就业单位性质	34 795	2.129	0.682	1	4
流动时间	34 795	2.862	0.841	1	4
流动范围	34 795	2.246	0.749	1	3
城市特征					
城市规模	34 795	5.696	0.977	2.773	7.803
城市规模平方	34 795	33.393	11.244	7.687	60.894
城市行政等级	34 795	0.601	0.490	0	1
房价	34 795	9.061	0.614	7.310	10.718

根据以往文献的做法，本章选取了年龄（自然年龄，2017年至出生年）、年龄平方、性别（男=1，女=0）、婚姻状态（已婚=1，其余类

型=0)、同住家庭人数等变量，控制个人和家庭特征对农民工福利的影响。

就业特征和流动特征变量也会影响农民工的福利水平，本章也对此进行了控制。本章选取了就业单位性质（划分成四档，分别赋值1~4）①、合同（签订劳动合同=1，未签订=0）、流动时间（2017年至流动年份）、流动范围（跨省、省内跨市、市内跨县，分别取值1~3）等变量，以控制就业特征和流动特征对农民工福利水平的影响。

农民工的福利水平，也与流入地的城市规模、房价等因素有关，因此，本章还控制了城市人口规模（户籍人口数，取对数）、城市规模平方、城市行政等级（首都、国家级城市、副省级城市、省会为1，其余为0)、房价（根据销售额除以销售面积计算而得，并取对数）等城市特征变量，以控制城市特征对农民工福利水平的影响。

本章将农民工的流入地省份划分为东部、中部、西部和东北4个地区，设置了地区的虚拟变量，控制了流入地的地区固定效应。

7.3.4 模型设定

（1）最小二乘估计法（OLS）

基于以上分析，本章采用OLS研究城市公共服务提供机制对农民工福利水平的影响，模型如下：

$$WELF_{ij} = \alpha_0 + \beta PSDM_j + \delta H_i + \gamma Z_j + \varepsilon_{ij} \tag{7-5}$$

其中：$WELF_{ij}$为农民工i的福利水平；$PSDM_j$为农民工i所在城市j的公共服务提供机制，为微观层面的农民工是否办理了居住证；H_i为农民工i的个人和家庭控制变量；Z_j为农民工i所在城市j的控制变量。

（2）选择性偏误纠正：PSM模型

根据本章的模型设定，要想获得办理居住证对农民工福利水平的因果识别效应，需要处理好两种可能存在的内生性问题：

①模型遗漏变量偏误。虽然本章在参考已有研究的基础上控制一系列影响农民工福利水平的重要因素，但仍然可能存在一些遗漏变量，这

① 农民工的就业单位性质划分成4类：一类是其他、无单位和社团/民办组织；二类是个体工商户、股份/联营企业和私营企业；三类是机关、事业单位、国有及国有控股企业、集体企业；四类是港澳台独资企业、外商独资企业、中外合资企业。以上4类分别赋值1~4。

些遗漏变量可能导致模型估计结果产生偏误。

②反向因果关系。农民工在选择是否持有居住证时存在内生性，不同类型的农民工对居住证的偏好也各不相同，市民化福利好的农民工可能更加倾向于办理居住证，这种由反向因果关系所产生的内生性问题也会导致模型估计结果有偏。

本章参照经典的反事实分析框架，采用倾向值匹配方法（propensity score matching，PSM）进行稳健性检验。研究过程与步骤如下：

第一，选择协变量 x_i。借鉴相关文献，将影响农民工福利水平和持有居住证的因素纳入模型，即个人特征、家庭特征、流动特征、就业特征和城市特征变量，以保证可忽略假设。

第二，计算倾向得分。本章运用Logit模型计算农民工 i 持有居住证的倾向得分值，并在模型中加入年龄的平方项，使用形式灵活的Logit模型，更好地提高计算结果的精确性。

第三，进行倾向得分匹配。本章选用了1对1匹配、邻近匹配、卡尺匹配3种主流方法进行匹配，并采用标准化偏差来检验 x_i 在匹配后的处理组和对照组之间的分布是否实现了统计学上的数据平衡。

第四，根据匹配样本计算3种平均处理效应，处理组的平均处理效应（ATT），即持有居住证的农民工福利变化的平均值；对照组的平均处理效应（ATU），即未持有居住证的农民工福利变化的平均值；全样本的平均处理效应（ATE），即随机样本农民工福利变化的平均值。

7.4 实证结果分析

7.4.1 有无居住证农民工的福利差异

表7-4汇报了是否持有居住证农民工的福利差异情况。总体上看，农民工福利的隶属度均值为0.244，处于中等水平。持有居住证农民工的福利隶属度均值为0.251，高于农民工总体福利水平；而无居住证农民工的福利隶属度均值为0.231，低于农民工总体福利水平。

表7-4　有居住证和无居住证农民工福利的差异

功能性活动指标	有居住证		无居住证		总计	
	均值	标准差	均值	标准差	均值	标准差
经济状况	0.060	0.012	0.059	0.013	0.060	0.012
防御性保障	0.066	0.076	0.051	0.068	0.061	0.074
精神感受	0.062	0.027	0.057	0.026	0.061	0.026
社区治理参与	0.017	0.052	0.017	0.053	0.017	0.052
社会交往	0.046	0.023	0.047	0.024	0.046	0.024
总福利	0.251	0.120	0.231	0.117	0.244	0.119

从分项看，持有居住证的农民工在经济状况、防御性保障、精神感受3个方面的隶属度均高于无居住证农民工的隶属度。无居住证农民工在社会交往的隶属度高于持有居住证农民工的隶属度，在社区治理参与方面的隶属度基本相当。当前，国家在全面推行居住证制度，逐步建立了以居住证为载体的基本公共服务提供机制，这有利于改善农民工的福利水平。以上结果表明，居住证制度的确改善了农民工的福利水平。

7.4.2　基准回归结果

表7-5汇报了持有居住证对农民工福利水平以及5个功能性活动指标影响的估计结果。模型1的估计结果显示，持有居住证的回归系数为0.0150，并且通过了1%的显著性检验，这表明持有居住证对农民工总体福利有显著正向影响。也就是说，相比于没有持有居住证的农民工来说，持有居住证的农民工的总体福利水平更高。模型2~6分别为居住证对经济状况、防御性保障、精神感受、社区治理参与和社会机会等5个分指标的估计结果。具体来看，持有居住证对农民工的经济状况、防御性保障、精神感受和社会机会均有显著的正向影响，表明居住证制度改善了农民工的经济状况、防御性保障、精神感受和社会机会等福利水平。

从估计系数看，持有居住证对农民工防御性保障的提升作用最为明显，可能的原因是，居住证制度的全面推行，有效保障了农民工的合法

表 7-5 **基准回归结果**

	总福利	经济状况	防御性保障	精神感受	社区治理参与	社会机会
	模型 1	模型 2	模型 3	模型 4	模型 5	模型 6
居住证	0.0150*** (0.0033)	0.0009** (0.0004)	0.0076*** (0.0018)	0.0046*** (0.0007)	0.0008 (0.0009)	0.0011* (0.0006)
年龄	0.0044*** (0.0007)	0.0008*** (0.0001)	0.0028*** (0.0004)	0.0004** (0.0002)	0.0005** (0.0002)	0.0000 (0.0002)
年龄平方	−0.0078*** (0.0009)	−0.0012*** (0.0001)	−0.0042*** (0.0005)	−0.0005*** (0.0002)	−0.0010*** (0.0003)	−0.0009*** (0.0002)
性别	−0.0092*** (0.0017)	−0.0001 (0.0002)	−0.0032*** (0.0010)	0.0010** (0.0004)	−0.0049*** (0.0007)	−0.0019*** (0.0003)
婚姻状态	0.0178*** (0.0029)	0.0067*** (0.0005)	0.0048*** (0.0017)	0.0013** (0.0006)	0.0024** (0.0010)	0.0026*** (0.0006)
不健康	−0.0505*** (0.0125)	0.0040*** (0.0011)	−0.1183*** (0.0102)	0.0292*** (0.0026)	0.0149*** (0.0025)	0.0197*** (0.0020)
基本健康	−0.0323*** (0.0110)	0.0044*** (0.0011)	−0.1140*** (0.0095)	0.0312*** (0.0026)	0.0202*** (0.0020)	0.0259*** (0.0016)
健康	−0.0234** (0.00106)	0.0035*** (0.0009)	−0.1100*** (0.0093)	0.0348*** (0.0003)	0.0196*** (0.0019)	0.0288*** (0.0017)
同住家庭人数	−0.0052*** (0.0009)	0.0012*** (0.0001)	−0.0025*** (0.0006)	−0.0006*** (0.0002)	−0.0013*** (0.0003)	−0.0020*** (0.0002)
省内跨市	−0.0014 (0.0044)	−0.0007 (0.0006)	0.0015 (0.0026)	−0.0005 (0.0011)	−0.0003*** (0.0012)	−0.0014* (0.0007)
跨省	−0.0230*** (0.0055)	−0.0027*** (0.0006)	−0.0055* (0.0033)	−0.0042*** (0.0013)	−0.0036 (0.0012)	−0.0069*** (0.0009)
流动时间	0.0101*** (0.0013)	0.0010*** (0.0002)	0.0055*** (0.0007)	0.0010*** (0.0003)	0.0012*** (0.0003)	0.0014*** (0.0002)
城市规模	−0.0464*** (0.0174)	−0.0067* (0.0026)	−0.0122 (0.0129)	−0.0118** (0.0048)	−0.0070* (0.0036)	−0.0087** (0.0037)
城市规模平方	0.0046*** (0.0016)	0.0006*** (0.0002)	0.0013 (0.0012)	0.0011** (0.0004)	0.0007** (0.0003)	0.0008** (0.0003)

续表

	总福利	经济状况	防御性保障	精神感受	社区治理参与	社会机会
	模型1	模型2	模型3	模型4	模型5	模型6
城市行政等级	−0.0039 (0.0077)	−0.0000 (0.0009)	−0.0056*** (0.0049)	0.0013 (0.0020)	−0.0014 (0.0015)	0.0017 (0.0018)
房价	0.0255*** (0.0071)	0.0017** (0.0007)	0.0190*** (0.0052)	0.0040* (0.0021)	0.0021* (0.0012)	−0.0013 (0.0016)
就业单位性质	是	是	是	是	是	是
地区固定效应	是	是	是	是	是	是
Adjusted R^2	0.1838	0.1763	0.2277	0.0304	0.0377	0.1563
样本数	34 795	34 795	34 795	34 795	34 795	34 795

注：*、**、***分别表示变量在10%、5%、1%的水平上显著。括号内为聚类到城市层面的稳健标准误。健康以不健康为参照组。流动范围以市内跨县为参照组。地区固定效应以东北地区为参照组。健康以生活不能自理为参照组。就业单位性质以其他、无单位和社团/民办组织为参照组。

权益，显著增强了农民工的防御性保障能力。此外，持有居住证的农民工，往往具有更强的身份认同感，在本地的社会融入感更强，更有利于扩大自身的社会关系网络，从而他们的精神感受更强，社会机会更多。相对而言，持有居住证对农民工经济状况的提升作用较弱。可能的原因是，经济状况好的农民工总体福利水平较高，居住证制度对其福利水平的提升作用相当有限。值得注意的是，持有居住证对农民工社区治理参与的影响为正，但统计上不显著。可能的原因是，无论是从国家的居住证文件，还是各个省（自治区、直辖市）和城市的居住证政策文件来看，居住证并没有附带选举等政治权利。

控制变量方面，年龄与农民工福利水平呈倒“U”形关系。这说明随着年龄的增加，农民工的福利水平呈现出“先增后减”的发展态势。已婚和女性农民工福利水平更高。不同健康状态和水平的农民工，其福利水平有所差异。农民工的同住家庭人数越多，其福利水平越低。可能的原因是，家庭成员越多，生活成本就越大，完全实现市民化的难度就越大，致使农民工福利水平较低。相对于市内跨县类型来说，省内跨市和跨省类型的农民工的福利水平较低。流动时间越长，福利水平就越高。城市特征方面，城市规模与农民工福利水平之间呈现出“U”形关系，表明随着城市规模的扩大，农民工的福利水平是先下降，然后再增加。非省会城市的农民工的福利水平较高。可能的原因是，相对于非省会城市，省会等城市的就业压力和经济压力更大，致使农民工的福利水平受损严重。房价对农民工的福利水平有显著的正向影响，这表明城市的房价越高，农民工的福利水平越高。一般情况下，拥有自有住房，不仅凸显了农民工的经济实力，还在一定程度上表明了农民工的福利水平。

7.4.3 选择性偏误纠正

本章接下来根据农民工是否办理了居住证，采用倾向得分匹配方法（PSM）估计持有居住证对农民工福利的“处理效应”。为确保倾向得分匹配结果的可靠性，本章进行了平衡性检验，即经过匹配后，对照组和处理组农民工福利方面存在差异性，在协变量方面也存在显著的系统性差异。平衡性检验结果表明，个人特征、家庭特征、就业特征和流动特征等协变量的标准化偏差均小于10%，而且所有t检验的结果也接受原假设，所有协变量均通过了平衡性检验。这说明经过倾向得分匹配后，持有居住证与未持有居住证农民工的特征差异得到较大程度的消除，在进行倾向得分匹配时仅会损失少量样本。

图7-2显示了匹配前后处理组与控制组的倾向值得分概率分布，其中左边和右边分别为匹配之前和匹配之后的倾向值得分概率分布。进一步发现，匹配之前持有居住证和未持有居住证样本的概率分布差异比较大，两组样本的重叠区域较窄。而经过匹配后，办理居住证和未办理居住证样本的概率分布差异明显减小，其重叠区域也较匹配之前明显扩大。这一结论进一步表明，倾向得分匹配法能够明显弱化办理居住证与未办理居住证样本之间的标准化偏误，使得这两组样本基本不存在系统性差异，可以更好地评估居住证对农民工福利水平的影响效应。

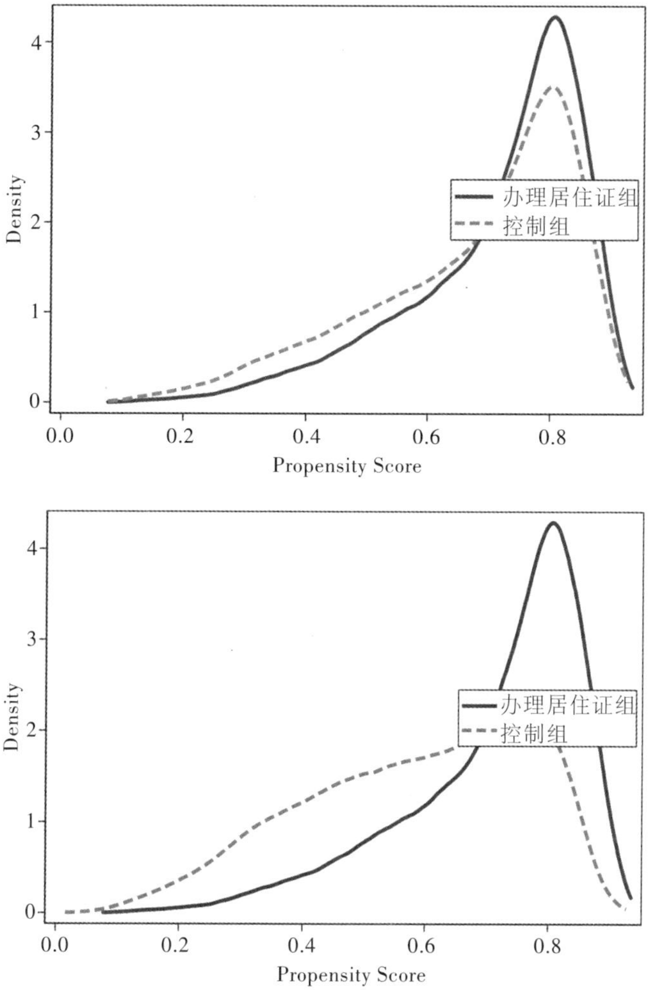

图7-2 匹配前后处理组与控制组的倾向值得分概率分布

表7-6模型7~9分别报告了持有居住证对农民工的福利水平采用1对1匹配、邻近匹配（K=4）和卡尺匹配（K=4，卡尺为0.01）方法后的估计结果。其中：ATE表示考虑整个样本的匹配结果；ATU表示只考虑未持有居住证的匹配结果；ATT则为仅考虑持有居住证的平均处理效应，这也是本章最关心的结果。

由表7-6可知，所有匹配结果均显著为正，且都在1%水平上显著，说明持有居住证使得农民工的福利水平平均提高2.2个百分点。倾向得分匹配估计结果与基准模型较为接近，进一步验证了本章结论，即持有居住证能够显著提高农民工的福利水平。

表7-6　　倾向得分回归估计结果

估计方法	1对1匹配	邻近匹配	卡尺匹配
	模型7	模型8	模型9
未匹配	0.020*** (0.001)	0.020*** (0.001)	0.020*** (0.001)
ATT	0.020*** (0.002)	0.022*** (0.002)	0.022*** (0.002)
ATU	0.014*** (0.002)	0.013*** (0.002)	0.013*** (0.002)
ATE	0.018*** (0.002)	0.019*** (0.001)	0.019*** (0.002)

注：*、**、***分别表示10%、5%和1%统计显著水平。

7.4.4 稳健性检验

本文下面将从变换被解释变量、核心解释变量和删除样本3个维度，进行回归的稳健性检验。

（1）变换被解释变量

接下来，本章通过变换被解释变量和核心解释变量的方法，进行稳健性检验。首先，将农民工福利设置成高福利的二元变量，将高于均值以上的市民化能力设置成1，低于均值的设置为0。在此基础上，采用Probit模型进行估计，具体见表7-7中的模型10。估计结果显示，在控制个人和家庭特征、就业特征、流动特征和城市特征等变量和流入地地区固定效应的情况下，持有居住证对农民工高福利有显著正向影响。

本章将城市持有居住证比重替换为核心解释变量，重新进行估计，见表7-7模型11。估计结果显示，城市持有居住证比重对农民工福利水平有显著正向影响。这表明城市持有居住证的比重越高，农民工的福利水平越高。此外，本章还将被解释变量和被解释变量计算到城市层面进行估计，具体见模型12和模型13。模型12的估计结果显示，持有居住证对城市低福利农民工比重有显著负向影响，从整体上看，居住证制度降低了城市中低福利农民工的比重。模型13进一步证实了这一点，城市持有居住证比例越高，低福利农民工比重越低。

表7-7 **变换变量**

变 量	农民工高福利	农民工福利	城市低福利农民工占比	城市低福利农民工占比
	模型10	模型11	模型12	模型13
居住证	0.1527*** (0.0382)		-0.0023*** (0.0006)	
城市持有居住证比重		0.0312*** (0.0097)		-0.0251** (0.0125)
个人和家庭特征	是	是	是	是
流动特征	是	是	是	是
就业特征	是	是	是	是
流入地地区固定效应	是	是	是	是
Adjusted R^2	0.1220	0.1837	0.2345	0.2428
样本数	34 794	34 795	31 238	31 238

注：*、**、***分别表示10%、5%和1%统计显著水平。括号内为聚类到城市层面的稳健标准误。

（2）删除样本

我国于2016年全面推行居住证制度，而上海市、广东省等早些年已经实施了该制度。鉴于此，本书将删除较早实施居住证制度（北京市、上海市、广东省、山西省和江苏省）的省（直辖市）样本、剔除2016年之前流入本地的样本，只保留北京市、上海市、广东省、山西省和江苏省等省（直辖市）样本进行稳健性检验，具体见表7-8中模型14~16。模型14的估计结果显示，持有居住证对农民工的福利水平有显著的正向影响。而剔除2016年之前流入本地的样本后，模型15的估计结果依然显著。模型16为北京市等4省份样本的估计结果，结果依然稳健。持有居住证对农民工的福利水平影响更大，这进一步证实了居住证制度的方向性和正确性。

表7-8 **删减样本**

被解释变量：农民工福利	删除较早实施居住证的省份样本	删除2016年之前流入本地的样本	北京市等4省份
	模型14	模型15	模型16
居住证	0.0080*** (0.0026)	0.0162*** (0.0031)	0.0350*** (0.0045)
个人和家庭特征	是	是	是
流动特征	是	是	是
就业特征	是	是	是
流入地地区固定效应	是	是	是
Adjusted R^2	0.1831	0.1629	0.1906
样本数	25 692	9 896	9 103

注：*、**、***分别表示10%、5%和1%统计显著水平。括号内为聚类到城市层面的稳健标准误。

7.4.5 异质性分析

本部分将从城市规模、代际、流动规模、不同福利水平和不同区域5个维度对农民工样本进行分组回归，进一步考察居住证对农民工福利水平的异质性影响效果。

（1）分城市规模

本章根据城市市辖区户籍人口数将样本划分成小城市、中等城市、Ⅰ型大城市、Ⅱ型大城市、特大超大城市5类分样本，估计结果见表7-9中模型17~21。估计结果显示，持有居住证对Ⅱ型大城市、Ⅰ型大城市和特大超大城市农民工的福利水平有显著正向影响，其中特大超大城市的影响效应最大，而对中等城市和小城市农民工的福利水平影响不显著。究其原因是，城市规模越大，其就业机会越多，收入水平越高，城市包容度越高，福利水平也较高。此外，农民工还是主要流向了大城市以及特大超大城市，对这些城市有一定的偏好。相比于大城市，中小城市的经济和生活压力较小，其城市公共服务获取较容易，福利水平较高。

表7-9　　异质性分析：分城市规模

	小城市	中等城市	Ⅱ型大城市	Ⅰ型大城市	特大超大城市
	模型17	模型18	模型19	模型20	模型21
居住证	0.0029 （0.0058）	0.0018 （0.0067）	0.0098** （0.0044）	0.0206*** （0.0055）	0.0207** （0.0075）
个人和家庭特征	是	是	是	是	是
流动特征	是	是	是	是	是
就业特征	是	是	是	是	是
流入地地区固定效应	是	是	是	是	是
Adjusted R^2	0.2396	0.1912	0.2131	0.1882	0.1695
样本数	1 314	2 984	12 816	8 065	9 616

注：*、**、***分别表示10%、5%和1%统计显著水平。括号内为聚类到城市层面的稳健标准误。

（2）分代际和流动规模

本章根据年龄将农民工划分成第一代（1980年之前出生的农民工）和新生代农民工（1980年及之后出生的农民工），估计结果见表7-10中的模型22和模型23。估计结果显示，持有居住证对第一代和新生代农民工的福利水平均有正向显著影响，并且对第一代农民工的福利水平的影响效应更大。可能的原因是，相对于新生代农民工，第一代农民工的总体福利水平较低，并且他们对福利改善更加敏感，因而影响效应较大。

此外，本章还依据同住家庭人数将流动规模划分成1人、2人和3人及以上3组分样本，验证持有居住证对不同流动规模农民工的福利水平的影响差异，估计结果见表7-10中的模型24~26。我们发现，持有居住证对1人、2人和3人及以上不同流动规模农民工的福利水平均有正向显著影响，并且对2人流动规模农民工的福利水平的影响效应更大。可能的原因是，农民工的流动呈现出了家庭流动趋势，以夫妻或子女共同流动为主。在这种现实情况下，农民工个体更加注重家庭的福利改善，因而对2人及以上流动规模农民工的福利水平影响更大。这一结论进一步表明，居住证制度更大影响了夫妻以及家庭成员共同流动的农民工群体。也就是说，如何改善农民工的家庭福利水平，是当前和今后一段时间居住证制度改革的重点和方向。

表 7-10 **异质性分析：分代际和流动规模**

	代际		流动规模		
	新生代	第一代	1人	2人	3人及以上
	模型22	模型23	模型24	模型25	模型26
居住证	0.0128*** (0.0039)	0.0171*** (0.0031)	0.0146*** (0.0040)	0.0163*** (0.0043)	0.0147*** (0.0035)
个人和家庭特征	是	是	是	是	是
流动特征	是	是	是	是	是
就业特征	是	是	是	是	是
流入地地区固定效应	是	是	是	是	是
Adjusted R^2	0.1935	0.1584	0.1882	0.2141	0.1880
样本数	22 162	12 633	6 715	4 486	23 594

注：*、**、***分别表示10%、5%和1%统计显著水平。括号内为聚类到城市层面的稳健标准误。

（3）分福利水平

居住证对不同福利水平的农民工具有不同的政策效应。本章将农民工的福利水平划分为高福利（模糊指数>0.6）、中等福利（0.4≤模糊指数≤0.6）和低福利（模糊指数<0.6）。表7-11显示了持有居住证对不同福利水平下的农民工福利的影响效应。估计结果显示，持有居住证对低福利水平农民工的福利影响显著为正，而对中高福利水平的农民工福利影响不显著，并且对高福利水平的农民工福利的影响为负。究其原因是，相对于中等福利水平的农民工来说，高福利水平农民工的经济状况较好，防御性保障条件较好，市民化水平较高，并不需要居住证制度来提升其福利水平。因此，居住证制度的推行会使得农民工自身福利受损。

表7-11 **异质性分析：分福利水平**

	低福利	中等福利	高福利
	模型27	模型28	模型29
居住证	0.0111***（0.0021）	0.0004（0.0025）	-0.0019（0.0059）
个人和家庭特征	是	是	是
流动特征	是	是	是
就业特征	是	是	是
流入地地区固定效应	是	是	是
Adjusted R^2	0.1415	0.0261	0.0869
样本数	31 238	2 962	595

注：*、**、***分别表示10%、5%和1%统计显著水平。括号内为聚类到城市层面的稳健标准误。

（4）分不同区域

我国自2016年实施《居住证暂行条例》以来，31个省（自治区、直辖市）全部出台了居住证实施办法，其中有14个省（自治区、直辖市）落地实施了《居住证暂行条例》规定的6大基本公共服务和7项便利，有17个省（自治区、直辖市）积极探索扩展了基本公共服务范围。本章据此将这17个省（自治区、直辖市）归为一类，统称为“居住证福利增加区域”；将另外14个省（自治区、直辖市）归为一类，统称为“居住证福利未增加区域”。

表7-12报告了持有居住证对“居住证福利增加区域”和“居住证福利未增加区域”农民工福利水平影响的估计结果。模型30和模型31的估计结果显示，持有居住证对“居住证福利增加区域”和“居住证福利未增加区域”农民工的福利水平均有显著正向影响。进一步发现，持有居住证对“居住证福利增加区域”农民工福利水平的提升作用更加明显。这一结论充分说明了居住证制度的全面推行，特别是居住证“含金量”的提高，对于提高农民工的福利水平有显著的作用。

表 7-12 **异质性分析：分不同区域**

	居住证福利增加区域	居住证福利未增加区域
	模型 30	模型 31
居住证	0.0182*** （0.0036）	0.0115*** （0.0062）
个人和家庭特征	是	是
流动特征	是	是
就业特征	是	是
流入地地区固定效应	是	是
Adjusted R^2	0.2036	0.1709
样本数	20 198	14 597

注：*、**、***分别表示10%、5%和1%统计显著水平。括号内为聚类到城市层面的稳健标准误。

7.5 本章小结

本章基于Sen的可行能力理论，在评价农民工福利水平的基础上，采用OLS和PSM方法实证研究了城市公共服务提供机制对农民工福利的影响。研究发现：

第一，农民工总福利水平的模糊指数为0.244，处于较低水平。

第二，持有居住证对农民工的福利水平有显著的正向影响。分指标看，持有居住证对农民工的经济状况、防御性保障、精神感受和社会机会均有显著的正向影响，表明居住证制度改善了农民工的福利。

第三，经过选择性偏误纠正以及变换被解释变量、核心解释变量和删除样本等一系列稳健性检验之后，这一结论依然成立。

第四，异质性分析发现，持有居住证对Ⅱ型大城市、Ⅰ型大城市和特大超大城市农民工的福利水平有显著正向影响，其中特大超大城市的影响效应最大，而对中等城市和小城市农民工的福利水平影响不显著。持有居住证对第一代和新生代农民工的福利水平均有正向显著影响，并且对第一代农民工的福利水平的影响效应更大。持有居住证显著改善了低福利水平农民工的福利。持有居住证对“居住证福利增加区域”农民工福利水平的提升作用更加明显。

第 8 章 研究结论与政策建议

上述第4~7章以城市公共服务为切入点，在供给质量、开放度、可及性和提供机制等多维视角下，剖析了这些方面对农民工市民化行为[①]、市民化能力、农民工福利等的影响及机制问题。接下来，本章将在前述研究的基础上，根据研究结论，基于城市公共服务供给质量、开放度、可及性和提供机制等多个视角提出促进农民工市民化的政策建议。

8.1 研究结论

本书在总结分析农民工市民化实践、城市公共服务政策及其发展态势等典型事实的基础上，基于城市公共服务供给质量和农民工定居选址行为、城市公共服务开放度和农民工迁移行为、城市公共服务可及性和农民工市民化能力、城市公共服务提供机制和农民工福利等多个视角实证研究了城市公共服务对农民工市民化的影响及机制，并得到了一系列结论。

① 主要是指农民工的定居选址行为和流迁行为。

第一，通过对典型事实的总结分析发现，目前中国农民市民化处于全面推进阶段。国家在市民化顶层设计基本完成、居住证制度全面推行，基本公共服务提供机制进一步健全、市民化配套政策体系加快形成中。但还存在制度改革相对缓慢与机制建设不健全并存、市民化进程不快与质量相对不高并存和其他一些新问题出现。进一步地，农民工市民化政策趋于市场化、精准化和人性化，并且政策和制度设计开始向深水区迈进，如户籍制度改革、居住证制度和市民化相关配套政策。当前，农民工群体城市公共服务缺位问题正在得到改善，居住证制度的全面推行，特别是以居住证为载体的公共服务提供机制开始建立，为农民工市民化进程提供了良好的政策环境和抓手。

第二，通过对供给质量和农民工定居选址行为的实证考证研究发现，城市公共服务供给质量对农民工定居选址有显著的正向影响。从平均水平来看，城市公共服务供给质量每提高1个单位，农民工在本地定居的概率显著增加0.9个百分点。进一步研究发现，30~44岁、女性、高中教育水平、已婚、拥有自有住房者和自营劳动者身份的农民工在定居选址时对城市公共服务供给质量的敏感性要更高。加入户籍限制变量后，虽然城市公共服务供给质量对农民工的定居决策的影响效应有所下降，但依然显著为正。特别是，当农民工的就业和收入相对稳定后，城市公共服务及其供给质量开始成为其定居决策的重要考虑因素。

第三，通过对面向农民工的城市公共服务开放度的测算，从平均水平来看，城市政府向本市农民工开放了73.15%的全部公共服务领域。城市政府承诺向农民工开放77.60%的城市全部公共服务领域。进一步研究发现，农民工受到的服务约束和限制更多地来自排他性公共服务领域。农民工群体中9.14%的个体达不到城市政府设置的条件要求而被排除在排他性公共服务对象之外。城市公共服务开放度存在如下特征：城市经济发展水平和行政等级越高，城市开放度越低；城市规模越大，城市开放度越低；城市公共服务开放度越低，城市公共服务供给质量越高。

第四，通过对开放度和农民工流迁行为的实证考证发现，城市公共服务开放度对农民工流迁行为有显著的正向影响。城市公共服务开放度每提高1个单位，农民工将户口迁往本地的概率显著提高26.6个百分点。提高城市公共服务开放度，有利于提高农民工流迁和落户的可能性，对农民工的市民化有显著的推动作用。进一步研究发现，城市公共服务开放度对等家庭式流动（与配偶和子女一起流动）、跨省流动、Ⅱ型大城市、有住房困难和无子女上学困难的农民工群体影响更加明显。通过机制分析发现，社会融入感在城市公共服务开放度影响农民工流迁行为中存在一定的中介效应。

第五，通过对可及性和农民工市民化能力的实证考证发现，城市公共服务可及性对农民工市民化能力有正向显著影响。农民工的城市公共服务可及性越高，农民工市民化能力就越强。进一步发现，城市公共服务可及性对80后、少数民族、与配偶和子女一起流动和无房且低技能等农民工群体的影响更为显著。城市公共服务可及性通过健康提升机制、身份认同机制和劳动供给机制来影响农民工的市民化能力。

第六，通过对农民工福利水平的测度，研究发现，农民工福利水平的总模糊指数为0.244，处于较低水平。持有居住证对农民工的经济状况、防御性保障、精神感受和社会机会均有显著的正向影响，这表明居住证制度改善了农民工的经济状况、防御性保障、精神感受和社会机会等福利水平。持有居住证对Ⅱ型大城市、Ⅰ型大城市和特大超大城市农民工的福利水平有显著正向影响，其中特大超大城市的影响效应最大，而对中等城市和小城市农民工的福利水平影响不显著。持有居住证对第一代和新生代农民工的福利水平均有正向显著影响，并且对第一代农民工的福利水平的影响效应更大。持有居住证对“居住证福利增加区域”农民工福利水平的提升作用更加明显。

8.2 主要政策建议

近年来，国家和各地方政府陆续出台了一系列促进农民工市民化的政策文件，涉及就业培训、社会保障、子女教育、居住证等方面，有效推动了农民工的市民化进程。但不可否认的是，整体上看，农民工处于“中市民化”阶段，虽然农民工的定居意愿较为强烈，但其落户意愿较低，市民化能力不强，难以支撑实现市民化。当前，农民工的公平公正意识开始增强，对城市公共服务的需求日趋理性化，城市公共服务开始成为影响农民工市民化决策和行为的重要因素。进一步地，城市的公共服务并未完全向农民工群体开放，仅仅开放部分领域或有条件开放，农民工的城市公共服务政策存在提升和改善空间。而在农民工市民化进程中，市民化能力是其市民化的关键，特别是如何通过改善农民工的城市公共服务可及性来提高农民工的市民化能力。因此，解决农民工的市民化问题，一方面，要从农民工的核心权益诉求出发，特别是从城市公共服务角度提出针对性的政策建议；另一方面，要立足于市民化能力提升，提出有利于推动市民化的政策建议，做到农民工问题的标本兼治、重在治本，最终实现市民化。

农民工市民化问题不仅事关国家新型城镇化发展进程，还影响着构建以国内大循环为主体、国内国际双循环相互促进的新发展格局的形成。本书以城市公共服务为切入点，并基于供给质量、开放度和可及性等多个视角实证考察了城市公共服务对农民工定居选址行为、流迁行为和市民化能力的影响，试图揭示城市公共服务与农民工市民化之间的内在机制，更好地指导中国农民工市民化实践。当前，国家出台了旨在全面推进农民工市民化进程的各种政策和制度安排，积极稳妥推进户籍制度改革，特别是建立了以居住证为载体的基本公共服务提供机制，这为农民工实现市民化提供了良好的政策环境和制度安排。但我们也应看到，无论是居住证的申领，还是居住证附着的公共服务，均对农民工群体有所限制。可见，农民工真正享有与城市居民同等的公共服务任重道远。而如何提高城市公共服务供给质量，提升面向农民工的城市公共服务开放度，增强农民工的城市公共服务可及性，是全面推进中国农民工市民化进程的重要切入点和重要抓手。

8.2.1 以“包容、开放”理念，看待农民工市民化问题

具体来看，一是国家应将“包容”“开放”的理念融入有关农民工市民化政策中，推动市民化政策创新和制度改革，充分考虑到农民工群体的切身利益，特别是正视其公共服务需求，让他（她）们共享国家改革

与发展成果，提高农民工的社会融入感和获得感；二是对于城市政府而言，应以“包容”的心态，平等对待农民工群体，一视同仁，将他（她）们真正纳入城市经济社会发展规划，让他（她）们成为城市的建设者和主人翁；三是地方政府在制定市民化政策特别是公共服务政策方面，加大针对农民工群体的政策开放力度，减少限制和约束性条款，以更开放的姿态对待农民工群体及其问题；四是重点关注新生代农民工、家庭式流动农民工、少数民族农民工和低技能农民工等群体，实施分类服务政策，针对不同群体的特点和诉求制定差异化的城市公共服务政策。

8.2.2 持续深化改革，扫除农民工市民化障碍

严格的户籍制度导致农民工问题出现，并成为阻碍农民工市民化进程的重要因素。本研究发现，加入户籍限制后，城市公共服务供给质量对农民工的定居选址行为依然有正向显著影响，但其影响效应明显下降。这进一步表明，户籍限制确实会延缓农民工的市民化决策，整体上看，也对中国农民工市民化进程产生负面影响。此外，城市公共服务往往与户籍性质密切相关，这也是农民工长期不能真正享有城市公共服务的根本原因。2016年全面推行的居住证制度，可以说是户籍制度改革的重要方面，国家试图建立以居住证为载体的基本公共服务提供机制，但从各省（自治区、直辖市）和各城市实施情况看，依然存在公共服务种类少、限制条件多等问题。本研究还发现，城市公共服务开放度对农民工的永久迁移行为有显著的正向影响。面向农民工的城市公共服务开放度本身就是制度问题。因此，在推进农民工市民化进程中，应持续深化改革，扫除农民工市民化的障碍。

具体来看，一是继续深化户籍制度改革，研判和分析农民工的流迁方向和趋势，实施有差别的落户政策，特别是合理确定Ⅰ型大城市和Ⅱ型大城市的落户条件，取消特大城市和超大城市人口限制政策，建议以城市圈为落户政策实施单元；二是进一步完善和健全居住证制度，重点以公共服务领域和范围为改革内容；三是创新公共资源配置的体制机制，强化农民工流入地的经济责任，完善中央政府与省级政府之间的财政转移支付制度，建立健全中央和省级财政农民工市民化的奖励机制；

四是建立健全进城落户农民工农村既有权益保护机制，创新进城落户农民在农村合法权益的流转机制。

8.2.3 改变城市公共服务供给逻辑，更好地适应农民工市民化进程

由于中国户籍制度的影响，城市公共服务的供给主要以本地户籍居民为依据，未考虑到流动人口特别是农民工群体的正当需求，并且与国家政策目标不太一致。这就导致城市公共服务资源供给紧张，特别是在大量农民工进入的情况下。在此情况下，农民工享有城市公共服务面临"双重"门槛和限制，一方面，城市公共服务（特别是排他性领域公共服务）与户籍、住房等捆绑，要么获得本地户籍，要么通过购房等方式，来获取城市公共服务的门票；另一方面，即使农民工可以享受到一些或部分城市公共服务，但也是低质量（如子女教育）或高支付成本（如医疗服务）的公共服务[①]。显然，这种城市公共服务供给逻辑难以适应中国农民工的市民化现实和趋势，应进一步做出调整。

具体来看，一是各级城市政府应转变观念，调整心态，特别是面对农民工及其市民化的态度。应将农民工群体纳入本地经济社会发展规划，根据本地农民工数量和农民工的公共服务需求，增加面对农民工的城市公共服务的有效供给，特别是基础教育、医疗服务等排他性领域公共服务。二是以农民工市民化来适应和调整城市公共服务的供给逻辑，以常住人口为标准为公共服务供给依据，增加城市公共服务有效供给。逐渐消除农民工与本地户籍人口之间的公共服务供给差异，让他（她）们真正享受到城市居民"待遇"，在流入地"安居""乐业""优服"，真正成为本地居民。三是中央政府应进一步建立健全财政转移支付挂钩与激励机制，建立合理的市民化成本分担机制，解决地方政府和农民工的"两个不积极"的现实困境，更好地推动农民工市民化。四是实施包容性且差异化的城市公共服务提供政策。城市管理者应以"包容性而非排斥性"心态制定和设计市民化（特别是公共服务供给）政策，细致和细

① 农民工的子女一般就读于农民工子弟学校或私立学校，还有一些要缴纳借读费等。对于那些在本地不享受基本医疗保险的农民工来说，虽然可以享受到城市的医疗服务，但其支付成本要比本地居民高出很多。

化农民工服务和管理，掌握本地区农民工对城市公共服务的需求变化及趋势，充分认识并研究农民工群体的差异性，了解不同群体的不同公共服务诉求，重点关注新生代、租房和雇员就业身份等农民工群体。

8.2.4 以城市公共服务供给质量推动农民工市民化进程

前述研究可知，农民工在选择定居地时，除了关注就业和收入等经济因素之外，也比较看中流入地城市的公共服务及供给质量。从现实看，随着大量农民工的流入，以及居住证制度的全面推行，城市现有的公共服务数量并不能满足发展需要，并且其供给质量也趋于下降，特别是农民工群体所能享有的与城市居民享有的有所差别。因此，如何针对农民工群体，改善其城市公共服务供给及质量，就成为了中国农民工市民化进程中必须解决的问题之一。

当前，城市公共服务及其供给质量已经成为农民工定居选址行为决策的重要考虑因素，特别是对于那些已经在流入地实现稳定就业和稳定收入的农民工来说，就显得更加重要。一方面，各城市政府应着力提高城市整体公共服务的供给质量，以更优质的公共服务吸引农民工居留落户；另一方面，分类分层次地制定面向农民工的城市公共服务供给政策，应重点关注已实现稳定就业和稳定收入的农民工群体，针对其公共服务需求，制定合理有针对性的公共服务提供政策。而对于那些未实现稳定就业和稳定收入的农民工来说，应以提高就业能力的服务（如就业技能、创业服务等）为主，了解他们基本公共服务需求，有针对性地提供公共服务。

具体来看，一是提高公共服务供给质量，特别是提高面向农民工群体的公共服务供给质量，让他们享受城市公共服务，与城市居民同等待遇。二是提高公共教育、医疗等关键领域供给质量，这些是农民工群体关注的重要领域。三是提高城市公共服务供给质量，吸引农民工居留和迁户，更好地推进中国农民工市民化进程。四是取消更多申请居住的限制条件，给农民工更多的自由，推进农民工市民化进程。

深化户籍制度改革，进一步建立健全面向农民工的城市基本公共服务提供机制，全面推行居住证制度等户籍制度改革，逐步提高居住证的

“含金量”，进一步健全面向农民工的基本公共服务提供机制。

8.2.5 以公共服务可及性提升农民工市民化能力

本研究发现，提高农民工的城市公共服务可及性有利于促进农民工市民化能力的提升，进而推动中国整体的农民工市民化进程。由于非排他性公共服务领域无限制地向农民工开放，这并不影响农民工的城市公共服务可及性。而决定农民工城市公共服务可及性的主要是具有排他性特征的公共服务领域（如义务教育、医疗卫生和社会保障等）。因此，应重点从子女义务教育、医疗卫生和社会保障等领域入手，提升农民工的公共服务可及性。

一是子女义务教育方面，建议取消农民工子女入学限制条件，增加民办学校供给，提高对农民工子弟学校的支持力度和财政支持，改善其教育教学质量。研究制定农民工随迁子女义务教育后参加中考、高考办法。二是医疗卫生方面，以国家基本卫生项目建设为抓手，以社区和工作单位为依托，提高农民工建立居民健康档案比例，通过互联网、手机和社区等多种手段宣传健康教育，提高农民工的健康素养水平。三是社会保障方面，落实工作单位责任，积极引导正规就业的农民工在本地参加城镇职工医疗保险、工伤、失业、生育等社会保险。对于非正规就业的农民工，加大宣传力度，积极引导参加城镇居民医疗保险，有条件地缴纳住房公积金，保障其住房权益。

建立健全面向农民工的基本公共服务网络，特别是全面建立以社区为重点的基本公共服务网络，推动居住证制度与社区公共服务供给的有效衔接；建立面向农民工的基本公共服务标准体系，确定可及性评价的指标体系、方法和程序。通过加快基本公共服务与云计算、大数据、物联网、人工智能等新技术的融合，构建基本公共服务供需平台，实现服务资源的科学合理配置与供给，使农民工更加便捷、智能、公平地获得基本公共服务。

8.2.6 进一步优化城市基本公共服务提供机制

自《居住证暂行条例》实施以来，以居住证为载体的基本公共服务提供机制日益健全，可以说，居住证制度将成为农民工获取城市公共服务的制度保障和基本形式。《居住证暂行条例》规定了居住证持有人可以享有义务教育、基本公共就业服务、基本公共卫生服务和计划生育服务、公共文化体育服务、法律援助和其他法律服务、国家规定的其他基本公共服务6项公共服务，这就意味着农民工首先得符合居住证申领条件，申领后才可享有以上6项公共服务，也就是说符合居住证申领条件是农民工享有公共服务的首要前提。此外，虽然部分省份和城市在国家规定的公共服务范围的基础上增加了公共服务供给，居住证的“含金量”有所提高，但这与农民工的真实需求和城市居民享有的公共服务相差甚远，居住证的“含金量”提升空间巨大，并且一些城市还在一些关键公共服务领域（如义务教育、中高考）设置了限制和约束条件，并未向居住证持有人提供所有公共服务。总而言之，居住证的“含金量”不高，并且限制和约束条件较多，以居住证为载体的基本公共服务提供机制任重而道远。

具体来看，一是降低或取消居住证的申领门槛和条件，让居住证成为农民工享有公共服务的普惠性制度；二是国家各部门应在充分调研的前提下，摸清农民工群体的公共服务需求，并根据农民工群体的需求变化适时调整《居住证暂行条例》的修订工作；三是农民工流入省份和城市，要积极回应农民工的正当公共服务需求，将农民工的需求纳入城市经济社会发展规划和工作之中，研究、筹划和出台面向农民工群体的公共服务范围和种类，逐步提高居住证的“含金量”，让居住证成为吸引农民工居留城市和永久迁移的重要力量；四是建议各城市降低或取消一些关键领域的限制和约束条件，特别是农民工比较关注的子女教育领域，解决农民工的后顾之忧。

参考文献

[1] 白志礼. 另类思考：从转移农民到转移农户——农村人口市民化的路径探索 [J]. 农业经济问题，2005（12）：16-20，79.

[2] 陈怡男，刘鸿渊. 农民工市民化公共属性与制度供给困境研究 [J]. 经济体制改革，2013（4）：80-84.

[3] 陈丰. 从“虚城市化”到市民化：农民工城市化的现实路径 [J]. 社会科学，2007（2）：110-120.

[4] 陈振明，等. 公共服务导论 [M]. 北京：北京大学出版社，2011.

[5] 陈晓莉. 农民工市民化的文化障碍及其消解 [J]. 探索，2013（6）：127-131.

[6] 邓睿. 健康权益可及性与农民工城市劳动供给——来自流动人口动态监测的证据 [J]. 中国农村经济，2019（4）：92-110.

[7] 邓睿. 社会资本动员中的关系资源如何影响农民工就业质量？[J]. 经济学动态，2020（1）：52-68.

[8] 段一. 公共产品的边界 [J]. 当代财经，2003（11）：23-25.

[9] 丁静. 提高新生代农民工市民化能力的思考 [J]. 郑州大学学报（哲学社会科学版），2014（3）：34-37.

[10] 秦立建，王震，蒋中一. 农民工的迁移与健康——基于迁移地点的Panel证据 [J]. 世界经济文汇，2014（6）：44-59.

[11] 高虹. 城市人口规模与劳动力收入 [J]. 世界经济，2014（10）：145-164.

[12] 甘行琼，李玉姣．城市基本公共服务对新生代农民工定居意愿的影响——基于广义分层线性模型的实证研究［J］．贵州社会科学，2019（4）：126-133.

[13] 甘宇，赵驹．农民工信息获取及其制约因素的实证研究［J］．现代情报，2016（10）：94-98.

[14] 高君．推进农民工社会保障与实现农民工市民化［J］．宁夏社会科学，2008（6）：54-57.

[15] 国家行政学院国际合作交流部．西方国家行政改革述评［M］．北京：国家行政学院出版社，2000.

[16] 何立峰．国家新型城镇化报告2017［M］．北京：中国计划出版社，2018.

[17] 何立峰．国家新型城镇化报告2018［M］．北京：中国计划出版社，2019.

[18] 贺培，刘叶．FDI对中国环境污染的影响效应——基于地理距离工具变量的研究［J］．中央财经大学学报，2016（6）：79-86.

[19] 何炜．公共服务提供对劳动力流入地选择的影响——基于异质性劳动力视角［J］．财政研究，2020（3）：101-118.

[20] 洪俊杰，倪超军．城市公共服务供给质量与农民工定居选址行为［J］．中国人口科学，2020（6）：54-65，127.

[21] 侯云春，韩俊，蒋省三，等．农民工市民化进程的总体态势与战略取向［J］．改革，2011（5）：5-29.

[22] 侯慧丽．城市公共服务的供给差异及其对人口流动的影响［J］．中国人口科学，2016（1）：118-125，128.

[23] 覃成林，刘佩婷．行政等级、公共服务与城市人口偏态分布［J］．经济与管理研究，2016（11）：102-110.

[24] 靳小怡，杨婷，韦娜．新生代农民工的公共服务需求对户籍意愿的影响［J］．西安交通大学学报（社会科学版），2015（4）：80-86.

[25] 金晓彤，韩成，聂盼盼．新生代农民工缘何进行地位消费？——基于城市认同视角的分析［J］．中国农村经济，2017（3）：18-30.

[26] 孔繁荣．居住证管理在我国大城市人口管理中作用的探讨［J］．人口与经济，2008（1）：43-46，42.

[27] 李瑞．城市规模与农民工市民化问题研究［M］．北京：中国金融出版社，2020.

[28] 李军鹏．公共服务学——政府公共服务的理论与实践［M］．北京：国家行政学院出版社，2007.

[29] 李练军．新生代农民工融入中小城镇的市民化能力研究——基于人力资本、社会资本与制度因素的考察［J］．农业经济问题，2015（9）：46-53，110-111.

[30] 李海波，仇保兴．城市级别对农民工市民化倾向的影响［J］．城市问题，2019（11）：20-29.

[31] 李海波，张延吉．农民工城市居住福利对其城市融入的影响——基于结构方程模型的实证分析［J］．城市发展研究，2020（4）：11-14，25.

[32] 李瑞，刘超．城市规模与农民工市民化能力［J］．经济问题探索，2018（2）：75-84，120.

[33] 黎嘉辉．城市房价、公共品与流动人口留城意愿［J］．财经研究，2019（6）：86-100.

[34] 刘传江，程建林．第二代农民工市民化：现状分析与进程测度［J］．人口研究，2008（5）：48-57.

[35] 刘传江，龙颖桢，付明辉．非认知能力对农民工市民化能力的影响研究［J］．西北人口，2020（2）：1-12.

[36] 刘传江，周玲．社会资本与农民工的城市融合［J］．人口研究，2004（5）：12-18.

[37] 刘林平，张春泥．农民工工资：人力资本、社会资本、企业制度还是社会环境？——珠江三角洲农民工工资的决定模型［J］．社会学研究，2007（6）：114-137，244.

[38] 刘欢．户籍管制、基本公共服务供给与城市化——基于城市特征与流动人口监测数据的经验分析［J］．经济理论与经济管理，2019（8）：60-74.

[39] 刘金凤，魏后凯．城市公共服务对流动人口永久迁移意愿的影响［J］．经济管理，2019（11）：20-37.

[40] 刘乃全，宇畅，赵海涛．流动人口城市公共服务获取与居留意愿——基于长三角地区的实证分析［J］．经济与管理评论，2017（6）：112-121.

[41] 刘涛，陈思创，曹广忠．流动人口的居留和落户意愿及其影响因素［J］．中国人口科学，2019（3）：80-91，127-128.

[42] 刘毓芸，徐现祥，肖泽凯．劳动力跨方言流动的倒U型模式［J］．经济研究，2015（10）：134-146，162.

[43] 刘世锦，陈昌盛，许召元，等．农民工市民化对扩大内需和经济增长的影响［J］．经济研究，2010（6）：4-16，41.

[44] 刘志军，华骁，刘天剑．居住证制度的现状与前瞻［J］．中南民族大学学报（人文社会科学版），2012（6）：73-77.

[45] 刘小年．农民工市民化的影响因素：文献述评、理论建构与政策建议［J］．农业经济问题，2017（1）：66-74.

[46] 刘修岩，李松林．房价、迁移摩擦与中国城市的规模分布——理论模型与结构式估计［J］．经济研究，2017（7）：65-78.

[47] 刘迎君．农民工务工地公共服务感知状况测度［J］．华南农业大学学报（社会科学版），2017（5）：49-60.

[48] 梁土坤．居住证制度、生命历程与新生代流动人口心理融入——基于2017年珠三角地区流动人口监测数据的实证分析［J］．公共管理学报，2020（1）：96-109，172-173.

[49] 梁海兵．竞争或互助：社会资本对外地和本地农民工就业影响的差异识别［J］．农业技术经济，2017（7）：52-59.

[50] 鲁强，徐翔．我国农民工市民化进程测度——基于TT&DTHM模型的分析［J］．江西社会科学，2016（2）：200-207.

[51] 陆文聪，谢昌财．社会关系、信息网络对新农民工收入的影响——基于熵均衡法的实证分析［J］．中国人口科学，2017（4）：54-65，127.

[52] 罗丽，李晓峰．个人工资水平、家庭迁移特征与农民工城市消费——留城意愿的调节和中介作用分析［J］．农业技术经济，2020（3）：56-69.

[53] 吕炜，杨沫，王岩．市民化的福利效应分析——基于农业转移人口生活满意度视角［J］．经济科学，2017（4）：22-34.

[54] 欧阳慧，胡杰成，刘保奎，等．如何增强农民工在城镇的落户意愿？——基于对农民工分区域分群体的调查［J］．城市发展研究，2019（6）：52-60.

[55] 彭瑾，李娜，郑爽，等．农民工流入地基本公共服务满意度的影响因素分析——基于深圳P新区的调查［J］．西安交通大学学报（社会科学版），2016（6）：68-74.

[56] 齐红倩，席旭文，徐曼．农业转移人口福利与市民化倾向的理论构建和实证解释［J］．经济评论，2017（6）：66-79.

[57] 钱文荣，李宝值．初衷达成度、公平感知度对农民工留城意愿的影响及其代际差异——基于长江三角洲16城市的调研数据［J］．管理世界，2013（9）：89-101.

[58] 钱雪亚，胡琼，苏东冉．公共服务享有、居住证积分与农民工市民化观察［J］．中国经济问题，2017（5）：47-57.

[59] 钱雪亚，宋文娟．城市基本公共服务面向农民工开放度测量研究［J］．统计研究，2020（3）：33-47.

[60] 邱红，周文剑．流动人口的落户意愿及影响因素分析［J］．人口学刊，2019（5）：91-100.

[61] 邵挺，袁志刚．土地供应量、地方公共品供给与住宅价格水平——基于Tiebout效应的一项扩展研究［J］．南开经济研究，2010（3）：3-19.

[62] 申兵．我国农民工市民化的内涵、难点及对策［J］．中国软科学，2011（2）：1-7，15.

[63] 苏红键. 中国流动人口城市落户意愿及其影响因素研究 [J]. 中国人口科学，2020 (6): 66-77，127.

[64] 孙婧芳. 农民工离市民化有多远? 基于Sen的行为能力理论 [J]. 劳动经济研究，2018 (5): 99-120.

[65] 孙三百. 城市移民的收入增长效应有多大——兼论新型城镇化与户籍制度改革 [J]. 财贸经济，2015 (9): 135-147.

[66] 孙三百，白金兰. 迁移行为、户籍获取与城市移民幸福感流失 [J]. 经济评论，2014 (6): 101-112.

[67] 孙伟增，张晓楠，郑思齐. 空气污染与劳动力的空间流动——基于流动人口就业选址行为的研究 [J]. 经济研究，2019 (11): 102-117.

[68] 宋艳，苏子逢，门建营，等. 基于Sen可行能力理论的农民工福利制度改进研究 [J]. 管理世界，2017 (11): 172-173.

[69] 宋艳菊，谢剑锋. 新型城镇化进程中农民工市民化能力提升研究 [M]. 北京: 经济科学出版社，2019.

[70] 陶霞飞. 家庭化迁移之下的"用脚投票"研究——基于公共服务资源对人口家庭化流动影响的实证分析 [J]. 南方人口，2020 (5): 58-68.

[71] 唐宗力. 农民进城务工的新趋势与落户意愿的新变化——来自安徽农村地区的调查 [J]. 中国人口科学，2015 (5): 113-125，128.

[72] 王爱华. 农民工市民化进程中的非制度障碍与制度性矫治 [J]. 江西社会科学，2013 (1): 182-185.

[73] 王成利，王洪娜. 城市长期居留流动人口的落户意愿及影响因素——基于差别化落户政策 [J]. 中南财经政法大学学报，2020 (5): 64-72.

[74] 王伶，梅建明. 中国农民工市民化进程测度方法与实证研究——基于29个省（区、市）4275份调查问卷 [J]. 农村经济，2015 (11): 108-113.

[75] 王桂新，陈冠春，魏星. 城市农民工市民化意愿影响因素考察——以上海市为例 [J]. 人口与发展，2010 (2): 2-11.

[76] 王桂新，潘泽瀚，陆燕秋. 中国省际人口迁移区域模式变化及其影响因素——基于2000和2010年人口普查资料的分析 [J]. 中国人口科学，2012 (5): 2-13，111.

[77] 王桂新，沈建法，刘建波. 中国城市农民工市民化研究——以上海为例 [J]. 人口与发展，2008 (1): 3-23.

[78] 王阳. 居住证制度地方实施现状研究——对上海、成都、郑州三市的考察与思考 [J]. 人口研究，2014 (3): 55-66.

[79] 王永乐，李梅香. 公共服务均等化对新生代农民工城市融合的影响研究 [J]. 统计与信息论坛，2014 (8): 100-105.

[80] 王晓峰，温馨．劳动权益对农民工市民化意愿的影响——基于全国流动人口动态监测8城市融合数据的分析［J］．人口学刊，2017（1）：38-49．
[81] 王竹林，范维．人力资本视角下农民工市民化能力形成机理及提升路径［J］．西北农林科技大学学报（社会科学版），2015（2）：51-55．
[82] 配第．政治算术［M］．陈冬野，译．北京：商务印书馆，1978．
[83] 韦吉飞，张学敏，杜彬恒．公共品供给、职业特征与农民工市民化的城市偏好［J］．上海财经大学学报（哲学社会科学版），2015（4）：54-67．
[84] 温忠麟，张雷，侯杰泰，等．中介效应检验程序及其应用［J］．心理学报，2004（5）：614-620．
[85] 吴开亚，张力，陈筱．户籍改革进程的障碍：基于城市落户门槛的分析［J］．中国人口科学，2010（1）：66-74，112．
[86] 吴业苗．城郊农民市民化的困境与应对：一个公共服务视角的研究［J］．中国农村观察，2012（3）：71-77，86．
[87] 吴伟平，刘乃全．异质性公共支出对劳动力迁移的门槛效应：理论模型与经验分析［J］．财贸经济，2016（3）：28-44．
[88] 吴伟平，刘乃全．属地化管理下的流动人口公共服务供需匹配优化研究［J］．上海经济研究，2016（8）：49-54．
[89] 夏显力，张华．新生代农民工市民化意愿及其影响因素分析——以西北3省30个村的339位新生代农民工为例［J］．西北人口，2011（2）：43-46，51．
[90] 夏怡然，陆铭．城市间的“孟母三迁”——公共服务影响劳动力流向的经验研究［J］．管理世界，2015（10）：78-90．
[91] 肖璐，蒋芮．农民工城市落户“意愿—行为”转化路径及其机理研究［J］．人口与经济，2018（6）：89-100．
[92] 谢宝富．居住证积分制：户籍改革的又一个“补丁”？——上海居住证积分制的特征、问题及对策研究［J］．人口研究，2014（1）：90-97．
[93] 谢勇．基本公共服务的获取对农民工城市融合意愿的影响——以江苏省为例［J］．城市问题，2017（4）：59-63，69．
[94] 许抄军，陈四辉，王亚新．非正式制度视角的农民工市民化意愿及障碍——以湛江市为例［J］．经济地理，2015（12）：84-89，119．
[95] 徐建玲．农民工市民化进程度量：理论探讨与实证分析［J］．农业经济问题，2008（9）：65-70．
[96] 徐愫．社会福利视野下流动人口的权益保障问题［J］．南京大学学报（哲学·人文科学·社会科学），2010（4）：150-156，160．
[97] 徐美银．人力资本、社会资本与农民工市民化意愿［J］．华南农业大学学

报（社会科学版），2018（4）：53-63.

[98] 徐延辉，邱啸．社会经济保障与农民工的身份认同［J］．深圳大学学报（人文社会科学版），2019（2）：102-111.

[99] 徐延辉，史敏．社会地位与农民工的定居意愿研究［J］．湖南师范大学社会科学学报，2018（3）：83-90.

[100] 徐增阳，翟延涛．农民工公共服务的现状与意愿——基于广东省Z市调查的分析［J］．社会科学研究，2012（6）：61-65.

[101] 杨晓军．城市公共服务质量对人口流动的影响［J］．中国人口科学，2017（2）：104-114，128.

[102] 杨晓军．中国户籍制度改革对大城市人口迁入的影响——基于2000—2014年城市面板数据的实证分析［J］．人口研究，2017（1）：98-112.

[103] 杨晓军．户籍制度改革对大城市劳动力流入的影响——以中国的123个大城市为例［J］．城市问题，2017（1）：68-75.

[104] 杨义武，林万龙，张莉琴．地方公共品供给与人口迁移——来自地级及以上城市的经验证据［J］．中国人口科学，2017（2）：93-103，128.

[105] 杨昕．影响农民工享有公共服务的若干非制度因素分析——以上海为例［J］．社会科学，2008（10）：88-94，190.

[106] 杨曦．城市规模与城镇化、农民工市民化的经济效应——基于城市生产率与宜居度差异的定量分析［J］．经济学（季刊），2017（3）：1601-1620.

[107] 叶俊焘．转型时期农民工留城意愿之再审视——一个可行能力和工具性自由的框架［J］．浙江社会科学，2017（8）：72-85，158.

[108] 叶静怡，王琼．进城务工人员福利水平的一个评价——基于Sen的可行能力理论［J］．经济学（季刊），2014（3）：1323-1344.

[109] 叶战备．可行能力视阈中的中国农民工问题研究［J］．学习与探索，2009（1）：74-77.

[110] 于建嵘．基本公共服务均等化与农民工问题［J］．中国农村观察，2008（2）：69-74.

[111] 喻开志，屈毅，徐志向．健康权益可及性对农民工市民化意愿的影响——基于马克思市民社会理论的分析视角［J］．财经科学，2020（8）：52-67.

[112] 俞林，印建兵，孙明贵．新生代农民工职业能力对其市民转化的促进机理研究——社会资本的调节效应［J］．经济体制改革，2020（2）：88-96.

[113] 袁方，史清华，晋洪涛．居住证制度会改善农民工福利吗？——以上海为例［J］．公共管理学报，2016（1）：105-116，157-158.

[114] 湛东升，张文忠，党云晓，等．中国流动人口的城市宜居性感知及其对定居意愿的影响［J］．地理科学进展，2017（10）：1250-1259.

[115] 张广胜，陈技伟，江金启，等. 可行能力与农民工的福利状况评价 [J]. 华南农业大学学报（社会科学版），2016（4）：65-75.

[116] 张宏如，李群. 员工帮助计划促进新生代农民工城市融入模型——人力资本、社会资本还是心理资本 [J]. 管理世界，2015（6）：180-181.

[117] 张丽艳，陈余婷. 新生代农民工市民化意愿的影响因素分析——基于广东省三市的调查 [J]. 西北人口，2012（4）：63-66.

[118] 张吉鹏，黄金，王军辉，等. 城市落户门槛与劳动力回流 [J]. 经济研究，2020（7）：175-190.

[119] 张展新，王一杰. 农民工市民化取向：放松城镇落户还是推进公共服务均等化 [J]. 郑州大学学报（哲学社会科学版），2014（6）：78-81.

[120] 张开志，高正斌，张莉娜，等. "候鸟式"流动抑或"永久"迁移？——基于社会融入视角的公共服务可及性与人口流迁选择 [J]. 经济与管理研究，2020（7）：112-133.

[121] 张文武，张为付. 城市规模影响个人发展吗——基于能力差异和户籍分割视角的研究 [J]. 世界经济文汇，2016（5）：41-59.

[122] 张笑秋. 农民工能力的类型、测量、影响因素与提升路径——基于文献研究的视角 [J]. 求索，2016（5）：109-113.

[123] 张翼. 农民工"进城落户"意愿与中国近期城镇化道路的选择 [J]. 中国人口科学，2011（2）：14-26，111.

[124] 赵德余，彭希哲. 居住证对外来流动人口的制度后果及激励效应——制度导入与阶层内的再分化 [J]. 人口研究，2010（6）：43-54.

[125] 丹哈特 J，丹哈特 R. 新公共服务：服务，而不是掌舵 [M]. 丁煌，译. 北京：中国人民大学出版社，2010.

[126] 钟德友，陈银容. 破解农民工市民化障碍的制度创新——以重庆为例证的分析 [J]. 农村经济，2012（1）：103-106.

[127] 祝仲坤，郑裕璇，冷晨昕，等. 城市公共卫生服务与农民工的可行能力——来自中国流动人口动态监测调查的经验证据 [J]. 经济评论，2020（3）：54-68.

[128] 祝仲坤，郑裕璇，冷晨昕，等. 可行能力框架下进城农民工福利水平测度 [J]. 城市问题，2020（6）：73-82.

[129] 朱雅玲，李英东. 城乡福利差异对农民工市民化影响实证 [J]. 西安交通大学学报（社会科学版），2016（1）：45-53.

[130] 朱志胜. 社会资本的作用到底有多大？——基于农民工就业过程推进视角的实证检验 [J]. 人口与经济，2015（5）：82-90.

[131] 周颖刚，蒙莉娜，卢琪. 高房价挤出了谁？——基于中国流动人口的微观

视角［J］. 经济研究，2019（9）：106-122.

［132］ 周晔馨，涂勤，梁斌，等. 农民工的社会资本如何形成：基于社会网络的分析［J］. 世界经济，2019（2）：170-192.

［133］ 佐赫，孙正林. 外部环境、个人能力与农民工市民化意愿［J］. 商业研究，2017（9）：170-177.

［134］ ALKIRE S. Dimensions of human development［J］. World Development，2002，30（2）：181-205.

［135］ AU C C，HENDERSON J V. How migration restrictions limit agglomeration and productivity in China［J］. Journal of Development Economics，2006，80（2）：350-388.

［136］ BANERJEE B. Rural to urban migration and the urban labour market：a case study of Delhi［M］. Bombay：Himalaya Pub. House，1986.

［137］ BAO H，CEN Y，LV K，et al. Local public goods on migration：the experience of the Tiebout model from China［J］. International Journal of Services，Economics and Management，2014，6（4）：357-376.

［138］ BECKER G S. Investment in human capital：a theoretical analysis［J］. Journal of Political Economy，1962，70（5）：9-49.

［139］ BLAIRA，SCHNEEBERG A. Changes in the 'healthy migrant effect' in Canada：are recent immigrants healthier than they were a decade ago［J］. Journal of Immigrant and Minority Health，2014，16（1）：136-142.

［140］ BOGUE D J，FARLEY R. Population growth，problems，and trends in the United States［J］. American Journal of Public Health & the Nation's Health，1966，56（Suppl 1）：85-93.

［141］ CARLSEN F，LANGSET B，RATTSO J，et al. Using survey data to study capitalization of local public services［J］. Regional Science & Urban Economics，2009，39（6）：688-695.

［142］ CHEN C，FAN C C. China's hukou puzzle：why don't rural migrants want urban hukou?［J］. China Review，2016，16（3）：9-39.

［143］ CHEN J. Internal migration and health：re-examining the healthy migrant phenomenon in China［J］. Social Science and Medicine，2011，72（8）：1294-1301.

［144］ CHELI B，LEMMI A. A "totally" fuzzy and relative approach to the multidimensional analysis of poverty［J］. Economic Notes，1995，24（1）：115-134.

[145] CHISWICKB, LEE Y, MILLER P. Immigrant selection system and immigrant health [J]. Contemporary Economic Policy, 2008, 26 (4): 555–578.

[146] CERIOLI A, ZANI S. A fuzzy approach to the measurement of poverty [M] // DAGUMC, ZENGA M. Income and Wealth Distribution, Inequality and Poverty. Berlin: Springer, 1990: 272–284.

[147] JORGENSON D W. The development of a dual economy [J]. Economic Journal, 1961, 71 (6): 309–334.

[148] DAYK M. Interprovincial migration and local public goods [J]. The Canadian Journal of Economics, 1992, 25 (1): 123–144.

[149] DAHLBERG M, EKLOF M, FREDRIKSSON P, et al. Estimating preferences for local public services using migration data [J]. Urban Studies, 2012, 49 (2): 319–336.

[150] DUSTMANN C, OKATENKO A. Out-migration, wealth constraints, and the quality of local amenities [J]. Journal of Development Economics, 2014, 110: 52–63.

[151] KORTUM E S. Technology, geography, and trade [J]. Econometrica, 2002, 70 (5): 1741–1779.

[152] GLAESER E L, GOTTLIEB J D. The wealth of cities: agglomeration economies and spatial equilibrium in the United States [J]. Journal of Economic Literature, 2009, 47 (4): 983–1028.

[153] FOOTE A. The effects of negative house price changes on migration: evidence across US housing downturns [J]. Regional Science & Urban Economics, 2016, 60 (9): 292–299.

[154] HARRIS J R, TODARO M P. Migration, unemployment & development: a two-sector analysis [J]. American Economic Review, 1970, 60 (1): 126–142.

[155] BUCHANAN JAMES M. An economic theory of club [J]. Economica, 1965, 32 (125): 1–14.

[156] KIMBRO RT, GORMAN BK, SCHACHTER A. Acculturation and self-rated health among Latino and Asian immigrants to the United States [J]. Social Problems, 2012, 59 (3): 341–363.

[157] KINDLEBERGER C P. W. Artur Lewis lecture: the Lewis model of economic growth with unlimited supplies of labor [J]. The Review of Black Political Economy, 1988, 16 (3): 15–24.

[158] DESMET K, GHANI E, O'CONNELL S, et al. The spatial development of India [J]. Journal of Regional Science, 2015, 55 (1): 10-30.

[159] KRUGMAN P. Increasing returns and economic geography [J]. Journal of Political Economy, 1991, 99 (3): 483-499.

[160] LANSKADJ, PETERSON P M. Effects of interstate migration on the geographic distribution of stroke mortality in the United States [J]. Stroke, 1995, 26 (4): 554-561.

[161] LEE E. A theory of migration [J]. Demography, 1966, 3 (1): 47-57.

[162] LIANG Z. China's great migration and the prospects of a more integrated society [J]. Annual Review of Sociology, 2016, 42 (1): 451-471.

[163] LIAO L, WANG C. Urban amenity and settlement intentions of rural-urban migrants in China [J]. PLOS ONE, 2019, 14 (5): 1-17.

[164] LIU Y, SHEN J. Jobs or amenities? Location choices of interprovincial skilled migrants in China, 2000-2005 [J]. Population, Space and Place, 2014, 20 (7): 592-605.

[165] LUCAS R E. Life earnings and rural-urban migration [J]. Journal of Political Economy, 2004, 112 (1): S29-S59.

[166] MACKENZIE P W. Strangers in the city: the hukou and urban citizenship in China [J]. Journal of International Affairs, 2002, 56 (1): 305-319.

[167] MARTIN P, PORTES A. The economic sociology of immigration [J]. International Migration Review, 1995, 32 (3): 786-787.

[168] NUSSBAUM M. Capabilities as fundamental entitlements: Sen and social justice [J]. Feminist Economics, 2003, 9 (2-3): 33-59.

[169] MARTINETTI E C. A multidimensional assessment of well-being based on Sen's functioning approach [J]. Rivista Internazionale di Scienze Sociali, 2000, 108 (2): 207-239.

[170] FUJITA M, KRUGMAN P R, VENABLES A J. The spatial economy: cities, regions and international trade [J]. Cambridge, MA: MIT Press, 1999.

[171] MUSGRAVE R A, PEACOCK A T. Classics in the theory of public finance [M]. London: Macmillan, 1958.

[172] NECHYBAT J, STRAUSSR P. Community choice and local public services: a discrete choice approach [J]. Regional Science and Urban Economics, 1998 (28): 51-73.

[173] NOUWELAND A V D. Lindahl and equilibrium [J/OL]. SSRN Electronic

Journal, 2013: 1-42 [2022-10-30]. https://ssrn.com/abstract=2266604.

[174] NOYMER A, LEE R. Immigrant health around the world: evidence from the world values survey [J]. Journal of Immigrant and Minority Health, 2013, 22 (1): 1-10.

[175] QUIGLEY J M. Consumer choice of dwelling, neighborhood and public services [J]. Regional Science and Urban Economics. 1985, 15 (1). 41-63.

[176] RANIS G, FEI J C. A theory of economic development [J]. American Economic Review, 1961, 51 (4): 533-565.

[177] RAVENSTEIN E G. The laws of migration [J]. Journal of the Statistical Society of London, 1976, 48 (2): 289-291.

[178] REDDING S J. Goods trade, factor mobility and welfare [J]. Journal of International Economics, 2016, 101 (7): 148-167.

[179] ROBACK J. Wages, rents, and the quality of life [J]. Journal of Political Economy, 1982, 90 (6): 1257-1278.

[180] ROSEN H S, FULLERTON D J. A note on local tax rates, public benefit levels, and property values [J]. Journal of Political Economy, 1977, 85 (2): 433-440.

[181] SAMUELSON P A. The pure theory of public expenditure [J]. Review of Economics and Statistics, 1954, 36 (4): 387-389.

[182] SCHULTZ T W. Investment in human capital [J]. American Economic Review, 1961, 51 (1): 1-17.

[183] SEN A. Development as freedom [M]. Oxford: Oxford University Press, 1999.

[184] SEN A. Capabilities, lists, and public reason: continuing the conversation [J]. Feminist Economics, 2004, 10 (3): 77-80.

[185] STARK O. The migration of labor [M]. Cambridge, MA: Basil Blackwell, 1991.

[186] STARK O, TAYLOR J E. Relative deprivation and migration: theory, evidence, and policy implications [Z]. The World Bank Working Paper, 1991.

[187] SONGY, SUN W. Health consequences of rural-to-urban migration: evidence from panel data in China [J]. Health Economics, 2016, 25 (10): 1252-1267.

[188] TIEBOUT C. A pure theory of local expenditure [J]. Journal of Political Economy, 1956, 64 (5): 416-424.

[189] TODARO M P. Model of labor migration and unemployment in less developed countries [J]. American Economic Review, 1969, 59 (1): 138-148.

[190] ZHU Y. China's floating population and their settlement intention in the cities: beyond the hukou reform [J]. Habitat International, 2007, 31 (1): 65-76.

[191] ZADEH L A. Fuzzy sets [J]. Information & Control, 1965, 8 (3): 338-353.

附录A　2014年以来我国市民化相关政策文件

附表1　　2014年以来我国市民化相关政策文件

序号	时间	文件名
1	2014	《国家新型城镇化规划（2014—2020年）》
2	2014	《国务院关于进一步推进户籍制度改革的意见》（国发〔2014〕25号）
3	2014	《国务院关于进一步做好为农民工服务工作的意见》（国发〔2014〕40号）
4	2014	《国务院关于调整城市规模划分标准的通知》（国发〔2014〕51号）
5	2015	《居住证暂行条例》（国务院令第663号）
6	2016	《国务院办公厅关于印发〈推动1亿非户籍人口在城市落户方案〉的通知》（国办发〔2016〕72号）
7	2016	《国务院关于深入推进新型城镇化建设的若干意见》（国发〔2016〕8号）
8	2016	《国务院关于实施支持农业转移人口市民化若干财政政策的通知》（国发〔2016〕44号）

续表

序号	时间	文件名
9	2016	《财政部关于印发〈中央财政农业转移人口市民化奖励资金管理办法〉的通知》（财预〔2016〕162号）①
10	2016	《关于建立城镇建设用地增加规模同吸纳农业转移人口落户数量挂钩机制的实施意见》的通知（国土资发〔2016〕123号）
11	2016	《国家发展改革委办公厅关于印发新型城镇化系列典型经验（农业转移人口市民化案例）的通知》（发改办规划〔2016〕2659号）
12	2018	《国家发展改革委关于实施2018年推进新型城镇化建设重点任务的通知》
13	2019	《国家发展改革委关于印发〈2019年新型城镇化建设重点任务〉的通知》（发改规划〔2019〕617号）
14	2019	中共中央办公厅、国务院办公厅《关于促进劳动力和人才社会性流动体制机制改革的意见》
15	2020	《2020年新型城镇化建设和城乡融合发展重点任务》

注：根据中国政府网站（http：//www.gov.cn/）资料整理。

① 2022年4月13日，财政部印发经过修订的《中央财政农业转移人口市民化奖励资金管理办法》（参见财预〔2022〕60号）。本办法自发布之日起施行，《财政部关于印发〈中央财政农业转移人口市民化奖励资金管理办法〉的通知》（财预〔2016〕162号）同时废止。

附录B　面向农民工的公共服务政策分类

附表2　面向农民工的公共服务政策分类

序号	类别	文件	政策要点
1	就业服务	《关于印发〈做好农村富余劳动力流动就业工作意见〉的通知》（2000年）、《关于进一步开展农村劳动力开发就业试点工作的通知》（2000年）、《关于贯彻国务院办公厅关于做好农民进城务工就业管理和服务工作的通知》（2003年）、《关于进一步做好改善农民工进城就业环境工作的通知》（2004年）、《关于进一步做好农民工培训工作的指导意见》（2010年）、《国务院关于加强职业培训促进就业的意见》（2010年）、《关于推行终身职业技能培训制度的意见》（2018年）	开展劳动力开发就业试点工作；农民工的职业培训；农民进城就业环境；农民工就业培训；解决工资拖欠问题

续表

序号	类别	文件	政策要点
2	子女教育	《流动儿童少年就学暂行办法》(1998年)、《国务院关于基础教育改革与发展的决定》(2001年)、《关于幼儿教育改革与发展指导意见的通知》(2001年)、《关于进一步做好进城务工就业农民工子女义务教育工作意见的通知》(2003年)、《关于将农民工管理等有关经费纳入财政预算支出范围有关问题的通知》(2003年)、《关于进一步推进义务教育均衡发展的若干意见》(2004年)、《关于深化农村义务教育经费保障机制改革的通知》(2005年)、《关于做好进城务工人员随迁子女接受义务教育后在当地参加升学考试工作的意见》(2012年)	流动儿童少年就学形式;以流入地政府管理为主,以全日制公办中小学为主;政策方案合法化;经费保障机制
3	社会保险	《国务院关于建立城镇职工基本医疗保险制度的决定》(1998年)、《关于完善城镇职工基本养老保险政策有关问题的通知》(2001年)、《工伤保险条例》(2003年)、《关于非全日制用工若干问题的意见》(2003年)、《关于农民工参加工伤保险有关问题的通知》(2004年)、《中华人民共和国社会保险法》(2011年)、《城乡养老保险制度衔接暂行办法》(2014年)	基本医疗保险;基本养老保险;工伤保险;基本医疗和养老保险转移
4	农民工权益	《关于推动农民工法律援助工作的意见》(2006年)、《关于进一步解决拖欠农民工工资问题的通知》(2005年)、《关于当前形势下做好劳动争议纠纷案件审判工作的指导意见》(2009年)、《关于进一步加强农民工文化工作的意见》(2011年)	解决工资拖欠问题;劳动权益;文化权益等
5	住房保障	《关于住房公积金管理若干具体问题的指导意见》(2005年)、《公共租赁住房管理办法》(2012年)、《居住证暂行条例》(2015年)、《关于在人口净流入的大中城市加快发展住房租赁市场的通知》(2017年)	缴存住房公积金

资料来源:作者自行整理。

附录C　31省份居住证管理办法汇总及17省份居住证福利对比

附表3　　31省（自治区、直辖市）居住证管理办法汇总

序号	省（自治区、直辖市）	名　称	权益项数（基本公共服务+便利服务）
1	北京市	《居住证暂行条例》	6+7
2	天津市	《天津市居住证管理办法》	11
3	河北省	《河北省居住证实施办法（试行）》	5+8
4	山西省	《山西省流动人口服务管理办法》	7+8
5	内蒙古自治区	《关于全面做好居住证制度实施工作的意见》	7+8
6	辽宁省	《辽宁省人民政府关于修改〈辽宁省实有人口服务管理办法〉的决定》	12+6
7	吉林省	《吉林省居住证管理办法》	6+9
8	黑龙江省	《关于切实做好全省居住证制度实施工作的意见》	6+7

续表

序号	省（自治区、直辖市）	名　称	权益项数（基本公共服务+便利服务）
9	上海市	《上海市居住证管理办法》	6+7
10	江苏省	《江苏省流动人口居住管理办法（试行）》	8+2
11	浙江省	《浙江省流动人口居住登记条例》	6+7
12	安徽省	《安徽省流动人口居住登记办法》	6+7
13	福建省	《福建省实施〈居住证暂行条例〉办法》	11+7
14	江西省	《江西省居住证制度实施细则》	7+8
15	山东省	《山东省流动人口居住管理暂行办法》	9+4
16	河南省	《河南省居住证实施办法》	6+9
17	湖北省	《湖北省居住证服务与管理办法》	9+7
18	湖南省	《湖南省实际居住人口登记和服务规定》	6+7
19	广东省	《广东省流动人口服务管理条例》	6+7
20	广西壮族自治区	《广西壮族自治区流动人口服务管理办法》	8
21	海南省	《海南省居住证实施办法（试行）》	6+7
22	重庆市	《重庆市居住证实施办法》	10+9
23	四川省	《四川省人民政府关于认真做好〈居住证暂行条例〉贯彻实施工作的通知》	6+7
24	贵州省	《贵州省人民政府关于贯彻落实〈居住证暂行条例〉的实施意见》	6+7
25	云南省	《云南省流动人口服务管理条例》	12
26	西藏自治区	《西藏自治区流动人口服务管理条例》	11
27	陕西省	《陕西省居住证及流动人口服务管理办法》	6+7
28	甘肃省	《甘肃省实施〈居住证暂行条例〉办法》	6+7
29	青海省	《青海省居住证实施办法》	5+13
30	宁夏回族自治区	《宁夏回族自治区居住管理办法》	12
31	新疆维吾尔自治区	《关于贯彻落实国务院〈居住证暂行条例〉的实施意见》	3+8

资料来源：根据各省（自治区、直辖市）居住证政策文件整理。

附表4　　17个省（自治区、直辖市）居住证福利对比

序号	省（自治区、直辖市）	权益项数（基本公共服务+便利服务）	多享受项数	与国家规定“6+7”项待遇的对比
1	天津市	11	3	住房保障政策；科技成果认定、奖励及资助；参加评选表彰，并享受待遇
2	河北省	5+8	2	住房保障服务；参加中考，2年以上学籍参加高考
3	山西省	7+8	1	住房保障服务
4	内蒙古自治区	7+8	1	依法参加社会保险，缴存、提取和使用住房公积金
5	辽宁省	12+6	2	参加义务教育、高中阶段教育和中考、高考；申请政府公租房
6	吉林省	6+9	2	参加高考和高校招录；工商登记注册
7	江苏省	8+2	2	参加中考，参加省内高考和高校招录；享有参与社会事务的权利
8	福建省	11+7	4	依法参加各项社会保险，可异地转接；住房保障服务；人才优待服务；老年人、残疾人优待
9	江西省	7+8	2	参加中考、2年以上学籍参加高考
10	山东省	9+4	1	符合条件的可享受住房保障政策
11	河南省	6+9	2	60岁以上老年人公交优惠；跨区域补贴政策
12	湖北省	9+7	1	住房保障服务；缴存、提取和使用住房公积金；申请保障性住房
13	重庆市	10+9	5	公共租赁住房保障；社会救助；公交优惠；义务教育和按规定就读高中，连续学籍可以参加高考；科技成果认定、奖励及资助
14	云南省	12	1	符合条件的可申请保障性住房
15	青海省	5+13	7	住房保障；参加基本社会保险；老年人优待；相关荣誉称号的评选；社会救助；免除基本殡葬费用；3年以上的享受意外险政府补贴
16	宁夏回族自治区	12	1	符合条件的可申请保障性住房
17	新疆维吾尔自治区	3+8	1	参加中考、逐步享受参加高考的资格

资料来源：根据各省（自治区、直辖市）居住证政策文件整理。

附录D 城市公共服务代表性服务领域及权重

附表5 城市公共服务代表性服务领域及权重

大类	中类	代表性服务领域（ps_k）	权重（f_k）	排他性特征
公共服务（0.5765）	学前教育	幼儿园教育	0.0317	1
	义务教育	小学教育	0.2527	1
		初中教育	0.1622	1
	高中教育	普通高中教育	0.0835	1
		中等职业教育	0.0464	1
劳动就业（0.0049）	就业服务	职业指导	0.0013	1
		创业指导	0.0007	1
	职业技能培训	职业技能培训	0.0022	1
		职业技能鉴定	0.0007	1
住房保障（0.0379）	保障性住房	公共租赁（廉租）住房	0.0379	1

续表

大类	中类	代表性服务领域（ps_k）	权重（f_k）	排他性特征
社会服务（0.0877）	社会福利	育幼和养老福利	0.0182	1
	社会救助	最低生活保障	0.0560	1
		生活救助	0.0135	1
医疗卫生（0.1229）	公共卫生	预防防治服务	0.0580	1
	医疗服务	公立医院	0.0588	0
		基本医疗机构	0.0061	0
社会保险（0.1452）	养老保险	职工基本养老保险	0.1383	0
	医疗保险	职工基本医疗保险	0.0053	0
	其他保险	失业、工伤、生育保险	0.0016	0
文化体育（0.0242）	公共文化	文化场馆及传播服务	0.0188	0
	公共体育	体育设施及健身服务	0.0054	0

注："1"为具有排他性特征的服务领域，"0"为具有非排他性特征的服务领域。

资料来源：钱雪亚，宋文娟. 城市基本公共服务面向农民工开放度测量研究［J］. 统计研究，2020（3）：33-47.

附录E　城市公共服务供给质量评价指标体系

附表6　　　　城市公共服务供给质量评价指标体系

一级指标	二级指标	均值	方差	最小值	最大值
公共教育	小学师生比	0.060	0.013	0.039	0.114
	中学师生比	0.084	0.018	0.046	0.208
	中等职业教育师生比	0.061	0.036	0.014	8.929
医疗卫生	每万人医院和卫生院数	0.611	0.771	0.104	8.929
	每万人医生数	24.121	12.085	90.068	82.985
	每万人医院和卫生院床位数	51.949	16.638	14.252	136.567
公共文化体育	每万人图书馆图书量（千册）	8.097	15.409	0.549	173.654
公共交通	人均道路面积（m^2）	5.725	7.597	0.285	69.925
	每万人拥有公共汽车数（辆）	3.999	6.881	0.262	86.558
	实有出租汽车数（辆）	8.401	9.715	0.434	50.933
城市环境	绿地面积（公顷）	2 026.902	3 897.682	40	30 069
	建成区绿化覆盖面积（公顷）	6 563.680	9 752.822	43	87 450
	建成区绿化覆盖率（%）	39.534	6.201	3.070	61.580

资料来源：《2017年中国城市统计年鉴》。

附录F　城市公共服务开放度测算过程

首先，计算276个城市面向农民工开放其公共服务的承诺度。本书根据276个城市的居住证政策文本，逐一对照21项代表性服务领域，确认 ps_k（k=1，2，…，21）在 j 城市是否被承诺提供。对于非排他性公共服务领域来说，$ps_k=1$；而对于排他性公共服务领域来说，如果该城市承诺向居住证持证人开放，则 $ps_k=1$，否则 $ps_k=0$。参见式（F-1）和式（F-2）。

城市面向农民工开放其公共服务的承诺度的定义如下：

排他性领域的承诺度：

$$p_j^1(promise)=\frac{\sum_{k=1}^{14} ps_{kj}^1 \times f_k}{\sum_{k=1}^{14} f_k} \tag{F-1}$$

全部领域的承诺度：

$$p_j(promise)=\frac{\sum_{k=1}^{14} ps_{kj}^1 \times f_k+\sum_{k=15}^{21} 1 \times f_k}{\sum_{k=1}^{21} f_k} \tag{F-2}$$

城市公共服务承诺度反映的是，城市向居住证持证人承诺的公共服务的比例。该指标取值范围为（0，1]，数值越大，表明城市居住证持证人承诺的公共服务比例越大，其承诺度就越大。

其次，计算城市履约承诺的条件约束度。根据各个城市的居住证政策文本以及相关政策文件看，城市设置的条件约束主要来自两个方面：一是居住证的申领条件；二是对某一承诺服务领域设置一些限制条件。居住证申领条件的限制和约束表明的是，有多少人被限制不能申请到居住证，进而不能享受居住证附带的公共服务。也就是说，我们首先计算 j 城市农民工样本 n 中不符合该城市的居住证申领条件（$apply_{ji}=0$）的人数 $n_{apply_{ji}=0}$，计算城市 j 居住证申领条件对农民工的约束程度，见式（F-3）。

$$p_{jk}(constraint)=\frac{n_{apply_{ji}=0}}{n} \tag{F-3}$$

从各个城市的居住证政策文本看，一些城市对义务教育、保障性住房等特定公共服务领域设置了一些限制条件，这一类限制条件多为居住时间、缴纳社会保险的要求。本书在处理这一类限制条件时，主要采取如下策略：第一，对于有明确的居住时间要求和缴纳社会保险要求的城市，本书按照限制条件进行设置和计算。第二，对于未明确居住时间要求和缴纳社会保险要求的城市，鉴于数据和资料的具体情况，本书未做进一步的处理，均按照未设置限制条件处理。[①]接下来，采用与上述居住证申领条件约束度一致的思路和方法，首先，计算 j 城市符合居住证申领条件（$apply_{ji}=1$）的农民工样本 $n_{apply_{ji}=1}$ 中不符合特定公共服务领域 k 的人数 $n_{condition_{ji}=0}$，计算城市 j 居住证申领条件约束下，特定公共服务领域 k 对农民工的约束程度，见式（F-4）。

$$p_{jk}(constraint)=\frac{n_{apply_{ji}=0}}{n}+\frac{n_{condition_{jk,i}=0}}{n} \tag{F-4}$$

在以上分析的基础上，汇总城市 j 履约其全部承诺的农民工约束度。

① 在保障性住房领域，一些城市只是在居住证政策文本中出现“按规定申请保障性住房”或“符合条件的可享受保障性住房”，对于这一类的样本，本章均按照未设置限制条件处理，即只要符合居住证申领条件的农民工均可以享受该类服务。

排他性承诺领域的农民工约束度：

$$p_j^1(constiant)=\left[\frac{\sum_{k=1}^{14}p_{jk}(constraint)\times f_k}{\sum_1^{14}f_k}\right]\Bigg|(ps_k=1) \quad (F-5)$$

全部承诺领域的农民工约束度：

$$p_j(constiant)=\frac{\sum_{k=1}^{14}p_{jk}(constraint)\times f_k(ps_k=1)+\sum_{k=15}^{21}0\times f_k}{\sum_1^{14}f_k(ps_k=1)+\sum_{k=15}^{21}f_k} \quad (F-6)$$

城市公共服务约束度反映的是，在承诺的公共服务领域中，农民工群体中被城市约束和限制的比例。该指标取值范围为（0，1），数值越大，表明城市对居住证持证人约束越强。

最后，在以上分析的基础上，计算城市公共服务面向农民工的开放度。由于城市非排他性公共服务领域（$p_{jk}^0=0$）无限制和无约束条件地向农民工开放，因此，即 $p_{jk}(openingdegree)=1$；而对于排他性公共服务领域来说，未承诺开放的领域（$p_{jk}^1=0$），即城市未承诺向农民工群体开放该公共服务领域，$p_{jk}(openingdegree)=0$。已承诺开放的领域（$p_{jk}^1=1$），即城市承诺向农民工群体开放该公共服务领域，$p_{jk}(openingdegree)=1-p_{jk}(constraint)$，也就是说，是向符合约束条件的开放该服务领域。

根据以上分析思路，计算面向农民工的城市公共服务开放度，见式（F-7）和（F-8）。

排他性服务领域的开放度：

$$p_j^1(opening\ degree)=\frac{\sum_{k=1}^{14}p_{jk}(openingdegree)\times f_k}{\sum_{k=1}^{14}f_k} \quad (F-7)$$

全部承诺领域的农民工约束度：

$$p_j(opening\ degree)=\frac{\sum_{k=1}^{21}p_{jk}(openingdegree)\times f_k}{\sum_{k=1}^{21}f_k} \quad (F-8)$$

城市公共服务开放度反映了城市 j 向该市农民工群体开放其公共服务领域的程度。$0 \leqslant p_j^1(openingdegree) \leqslant 1$，$0 < p_j(openingdegree) \leqslant 1$。该指标越大，说明城市向农民工开放的公共服务领域就越多，其约束就越弱。

附录G 城市公共服务开放度工具变量估计结果

附表7　　　　替换工具变量后的估计结果

	模型46	模型47
A：第二段回归	农民工流迁行为	
城市公共服务开放度	0.897*** (0.127)	0.818*** (0.117)
个人特征变量	是	是
就业特征变量	是	是
流动特征变量	否	是
城市特征变量	是	是
流入地地区固定效应	是	是
流出地省份固定效应	是	是
B：第一阶段回归	城市公共服务开放度	
IV1：1986年人均粮食产量	−0.019*** (0.000)	−0.019*** (0.000)

续表

	模型46	模型47
IV2：城市到最近口岸距离	-5.22e-06*** （2.10e-06）	-9.27e-06*** （2.14e-06）
控制变量	是	是
流入地地区固定效应	是	是
流出地省份固定效应	是	是
F值	956.172	951.685
样本数	52 581	52 581
Adj. R^2	0.0444	0.0504

注：括号内数字为估计系数的聚类到城市层面的稳健标准误。*、**、***分别表示10%、5%和1%统计显著水平。模型46和模型47中，1986年人均粮食产量和流入地城市到最近港口的距离这两个工具变量的过度识别检验采用Hansen J statistic的P值。分别为0.6329和0.1780。